本书为中央高校基本科研业务费专项资金资助项目
"海南哈黎农村妇女家庭地位变迁研究"（CSH17001）

中南民族大学南方少数民族研究中心招标课题
"从传统到现代：黎族村寨社会变迁研究
（nfzx201503）的研究成果

中南民族大学民族学文库

哈黎妇女家庭地位变迁
——基于海南省邢村的田野调查

童玉英 著

中国社会科学出版社

图书在版编目（CIP）数据

哈黎妇女家庭地位变迁：基于海南省邢村的田野调查 / 童玉英著.
—北京：中国社会科学出版社，2017.9
（中南民族大学民族学文库）
ISBN 978-7-5203-0918-9

Ⅰ.①哈… Ⅱ.①童… Ⅲ.①黎族—妇女地位—研究—海南 Ⅳ.①D442.7

中国版本图书馆 CIP 数据核字（2017）第 221597 号

出 版 人	赵剑英
责任编辑	郑　彤
责任校对	张依婧
责任印制	李寡寡

出　　版	中国社会科学出版社
社　　址	北京鼓楼西大街甲158号
邮　　编	100720
网　　址	http://www.csspw.cn
发 行 部	010-84083685
门 市 部	010-84029450
经　　销	新华书店及其他书店

印刷装订	北京君升印刷有限公司
版　　次	2017年9月第1版
印　　次	2017年9月第1次印刷

开　　本	710×1000　1/16
印　　张	17
字　　数	256 千字
定　　价	68.00 元

凡购买中国社会科学出版社图书，如有质量问题请与本社营销中心联系调换
电话：010-84083683
版权所有　侵权必究

《中南民族大学民族学文库》
编委会

编委会主任
　　　　段　超

编委会成员
　　　　段　超　李俊杰　田　敏　许宪隆
　　　　李吉和　柏贵喜　康翠萍　向柏松
　　　　潘弘祥

主　编
　　　　田　敏

总　　序

民族学是中南民族大学的特色学科、优势学科，曾先后被评为国家民委重点学科、湖北省重点学科、湖北省优势学科。中南民族大学民族学学科形成了从预科、本科到硕士、博士、博士后完整的人才培养链条。民族学本科专业是教育部特色品牌专业、湖北省特色优势专业，马克思主义民族理论与政策是国家级精品课程、国家精品资源共享课程。拥有民族学一级学科博士点、一级学科硕士点，其中，一级学科博士点下设民族学、马克思主义民族理论与政策、中国少数民族史、中国少数民族经济、中国少数民族艺术、民族教育、民族法学和少数民族语言文学 8 个二级学科博士点，一级学科硕士点下设民族学等 5 个二级学科硕士点，设立有民族学专业博士后科研流动站。在 2013 年教育部公布的学科评估中，中南民族大学民族学在全国同类学科中排名第四，保持了在该学科中的领先水平。

中南民族大学民族学历史悠久，底蕴深厚。早在 1951 年，由我国著名民族学家岑家梧教授领衔，学校创建了民族研究室。20 世纪五六十年代，以岑家梧、严学宭、容观瓊、刘孝瑜等先生为代表的一批学者，积极开展民族研究工作，参与了新中国成立初期的全国民族大调查，并为京族、毛南族、土家族、黎族等中南、东南地区的民族识别做出了突出贡献。1983 年，著名民族学家、社会学家吴泽霖先生在中南民族学院创建了国家民委直属重点研究机构——民族研究所，由此民族学学科发展迅速。20 世纪八九十年代，在吴泽霖先生的带领下，涌现了彭英明、吴永章、吴永明、答振益、李干、张雄、刘美崧、杨清震等一批具有全国影响的专家，在南方少数民族历史与文化、马克思主义民族理论与政策、少数民族经济等研究领域取得了一大批突出的成果。

近十余年来，中南民族大学大力开展民族学学科群建设，在进一步突出民族学传统学科方向和研究领域的同时，以民族学一级学科为平台，形成了民族教育、民族法学、民族语言文学、民族艺术、民族药学等多个特色交叉学科，学科覆盖面日益扩大。学科发展支撑条件优势明显，现有湖北省南方少数民族研究中心、国家民委南方少数民族非物质文化遗产研究中心、国家民委中国城市民族与宗教事务治理研究中心、国家民委少数民族教育发展研究基地、国家民委民族团结进步创建活动研究中心、湖北省中国少数民族审美文化研究中心、湖北省民族地区经济社会发展研究中心、湖北少数民族非物质文化遗产保护基地、湖北省民族立法研究中心、湖北区域历史文化研究基地和中国人类学民族学研究会散杂居民族问题研究专业委员会等十余个省部级研究中心和研究基地。2016 年，获批国家民委"武陵山片区减贫与发展协同创新中心"，同时，中国武陵山减贫与发展研究院、中南民族大学与湖北恩施州共建的"恩施发展研究院"也依托该一级学科。

该学科条件优良，设施完备，团队实力雄厚。建有藏书十万余册的"民族学人类学文献资料中心"、设施完备的"民族学人类学田野调查实验室"，拥有国内第一家民族学博物馆，馆藏民族文物 2 万余件。学科还打造了国家民委创新团队"民族文化传承与发展创新团队"，以及南方少数民族历史文化研究、散杂居民族研究、南方少数民族非物质文化遗产、民族社会发展研究、中国边疆民族与宗教问题研究、民族地区减贫与发展等校级资助的研究团队。

学科现有专职研究人员 79 人，其中教授 33 人，副教授 38 人，博士生导师 20 余人。学科团队结构合理，具有雄厚的教学科研实力。学科带头人雷振扬、段超、许宪隆、田敏、柏贵喜、李吉和、李俊杰、李忠斌、康翠萍、哈正利、闫天灵等学者表现突出，在中国特色民族理论与民族政策、南方民族历史文化、散杂居民族问题、城市民族问题、少数民族非物质文化遗产保护、民族地区社会发展、民族地区减贫与区域发展、民族教育与管理等研究领域取得一大批最新成果，形成新的研究特色和学科优势。高层次学科专家发挥重要影响，有国务院学位委员会学科评议组专家1人、国家"万人计划"1人、国家社科基金评委2人、国家出版基金评委2人、"新世纪百千万人才工程"人才3人、享受国务院津贴专家5人、国家民委领军人才1人、国家民委突出贡献专家4人、教育部新世纪优秀人才计划支持人选4人，另有湖北省突出贡献专家、国家民委民族问题优秀青年专家、国家民委中青年英才等多人。近20余人次担任国家级学会及省部级学会的会长、副会长、秘书长和常务理事。

中南民族大学民族学学术研究成果丰硕，近5年就累计主持完成国家级和省部级科研课题140余项，承担国家社科基金重大项目、教育部哲学社科重大攻关项目5项，主持国家社科基金63项；发表核心期刊论文和出版专著230篇（部），40余项成果获教育部及省部级奖，其中教育部人文社科优秀成果奖5项，省部级一、二等奖20余项。部分成果为国家级及省部级领导批示或地方政府采纳，在服务民族地区经济社会发展方面做出了突出贡献。

当前，国家正在统筹推进以建设一流大学和一流学科为主旨的"双一流"建设，我们将以此为契机，以建设一流师资队伍、培养拔尖创新人才、取得标志性科研成果、传承创新优秀文化、切实服务民族社会为抓手，不懈努力，开拓创新，争创一流民族学学科。为及时推出中南民族大学民族学学科建设的最新成果，特编辑出版《中南民族大学民族学文库》，以期为中国民族学学科发展做出新的贡献。

目 录

第一章 绪论 ……………………………………………………（1）
  第一节 问题的提出 ……………………………………………（1）
    一 选题缘由 ………………………………………………（1）
    二 研究意义 ………………………………………………（3）
  第二节 文献综述 ………………………………………………（4）
    一 海南黎族研究 …………………………………………（4）
    二 妇女婚姻家庭地位研究 ………………………………（7）
    三 少数民族妇女研究 ……………………………………（12）
    四 评述 ……………………………………………………（19）
  第三节 研究设计 ………………………………………………（20）
    一 理论视角 ………………………………………………（20）
    二 核心概念 ………………………………………………（24）
    三 研究内容 ………………………………………………（25）
    四 研究方法 ………………………………………………（26）
    五 研究创新 ………………………………………………（28）
    六 关于"变迁时间"的考量 ……………………………（29）

第二章 邢村概述 ………………………………………………（31）
  第一节 田野点介绍 ……………………………………………（31）
    一 海南黎族概况 …………………………………………（31）

二　田野点的选择 …………………………………………… (38)
　　三　邢村概貌 ………………………………………………… (40)
　第二节　邢村人口及家庭现状 …………………………………… (44)
　　一　人口结构 ………………………………………………… (44)
　　二　家庭及家族现状 ………………………………………… (47)
　第三节　邢村妇女概况 …………………………………………… (50)
　　一　邢村妇女基本特征 ……………………………………… (50)
　　二　邢村妇女婚姻状况 ……………………………………… (52)
　　三　邢村妇女职业状况 ……………………………………… (53)
　　四　妇女访谈对象基本信息 ………………………………… (55)

第三章　改革开放前哈黎妇女家庭地位 ……………………………… (57)
　第一节　妇女婚姻地位：恋爱自由　婚姻包办 ………………… (57)
　　一　妇女婚前拥有较高恋爱自由 …………………………… (58)
　　二　娃娃亲时期妇女初婚决定权 …………………………… (64)
　　三　婚姻变更中妇女的自主权 ……………………………… (75)
　第二节　妇女生育地位：生育自主权低　生育健康风险大 …… (80)
　　一　黎族传统生育文化 ……………………………………… (81)
　　二　妇女生育自主权低 ……………………………………… (84)
　　三　妇女生育健康缺乏保障 ………………………………… (88)
　第三节　家庭经济地位：既主外又主内　妇女承受双重
　　　　　压力 …………………………………………………… (90)
　　一　黎族"女劳男逸"的分工传统 ………………………… (91)
　　二　劳动性别分工固化了妇女的家庭角色 ………………… (92)
　　三　妇女在家庭收支中的地位 ……………………………… (94)
　　四　妇女几乎包揽了全部家务 ……………………………… (95)
　第四节　家庭关系地位：妇女处于相对弱势地位 ……………… (98)
　　一　黎族传统家庭关系 ……………………………………… (98)
　　二　横向家庭关系中妇女面临性别不平等 ………………… (99)

三　纵向家庭关系中妇女地位存在差异 …………………（107）
　第五节　本章小结 ……………………………………………（111）

第四章　社会转型时期哈黎妇女家庭地位 …………………（113）
　第一节　妇女婚姻地位：恋爱自由新风　婚姻自主权提高 …（114）
　　一　转型时期哈黎女性的恋爱自由 …………………………（114）
　　二　后娃娃亲时期妇女初婚决定权 …………………………（117）
　　三　婚姻变更中妇女的自主权 ………………………………（128）
　第二节　妇女生育地位：自主权提高但仍受传统生育观
　　　　　束缚 …………………………………………………（131）
　　一　海南省计划生育政策演变 ………………………………（131）
　　二　计划生育政策时期妇女的生育自主权 …………………（133）
　　三　妇女生育健康保障权明显提高 …………………………（151）
　第三节　家庭经济地位：经济自主权提高　性别分工
　　　　　出现松动 ……………………………………………（156）
　　一　妇女对家庭收入的贡献 …………………………………（158）
　　二　家庭收入管理模式 ………………………………………（173）
　　三　妇女消费决策权 …………………………………………（178）
　　四　家务劳动性别分工 ………………………………………（183）
　第四节　家庭关系地位：性别不平等趋于改善 ……………（192）
　　一　横向家庭关系中妇女弱势地位得到改善 ………………（192）
　　二　纵向家庭关系出现代际倾斜 ……………………………（200）
　　三　家庭暴力暴露妇女弱势地位本质 ………………………（205）
　第五节　本章小结 ……………………………………………（220）

第五章　推动哈黎妇女家庭地位变迁的因素分析 …………（222）
　第一节　政治因素：妇女家庭地位变迁的制度保障 ………（224）
　　一　法律保障 …………………………………………………（224）
　　二　政策引导 …………………………………………………（225）

第二节 经济因素：妇女家庭地位变迁的有力推动 …………（227）
　　一　非农化进程推动妇女家庭地位发生改变 …………（227）
　　二　民工潮塑造妇女新形象 …………………………（230）
第三节 文化因素：妇女家庭地位变迁的内在动力 …………（235）
　　一　女性主体意识被唤醒 ……………………………（235）
　　二　社会性别观念悄然改变 …………………………（238）
第四节 结语与讨论 ……………………………………………（243）
　　一　哈黎妇女家庭地位整体提高但仍有制约因素 …（244）
　　二　改革开放以来哈黎妇女家庭地位变迁明显加速 …（247）
　　三　哈黎妇女家庭地位变迁具有普遍性和特殊性 …（248）

参考文献 …………………………………………………………（250）

后记 ………………………………………………………………（260）

第一章

绪 论

第一节 问题的提出

一 选题缘由

20世纪90年代以来，全球妇女面临着贫困、教育、就业、保健、暴力等一些共同问题，第三次世界妇女大会制定的《内罗毕战略》和第四次世界妇女大会制定的《北京宣言》及《行动纲领》对消除这些问题、全面提高妇女地位提出了目标和措施。[①] 1995年，联合国第四次世界妇女大会在中国召开，中国政府在大会上承诺，将把实现男女平等作为促进社会发展的一项基本国策，如何进一步提高妇女的社会地位，如今已经成为社会各界重点关注的问题。

新中国成立后，随着我国经济社会的发展和婚姻家庭伦理道德建设的不断进步，中国妇女在社会和家庭中的地位大大提高，但传统文化的影响并没有完全消失，同时，改革开放带来的市场经济条件下的竞争也使得一部分妇女处于劣势。在加速转型的社会变迁过程中，由于经济和社会发展水平的制约，中国在促进性别平等和妇女发展方面，还面临着许多新情况、新问题。黎族是我国岭南民族之一，主要聚居在海南省中

---

① 方素梅、杜娜、杜宇：《20世纪90年代以来的中国少数民族妇女研究》，《民族研究》2004年第2期。

南部的琼中县、白沙县、昌江县、乐东县、陵水县、保亭县、五指山市、三亚市、东方市六县三市之内，其余散居在海南省的万宁、屯昌、琼海、澄迈、儋州、定安等市县。长期以来，黎族妇女为家庭和子女无私付出毕生精力，承担着农业生产和家务劳动的双重重担，但其身体健康和个人发展得不到应有的重视和保障。改革开放以来，随着黎族经济社会的不断发展，黎族妇女的家庭地位也发生了变化，成为转型期黎族社会变迁的一个方面。少数民族妇女社会地位的提高，是建成社会主义小康社会与和谐社会不可或缺的一部分。本书运用民族学相关理论和方法，对黎族妇女的婚姻家庭地位变迁进行研究，以期对黎族社会变迁进行一个微观视角的呈现。这是本书选题的缘由之一。

缘由之二是海南黎族追踪研究的需要。

1954年，中南民族学院严学宭教授率中南民族学院研究室的8名研究人员，与从广西民族学院、中共华南分局以及广东省、海南行署等相关部门抽调的干部组成"中南海南工作组"，对海南黎族进行了大规模的社会调查，编写了百万字的《海南岛黎族情况调查》调查报告（后改名为《海南岛黎族社会调查》，1992年由广西民族出版社出版）。通过对22个黎族村寨的调查研究，系统客观地反映了20世纪50年代中期海南黎族的社会风貌，具有非常重要的学术价值。如今，60多年过去了，海南黎族逐渐从传统走向现代、从封闭走向开放、从落后走向进步，经济社会发生了翻天覆地的变化。同时，随着现代化浪潮的冲击与影响，传统民族文化与生计方式在逐步发生变迁，关注海南黎族60年来经济社会的变迁，探寻黎寨迈向现代与继承传统的结合点，秉承中国民族学、人类学回访与再研究的优良传统，对海南黎族村寨进行追踪回访有重要学术价值。笔者选择海南省乐东县一个黎族自然村（本书以邢村作为该村学名）作为田野调查点。2011年8月至2016年2月，我们多次前往邢村开展田野调查。调查期间，笔者全程吃住在村民家里，通过参与观察、深度访谈和问卷调查等方法，收集邢村历史、经济、婚姻与家庭、宗教等方面的丰富资料，并根据调查资料，将黎族妇女家庭地位的变迁作为本书选题。

二 研究意义

海南省是我国少数民族大省，由于其独特的地理位置和生活环境，造就了海南黎族特有的民族文化和地方文化，黎族女性独特的社会地位和家庭地位，则是其民族传统文化的一个侧面反映。女性的生存与发展状态是衡量社会进步的天然尺度。从这个意义上说，研究一个民族的女性，是洞察该民族文化的绝佳角度。[①] 因此，对黎族女性的深入研究，有助于更深刻反映黎族文化的特点和变迁。

妇女在婚姻家庭中的地位既是妇女社会地位的重要组成部分，又是妇女在社会中整体地位的缩影，相对于妇女的经济地位和政治地位，家庭地位更关系到妇女自身的幸福、家庭美满与社会的和谐发展。当代黎族女性家庭地位的变迁，既能反映黎族社会的当代变化，也能呈现黎族妇女对加速进行的社会变迁的适应状态。

本书对于我国正在致力实现的社会性别平等目标、引导少数民族妇女走出发展困境、最终实现少数民族妇女乃至所有妇女的全面自由发展具有学术价值和现实意义。学术界对全国妇女社会地位的综合研究较多，但是对包括黎族妇女在内的少数民族妇女社会地位的专题研究较少，亟待拓展研究领域，展开深入研究。本书将用丰富的一手资料和研究成果丰富我国少数民族妇女研究成果。同时，结合社会性别理论和现代化理论，对黎族妇女家庭地位变迁进行深入研究，这将有助于发展和深化社会性别理论以及妇女地位变迁理论研究。

新中国成立后，各民族妇女在社会和家庭中的地位明显提高，但贫困、低教育水平、家庭暴力等问题仍制约着少数民族妇女的地位改善。同时，市场经济条件下的竞争使得少数民族妇女的地位改善面临着许多新情况、新问题。本书的研究有助于认识黎族妇女在婚姻家庭领域中的地位变迁历程及存在的问题，有助于揭示妇女家庭地位与地区经济社会

---

① 尹旦萍：《当代土家族女性婚姻变迁——以埃山村为例》，社会科学文献出版社2009年版，第1页。

发展的关系，促进黎族妇女的全面发展，进而促进少数民族地区的和谐发展。哈黎是黎族五大支系之一，哈黎妇女是本书的研究对象。

第二节 文献综述

一 海南黎族研究

（一）国外学者的研究

19世纪40年代以来，帝国主义列强先后入侵海南岛，各国传教士、旅游人士到黎族地区收集各种信息资料，黎学研究由此发端。美国传教士香便文游历海南岛后，著有《海南纪行》一书；法国传教士萨维纳的《海南岛志》，也是根据游历海南岛时的见闻撰写的。出于侵略和占领海南岛的军事目的，在日本占领海南岛期间（1939—1945），日军动用日本国内和中国台湾高等学府、研究机构的力量，对包括黎族在内的海南岛进行颇为详细的研究，留下不少研究著述。如《海南岛黎族的社会组织和经济组织》（1944）、《关于海南岛汉族和黎族体力比较的调查报告》及《海南岛黎族的人类学调查》（1940）等。[1] 此外，也有一些人类学家对海南岛黎族开展了人类学研究，留下了至今仍有影响力的可贵资料。其中，影响力最大的包括德国人类学家史图博（H. Stubel）的《海南岛民族志》（1937）和日本学者小叶田淳的《海南岛史》等。

（二）解放前及新中国成立初期国内学者的研究

20世纪二三十年代，国内学者对海南黎族的研究逐渐兴起，形成一批研究成果。如民国时期的政府官员陈铭枢通过在海南岛13个县开展实地调查，主持编修了《海南岛志》。罗香林、江应梁、岑家梧等老一辈人类学家对海南岛的黎族开展实证研究，研究成果有罗香林的《海南岛黎人源出越族考》、王兴瑞的《海南岛黎人研究》、刘咸的《海南黎族起源之初步探讨》等。这些研究成果为后人的深入研究提供了

---

[1] 金山：《20世纪初日本学者对海南的研究及其目的》，《华中科技大学学报》（社会科学版）2007年第6期。

有价值的参考。

新中国成立后，政府大力开展民族识别和少数民族社会历史调查，其中包括对海南黎族的调查。在社会历史调查和民族识别的过程中，黎族研究也取得了丰硕成果。20世纪50年代，对海南黎族地区的调查主要有三次。[①] 第一次是1954年7月至1955年1月，由中南民族学院副院长岑家梧先生牵头的中南海南工作组，对海南黎族村点开展调查。该调研组按照合亩制、杞黎、哈黎、润黎、美孚黎、加茂黎的顺序，对黎族五个分支、22个村寨开展了深入细致的调查，编写的《海南岛黎族情况调查》整理收录了关于黎族人口情况、历史来源、经济结构、社会组织、物质文化、精神文化等各个方面的材料，系统客观地反映了20世纪50年代中期海南黎族的社会风貌，保存了大量处于重大历史变革时期转瞬即逝的珍贵历史资料。第二次海南调查是在1956年，由中国科学院少数民族语言研究所组成的"少数民族语言调查第一工作队海南分队"，重点对黎族语言开展调查，编写了《黎语调查报告初稿》（1957）和《关于划分黎语方言和创制黎文的意见》（1957）等调研报告。第三次是1956年11月至1957年2月，中国少数民族社会历史调查广东省课题组民族研究学者对海南黎族村落开展了调查，编写了《黎族简史简志合编》（1963）、《海南黎族苗族自治州什玲等五个乡黎族社会经济调查》（1963）、《海南黎族苗族自治州黎族合亩制调查综合资料》（1963）等成果。

这些研究成果运用实地调查所得资料，从不同侧面描述了新中国成立初期海南黎族社会的发展面貌，为新中国民族政策的制定和民族工作的开展提供了有益参考，至今仍是黎族研究中宝贵的参考文献，为新时期黎族研究奠定了基础。

（三）改革开放以来国内学者的研究

从20世纪80年代开始，一批黎族研究成果陆续问世，黎族历史与文化资料得到梳理和集中出版。其中《黎族简史》（1982）、《黎语调查研

---

① 熊开发：《黎族研究之综述与评价》，载周伟民《海南学论丛》（第一辑），海南出版社1993年版，第89页。

究》(1983)、《黎族历史纪年辑要》(1982)、《黎族民间故事集》(1982)、《黎族社会历史调查》(1986) 等成果多是在新中国成立初期民族识别以及民族历史调查资料进行整理的基础上诞生的。20世纪90年代,黎族研究的热点和亮点主要围绕黎族史志研究。研究成果代表作有吴永章的《黎族史》(1997)、程昭星的《黎族人民斗争史》(1998) 和王学萍的《五指山五十年》(1999)、邢植朝的《黎族文化溯源》(1997) 等。

进入21世纪以来,黎族研究主题涉及更多不同领域,相关的研究成果日益丰富,尤其在黎族宗教、文学、传统文化等领域,取得一系列专题性著作。例如王海和江冰的《从远古走向现代:黎族文化与黎族文学》(2004)、潘先锷的《黎族辟邪文化》(2006)、高泽强的《祭祀与避邪:黎族民间信仰文化初探》(2007)、詹贤武的《海南民间禁忌文化》(2008)、陈立浩等的《黎族文学概览》(2008) 与张太教的博士学位论文《巫与巫术——海南黎族洪水村巫术考察与研究》(2009) 等。

21世纪初期众多研究成果中,王学萍主编的《黎族传统文化》(2001) 和《中国黎族》(2004) 是目前黎学界的标志性著作。《黎族传统文化》全方位、多层次地反映了黎族灿烂而独特的物质文化和精神文化[①];《中国黎族》(2004) 则图文并茂地介绍黎族的历史、地理、语言、社会制度、哲学、宗教、风俗习惯、道德、服饰、民居、文身、文学、艺术等方面的内容,反映了黎族社会发展的全貌。[②] 张跃、周大鸣主编的《黎族:海南五指山市福关村调查》(2004) 对海南省五指山地区黎族村寨的历史与概况、生态环境、经济、人口、法律、语言文字、风俗习惯等状况进行调查研究,是目前黎族村寨研究方面的重要著作。[③] 此外,刘军的《肌肤上的文化符号——黎族和傣族传统文身研究》[④],高泽强和文珍的《海南黎族研究》[⑤],陈立浩、于苏光主编的《中国黎学大

---

① 王学萍:《黎族传统文化》,新华出版社2001年版。
② 王学萍:《中国黎族》,民族出版社2004年版。
③ 张跃、周大鸣:《黎族:海南五指山市福关村调查》,云南大学出版社2004年版。
④ 刘军:《肌肤上的文化符号——黎族和傣族传统文身研究》,民族出版社2007年版。
⑤ 高泽强、文珍:《海南黎族研究》,海南出版社、南方出版社2008年版。

观》①，王献军、蓝达居和史振卿主编的《黎族的历史与文化》②，卿志军的《电视与黎族生活方式的变迁》③等，都从不同方面记录、探讨了黎族的悠久历史与传统文化。

二　妇女婚姻家庭地位研究

（一）国外相关研究

1. 国外妇女婚姻家庭地位研究

两性平等与妇女地位是长期受到关注的话题，国外学者围绕两性地位形成了众多理论观点。1884年，恩格斯在《家庭、私有制和国家的起源》一书中，探讨了婚姻家庭制度中妇女地位的演变过程。该书对此后女性婚姻家庭问题产生了深远影响。关于两性地位的变迁，学术界普遍认可这样的结论：在远古时期的母系社会阶段，妇女曾扮演过比男性更为重要的角色，拥有至高无上的社会地位。从母系社会进入父系社会后，男性取代妇女获得了更高的社会地位。恩格斯指出："母权制的被推翻，乃是女性的具有世界历史意义的失败。丈夫在家中也掌握了权柄，而妻子则被贬低，被奴役，变成丈夫淫欲的奴隶，变成单纯的生孩子的工具了。"④

婚姻家庭地位是妇女社会地位的重要组成部分。帕金认为："女性不具有真正的阶级独立性。对大多数女性而言，她们的社会地位主要源自于家庭，她们所属的家庭地位决定了她们的社会地位。而家庭的地位又主要是由男性家长的地位而定的。也就是说，女性所处家庭的身份似乎比身为女性的地位来得重要。"⑤国外学者对妇女家庭地位的较为深入的研究，特别是与人口转变机制相联系的研究，开始于20世纪60年代。西方学者布莱克（1965）、比德利（1968）、狄克逊（1975）的研

---

① 陈立浩、于苏光：《中国黎学大观》，海南出版社2012年版。
② 王献军、蓝达居、史振卿：《黎族的历史与文化》，暨南大学出版社2012年版。
③ 卿志军：《电视与黎族生活方式的变迁》，中国传媒大学出版社2013年版。
④ 恩格斯：《家庭、私有制和国家的起源》，《马克思恩格斯选集》第4卷，人民出版社1995年版，第54页。
⑤ 佟新：《妇女劳动的理论建构》，《国外社会科学前沿》2001年第1期。

究认为，妇女地位有着重要的人口学内涵。①

在国外妇女婚姻家庭地位相关研究中，围绕家庭夫妻权力关系的研究，至今在妇女家庭地位研究领域具有重要参考价值。1960年，布拉德和沃尔夫率先在《丈夫与妻子：动态的婚姻生活》一书中，讨论了婚姻关系中的权利分配概念，提出用丈夫的职业选择、买车、买房、人寿保险、度假安排、妻子外出工作、生病看医生、每周食品开销八大夫妻权力项目由谁决定等指标，来测量夫妻的权力。②此书引起了学术界对夫妻权力的关注。

在经济发展与妇女家庭地位关系的探讨中，存在两种不同的观点。古德在其著作《世界变革与家庭模式》中认为，随着经济的发展，妇女逐渐减少对丈夫的依赖，传统的家庭制度正在瓦解，家庭正在向夫妻式家庭制度转变。妇女独立就业的人数不断增加，妇女的权力增多。父母对子女恋爱和择偶的控制减少，并逐渐丧失了决定权，这些改变最后将有利于妇女地位的提升。③他认为，经济发展会提升妇女的家庭地位。另一派学者则认为，经济发展只会造成妇女在经济上更加依赖于家庭中的男性成员，从而降低妇女的社会地位。④丹麦著名农业经济学家埃斯特尔·博塞鲁普（Ester Boserup）在其著作《经济发展中的妇女角色》中，提出了"妇女地位在工业化进程中有所下降"的观点。⑤

2. 国外学者对中国妇女社会地位的关注

马格利特·沃尔夫对台湾家庭做过长期研究，著有两部重要作品。第一部著作《林的房子》（*The House of Lim*）对台湾一个中产阶级家庭进行了调查研究，该书的研究内容包括该家庭中妇女的地位和状况。沃尔夫在其第二本书《台湾农村的妇女和家庭》中，提出了"母性家庭"

---

① 沙吉才：《当代中国妇女家庭地位研究》，天津人民出版社1995年版，第3页。
② 陈飞强：《女性家庭权力及其影响因素的实证分析——夫妻相对资源的视角》，《湖南行政学院学报》2015年第3期。
③ 唐灿：《家庭现代化理论及其发展的回顾与评述》，《社会学研究》2010年第5期。
④ 冯翠芳：《社会性别视角下农村已婚女性家庭地位研究——以山东省济宁市Z村为例》，硕士学位论文，东北财经大学，2013年。
⑤ 施雪琴：《印度的中国女性研究》，《国外社会科学》2010年第3期。

（Uterine family）的概念。指出母亲可以通过与子女的感情纽带，在父权家庭中建立起以自己为核心的另式家庭。沃尔夫还谈道，妇女的家庭地位会产生变化：多年的媳妇熬成婆，而婆婆的权力正是拜传统家庭结构之赐，这也可以解释为何妇女要维持父权家庭。沃尔夫的著作使我们注意到妇女的关系网及其非正式的影响，从而改变了传统的认为妇女是牺牲品的看法。①

卢比·华森与帕特立夏·易普莱于1991年编辑出版了《中国社会的婚姻与不平等》一书，探讨了婚姻、政治、经济与社会制度所反映的男女不平等关系。华森特别强调性别关系的不平等与其他各项不平等的关系，鼓励人们将性别关系放到特定的社会背景中去考察。②

国外人类学家对中国女性的研究，还包括加拿大女人类学家宝森对中国云南禄村的研究。宝森经过1989年至1999年十年实地考察，对20世纪30年代费孝通研究过的禄村进行追踪研究，形成研究成果《中国妇女与农村发展：云南禄村六十年的变迁》③。该研究从婚姻、计划生育、贫富差距等方面，考察了20世纪90年代禄村的变迁以及妇女在村庄变迁中的应对策略。

（二）国内相关研究

1. 中国妇女社会地位调查及相关研究

自1990年开始，国家统计局和全国妇联联合开展中国妇女社会地位调查，该调查每十年开展一次，至2010年12月，已在全国范围内开展了三期妇女社会地位调查。

妇女地位调查组将妇女社会地位界定为：不同女性群体在社会生活和社会关系中与男性相比较的权利、资源、责任以及妇女作用被社会认可的程度，并提出了多个维度的测量指标。第三期妇女地位调查组设计

---

① 程为坤：《西方学术界的中国妇女与性别研究》，《四川大学学报》（哲学社会科学版）2007年第6期。
② 同上。
③ ［加］宝森：《中国妇女与农村发展：云南禄村六十年的变迁》，胡玉坤译，江苏人民出版社2005年版。

了九个妇女地位的测量指标：健康、教育、经济、社会保障、政治、婚姻家庭、生活方式、法律权益以及认知、性别观念和态度。国家统计局人口和社会科技统计司于1995年、1999年、2004年、2007年和2012年分别编辑出版了《中国社会中的女人和男人——事实和数据》，反映中国妇女社会事业发展的现状和变化。

全国妇女社会地位调查结束后，相关学者利用全国妇女地位调查相关数据进行了深入研究，形成了一系列相关研究成果。2003年出版的《世纪之交的中国妇女社会地位》收录的研究论文，都是在对第二期中国妇女社会地位调查全国样本和省级样本数据深入分析研究的基础上形成的。研究内容涉及妇女社会地位的方方面面，例如妇女地位的概念和指标体系，妇女在经济、教育、政治、法律、婚姻家庭中的地位，妇女在健康、生活方式、社会性别观念变化，典型女性群体的地位，等等。[1] 相关学术论文还有王清的《妇女家庭地位研究——基于"第三期中国妇女社会地位调查"湖北省的调查数据》[2]、刘鑫财和李艳的《流动因素对农村已婚妇女家庭地位的影响——基于"第三期中国妇女社会地位调查"陕西省数据的分析》[3]、吴帆的《相对资源禀赋结构中的女性社会地位与家庭地位——基于第三期中国妇女地位调查数据的分析》[4]、刘爱玉和佟新的《性别观念现状及其影响因素——基于第三期全国妇女地位调查》[5]，等等。

2. 妇女婚姻家庭地位研究

婚姻家庭地位是妇女地位的重要方面，相对于政治地位、教育地位等其他地位，婚姻家庭地位是妇女地位的微观层面，与妇女的日常

---

[1] 蒋永萍：《世纪之交的中国妇女社会地位》，当代中国出版社2003年版。
[2] 王清：《妇女家庭地位研究——基于"第三期中国妇女社会地位调查"湖北省的调查数据》，硕士学位论文，华中师范大学，2013年。
[3] 刘鑫财、李艳：《流动因素对农村已婚妇女家庭地位的影响——基于"第三期中国妇女社会地位调查"陕西省数据的分析》，《妇女研究论丛》2013年第5期。
[4] 吴帆：《相对资源禀赋结构中的女性社会地位与家庭地位——基于第三期中国妇女地位调查数据的分析》，《学术研究》2014年第1期。
[5] 刘爱玉、佟新：《性别观念现状及其影响因素——基于第三期全国妇女地位调查》，《中国社会科学》2014年第2期。

生活最为贴近，与妇女的自身权益及个人发展密切相关。综观妇女地位研究的丰富成果不难发现，综合层面的妇女地位研究，无一例外地将妇女婚姻家庭地位作为妇女地位的重要组成部分而纳入妇女地位总体研究中。同时，有学者专门围绕妇女的婚姻家庭地位开展深入研究，并取得了一系列研究成果。20 世纪 90 年代出版了一批妇女地位研究成果，包括陶春芳和蒋永萍主编的《中国妇女社会地位概观》[1]、蒋永萍的《中国妇女社会地位》[2]、沙吉才的《当代中国妇女家庭地位研究》等。其中沙吉才的《当代中国妇女家庭地位研究》一书对本书写作有重要启发和参考价值。该书依据1991年中国社会科学院人口所联合上海、广东等省市社会科学院进行的"当代中国妇女地位"专题调查的一手资料，对中国妇女的家庭地位进行了全面细致的描述和合理的分析。该研究认为，中国妇女已经基本获得婚姻自主权、生育共同决策权、家庭经济收入的共同管理与平等支配权，并享有相当程度的家庭消费共同决定权、自我发展抉择权和对子女发展的发言权，但家庭中仍存在性别歧视。[3]

李秀华通过抽样调查、实地调查、文献研究、性别分析、比较分析等方法，对妇女在婚姻家庭中的法律地位进行了全面和系统的研究，并在此基础上，提出了改善妇女地位的对策和立法建议。[4] 伊庆春和陈玉华的《华人妇女家庭地位：台湾、天津、上海、香港之比较》汇集了台湾、上海和香港三地重要学者，针对各地社会特色，就"华人妇女家庭地位"进行全面考察。该书是关注中国家庭发展与妇女地位的跨华人社会家庭的合作研究成果。[5]

此外，很多学者结合实证调查资料，对多地妇女婚姻家庭地位及其变迁进行了描述和分析，发表一系列调研报告和论文，例如刘启明的

---

[1] 陶春芳、蒋永萍：《中国妇女社会地位概观》，中国妇女出版社 1993 年版。
[2] 蒋永萍：《中国妇女社会地位》，北京大学出版社 1995 年版。
[3] 沙吉才：《当代中国妇女家庭地位研究》，天津人民出版社 1995 年版。
[4] 李秀华：《妇女婚姻家庭法律地位实证研究》，知识产权出版社 2004 年版。
[5] 伊庆春、陈玉华：《华人妇女家庭地位：台湾、天津、上海、香港之比较》，社会科学文献出版社 2006 年版。

《当代中国妇女家庭地位的比较研究及成因探析》[1]、徐安琪的《夫妻权力和妇女家庭地位的评价指标：反思与检讨》[2]、孔炜莉的《留守妻子家庭地位研究综述》[3]、蒋筱的《非农化背景下农村女性家庭地位变迁研究》[4]、王金玲的《非农化与农村妇女家庭地位变迁的性别考察——以浙江省为例》[5]、陈峰的《依附性支配：农村妇女家庭地位变迁的一种解释框架——基于辽东地区幸福村的实地调查》[6]，等等。

三 少数民族妇女研究

国外关于中国少数民族女性的研究始于20世纪80年代中期，美国人类学教授诺玛·戴蒙德（Norma Diamond）的一项关于云南和贵州交界的苗族妇女的研究，于1988年获美国人类学界乔治·默多克大奖。由此推动了国外学术界对于中国少数民族妇女研究的兴趣。[7] 美国学者早期对中国少数民族妇女的研究，主要以苗族、藏族、瑶族、白族、羌族等少数民族妇女为对象，研究内容主要围绕生育健康、家庭、亲属制度、人口等主题。如Levine（勒文）对中国藏族多夫制和藏族妇女在佛教中的作用和地位做过深入研究，相关著作在美国出版后，产生了较大影响。[8]

20世纪90年代以后，国内少数民族妇女研究受到空前重视，研究

---

[1] 刘启明：《当代中国妇女家庭地位的比较研究及成因探析》，《中国人口科学》1993年第10期。

[2] 徐安琪：《夫妻权力和妇女家庭地位的评价指标：反思与检讨》，《社会学研究》2005年第4期。

[3] 孔炜莉：《留守妻子家庭地位研究综述》，《宁夏社会科学》2008年第1期。

[4] 蒋筱：《非农化背景下农村女性家庭地位变迁研究》，硕士学位论文，浙江师范大学，2011年。

[5] 王金玲：《非农化与农村妇女家庭地位变迁的性别考察——以浙江省为例》，《浙江社会科学》1997年第3期。

[6] 陈峰：《依附性支配：农村妇女家庭地位变迁的一种解释框架——基于辽东地区幸福村的实地调查》，《西北人口》2011年第1期。

[7] 伍呷：《美国学术界对中国少数民族妇女研究简述》，《贵州民族研究》1997年第6期。

[8] 同上。

成果日渐丰硕，这与当时的国际国内背景有直接关系。1995 年在中国北京召开的第四次世界妇女大会，使中国的妇女问题和妇女问题研究受到了全球性的高度重视，为国内外的学者了解和研究中国的妇女问题创造了良好的条件。[①] 20 世纪 90 年代以后，一大批妇女研究组织和机构得到发展。1993 年，中央民族大学中国少数民族妇女研究中心成立，标志着我国少数民族妇女研究迈上新台阶。

（一）少数民族妇女社会地位与发展研究

1994 年出版的论文集《华南婚姻制度与妇女地位》[②]，是一部由众多人类学家参与编写的专题研究著作。该书讨论了妇女地位的评述标准。有作者认为，妇女地位主要体现于妇女在社会和家庭中的政治权利，对事务处理的参与权、发言权和决定权，对经济的控制权以及社会对妇女的尊重程度等方面。有人认为，除了考虑传统的评判观念外，还要考虑妇女自身的感受和意愿，要注意静态和动态的分析。

国家民族事务委员会有关部门组织编写的《中国少数民族妇女发展论文集》[③]，第一次全面论述了中国少数民族妇女发展状况。书中论文分别从妇女的地位和权利、参政、教育、就业、婚育、健康等诸多方面进行阐述，认为少数民族妇女的发展与全国妇女发展的水平相比较，还存在着差距，并提出了促进少数民族妇女发展的对策和模式。

1995 年严汝娴主编的《民族妇女：传统与发展》一书，收录了来自民族学、社会学和人口学等不同学科领域学者围绕少数民族妇女（主要是云南少数民族妇女）基本状况及发展困境撰写的 11 篇论文。该书把少数民族妇女发展最关键的条件归结为发展生产和提高素质。[④] 1998 年中共党史出版社出版的《少数民族妇女的历史巨变》一书，集

[①] 方素梅、杜娜、杜宇：《20 世纪 90 年代以来的中国少数民族妇女研究》，《民族研究》2004 年第 2 期。

[②] 马建钊、乔健、杜瑞乐主编：《华南婚姻制度与妇女地位》，广西民族出版社 1994 年版。

[③] 王福临、杨候弟、杨帆：《中国少数民族妇女发展论文集》，中国广播电视出版社 1995 年版。

[④] 严汝娴主编：《民族妇女：传统与发展》，云南人民出版社 1995 年版。

中展示了改革开放以来各少数民族妇女积极参与社会经济活动并获得自身发展的历史进程，包括珞巴族、壮族、白族、黎族等各少数民族妇女发展的历史巨变，指出在少数民族妇女发展的诸多条件因素中，普及教育是至关重要的因素；政府的发展指导仍然是少数民族妇女取得进步的重要推动力量，但是不应局限于一种发展模式，而应当考虑各民族文化的特殊性。① 白薇等主编的《中国少数民族妇女问题研究》一书收录的 27 篇论文，对蒙古族、回族、藏族、朝鲜族、布依族等多个少数民族妇女的婚姻家庭地位及相关问题做了论述，并强调了新时期研究少数民族妇女的重要价值。②

20 世纪 90 年代，一些学者通过经验调查等方式收集资料，运用定量和定性分析方法，对少数民族妇女的社会地位和发展进行了有针对性的研究。研究成果有林丽和原新的《新疆少数民族妇女社会地位探讨》③、苏依拉的《关于东乡族妇女社会参与与现状问题思考》④、唐珍玉的《仡佬族妇女在经济发展中角色的变化》⑤，等等。

（二）少数民族妇女家庭地位研究

20 世纪 90 年代以来的少数民族妇女研究成果中，有相当数量的研究是婚姻家庭领域的研究，包括妇女的家庭地位及其变化的研究。系统深入的研究专著数量较少，相关调研报告和学术论文虽然专题性和深入性方面较为薄弱，研究水平也参差不齐，但是学术论文涉及范围广泛，视角开阔，是少数民族妇女家庭研究成果中的重要组成部分。王承权在《少数民族妇女的婚姻家庭及其地位变化》一文中指出，我国大多数少数民族过去在遵守本民族通婚界限的前提下，青年男女婚前大都享有社

---

① 中国少数民族妇女运动编写组：《少数民族妇女的历史巨变》，中共党史出版社 1998 年版。
② 白薇、王庆仁、郑玉琴主编：《中国少数民族妇女问题研究》，中央民族大学出版社 1996 年版，第 168 页。
③ 林丽、原新：《新疆少数民族妇女社会地位探讨》，《西北人口》1996 年第 3 期。
④ 苏依拉：《关于东乡族妇女社会参与与现状问题思考》，《西北民族研究》1997 年第 2 期。
⑤ 唐珍玉：《仡佬族妇女在经济发展中角色的变化》，《广西民族研究》1998 年第 1 期。

交和恋爱自由。但绝大多数民族的女性只有恋爱自由，而无婚姻自主权。作者认为，从少数民族妇女整个群体的地位来看，除个别民族的个别地区残存着母系家庭，女性在家庭中的核心地位尚得以保存之外，其他家庭都处在男权的统治之中，女性均受到不同程度的压迫。①

王金洪通过对拉萨市与山南地区 200 户家庭的调查资料，对西藏妇女的通婚范围、择偶方式、婚居方式、婚姻形式及礼俗、生育决定权及生育状况等进行了具体描述和分析，认为西藏妇女婚姻状况和家庭地位已有了很大的改善，同时也存在一些问题。②

邱国珍和赖施虬从民俗文化视角分析了畲族女性的社会地位。文章指出，畲族家庭大多是妇女当家，畲族女性在家庭、家族中是一个举足轻重的角色。在畲民家族习俗中，处处体现畲民母性的尊严。作者还指出，包括畲族在内的南方民族女性，其地位总体上高于一般汉族女性。③ 2007 年出版的《畲族文化研究》（上、下册）下册中，收录了兰俏梅的文章《畲族妇女的家庭地位》。该文指出，畲族家庭中男女地位比较平等，甚至妇女的地位更高，畲族妇女与男子共同管理家庭事务，畲族妇女在家庭生活中对家庭成员及家庭重要事务，有相当的发言权和决策权。④

进入 21 世纪后，少数民族妇女地位尤其是婚姻家庭地位研究逐渐进入高校民族学及相关专业研究生学位论文选题的视野。目前已完成研究的硕士学位论文有孙娟玲的《东乡族妇女家庭地位研究》⑤、周艳的《回族农村妇女的社会资本对其家庭地位的影响研究》⑥、田鸿燕的《一

---

① 王承权：《少数民族妇女的婚姻家庭及其地位变化》，《云南民族学院学报》（哲学社会科学版）1995 年第 4 期。
② 王金洪：《当代西藏妇女的婚姻状况与家庭地位——对拉萨市与山南地区 200 户家庭的调查》，《民族研究》1999 年第 3 期。
③ 邱国珍、赖施虬：《民俗文化与女性社会地位——以畲族女性为例》，《民俗研究》2005 年第 2 期。
④ 兰俏梅：《畲族妇女的家庭地位》，载福建省炎黄文化研究会编《畲族文化研究》（下册），民族出版社 2007 年版，第 486—487 页。
⑤ 孙娟玲：《东乡族妇女家庭地位研究》，硕士学位论文，西北师范大学，2005 年。
⑥ 周艳：《回族农村妇女的社会资本对其家庭地位的影响研究》，硕士学位论文，西北师范大学，2009 年。

个土家族村落中的女性家庭地位》[1];博士学位论文有马京的《云南兴蒙蒙古族婚姻家庭的变迁》[2]、章立明的《社会性别等级制与家庭婚姻:西双版纳三个傣族村寨的人类学研究》[3]、刘彩清的《婚姻、家庭、生育与妇女地位——以黔东南一个侗族村寨为例》[4] 等。

(三) 黎族妇女研究

日益繁荣的黎学研究对黎族妇女的深入关注并不多,但我们从诸多黎族综合性研究或中国少数民族综合研究成果中,也能找到一些对黎族妇女的描述和思考。如前文提到的《海南黎族社会调查》《中国黎学大观》《中国黎族大辞典》《海南黎族研究》等综合性黎族研究成果中,在某些章节或相关问题探讨时,多处有关于黎族妇女的零星介绍和探讨。例如,《海南黎族社会调查》在介绍20世纪50年代初期黎族婚姻制度时,提到了"玩隆闺"习俗中女性的表现、不落夫家习俗中妇女的权利和责任,还对当时黎族寡妇再嫁等习俗做了介绍。《中国黎学大观》在介绍黎族各支系服饰民俗时,介绍了各支系妇女服饰的特点和变化;回顾黎族人民反抗斗争时,歌颂了热心投身抗战事业的黎族妇女。《中国黎族大辞典》在介绍"和亩"的母权制遗迹特征时,强调了妇女在"和亩"中的重要地位。从母居制遗迹、母系遗址和妇女"主政"遗物等方面,介绍了黎族母权制遗俗。[5]

另外,潘洪钢等学者对中国南方少数民族妇女的研究成果,对我们了解作为南方少数民族之一的黎族妇女有很好的参考价值。潘洪钢在《历史上南方少数民族妇女的性选择自由》[6] 和《传统社会中南方少数

---

[1] 田鸿燕:《一个土家族村落中的女性家庭地位》,硕士学位论文,湖北民族学院,2010年。
[2] 马京:《云南兴蒙蒙古族婚姻家庭的变迁》,博士学位论文,云南大学,2010年。
[3] 章立明:《社会性别等级制与家庭婚姻:西双版纳三个傣族村寨的人类学研究》,博士学位论文,云南大学,2002年。
[4] 刘彩清:《婚姻、家庭、生育与妇女地位——以黔东南一个侗族村寨为例》,博士学位论文,中央民族大学,2012年。
[5] 苏英博:《中国黎族大辞典》,中山大学出版社1994年版,第128—129页。
[6] 潘洪钢:《历史上南方少数民族妇女的性选择自由》,《华中师范大学学报》(人文社会科学版) 2003年第6期。

民族妇女的性角色——兼与汉族妇女比较》①两篇文章中,回顾了历史上中国南方少数民族妇女婚前享有较高的恋爱和性选择自由,与深受儒家文化影响的汉族妇女婚前"男女授受不亲"有很大差别。东人达的《南方少数民族社会女权现象分析》②和张磊的《论中国古代南方少数民族中"女劳男逸"现象及其原因》③,都探讨了我国南方少数民族性别权力及性别分工的特点和原因,这些研究虽然没有单独提到黎族妇女,但其观点和结论对同属于南方少数民族的黎族妇女有诸多适应性。

1990年、2000年和2010年,全国妇联和统计局联合组织了三期全国范围的中国妇女社会地位调查。出于种种原因,海南省未能参加第一期和第二期调查,第三期是海南省首次参加全国妇女地位调查。海南省在参与此次调查中,共回收18岁及以上个人有效问卷2492份。2012年7月,海南省第三期妇女社会地位调查数据公布,相关报道表明,随着经济社会的发展,海南省妇女的社会地位在诸多方面取得了突出进步。④调查结果显示,海南省18—64岁女性的平均受教育年限为8.76年,其中农村女性的平均受教育年限为7.59年,高出全国平均水平0.49年,女性接受初中及以上教育的比例在明显上升。农业户口女性中,享有社会医疗保障的比例已达到98.4%,能够享有社会养老保障的比例为53.4%。女性家务劳动负担依然较重,平衡工作与家庭存在困难。海南女性的劳动收入偏低,性别差异明显,女性对收入水平和发展前途的满意度较低。农村妇女地位相对较低,发展意识与能力均有待进一步提升。⑤

总的来看,学术界对黎族妇女的研究非常薄弱,黎族研究成果虽然

---

① 潘洪钢:《传统社会中南方少数民族妇女的性角色——兼与汉族妇女比较》,载《第二届中国与东南亚民族论坛论文集》,民族出版社2007年版。
② 东人达:《南方少数民族社会女权现象分析》,《西南师范大学学报》(人文社会科学版)2006年第4期。
③ 张磊:《论中国古代南方少数民族中"女劳男逸"现象及其原因》,《岭南文史》2008年第1期。
④ 张惠宁:《第三期中国妇女社会地位调查海南省主要数据显示 我省妇女社会地位显著提高》,《海南日报》2012年8月3日第2版。
⑤ 杨隽莹:《妇女社会地位调查数据公布 海南农村女性收入低》,2012年7月31日,南海网(http://www.hinews.cn/news/system/2012/07/31/014717394.shtml)。

日趋丰富，但专篇论述黎族妇女的成果屈指可数。值得一提的是，海南学者孙绍先和欧阳洁夫妇携手推出了一部集中论述黎族女性文化的著作——《黎族女性文化专题研究》①，对黎族女性文化做了较为丰富的资料呈现，对本书写作有重要启发和参考价值。海南大学硕士研究生关丹丹的硕士学位论文《黎族传统社会婚姻家庭习惯法研究》②，从习惯法视角回顾了黎族传统社会婚姻家庭文化，其中多处涉及黎族女性在婚姻家庭领域的地位，也是本书的重要参考文献。

此外，近年来与黎族妇女相关的学术论文虽然数量不多，议题也比较分散，但也从不同角度描述和展示了黎族妇女的新面貌，对本研究也有参考意义。与黎族妇女相关的学术论文，有姚丽娟的《浅谈海南岛黎族妇女民俗文化》③、方鹏的《文面黎女——海南岛黎族妇女文身的文化考察》④、张交程和黄少花的《提高少数民族妇女本土就业率的对策研究——以海南农村地区的黎族、苗族、回族妇女为例》⑤、张晓姣和孙东飞的《海南妇女家庭事务决定权的调查研究》⑥、吴琼的《海南妇女家庭分工的现状调查》⑦、黄淑瑶的《性别、权力与海南古代女性》⑧、陈丽琴的《女性家庭地位视域中的黎族社会性别等级——以海南省五指山市3个村为个案分析》⑨和牛砚田、李粒的《浅谈黎族妇女社会地位》⑩等。

---

① 孙邵先、欧阳洁：《黎族女性文化专题研究》，南方出版社、海南出版社2008年版。
② 关丹丹：《黎族传统社会婚姻家庭习惯法研究》，硕士学位论文，海南大学，2010年。
③ 姚丽娟：《浅谈海南岛黎族妇女民俗文化》，《中央民族大学学报》2003年第6期。
④ 方鹏：《文面黎女——海南岛黎族妇女文身的文化考察》，广西人民出版社2006年版。
⑤ 张交程、黄少花：《提高少数民族妇女本土就业率的对策研究——以海南农村地区的黎族、苗族、回族妇女为例》，《湖北经济学院学报》（人文社会科学版）2009年第7期。
⑥ 张晓姣、孙东飞：《海南妇女家庭事务决定权的调查研究》，《知识经济》2011年第9期。
⑦ 吴琼：《海南妇女家庭分工的现状调查》，《学理论》2011年第20期。
⑧ 黄淑瑶：《性别、权力与海南古代女性》，《社会》2012年第6期。
⑨ 陈丽琴：《女性家庭地位视域中的黎族社会性别等级——以海南省五指山市3个村为个案分析》，《山东女子学院学报》2013年第5期。
⑩ 牛砚田、李粒：《浅谈黎族妇女社会地位》，《黑龙江史志》2014年第3期。

四 评述

毫无疑问，以上这些研究成果，为本研究提供了资料基础和方法论启示；有些研究成果为本书写作提供了重要的参考。但现有研究仍存在以下不足和缺憾。

第一，关于妇女社会地位及婚姻家庭地位的研究，虽然一直受到较多关注，研究方法和视角也具有多样性，研究成果比较丰富，但社会学及相关学科多以建立社会地位指标体系等定量分析方法测量和衡量妇女地位，缺乏深入及生动资料呈现妇女社会地位的真实画面和丰富细节。民族学、人类学等学科对妇女社会地位及婚姻家庭地位的研究，则多从民族文化的角度涉及，缺乏性别视角和比较视角。

第二，关于黎族妇女的研究一直非常薄弱。章立明一针见血地指出："在中国社会学中，妇女一直是社会分层研究中最为薄弱的环节；在民族学中，少数民族妇女研究处于边缘状况；在妇女研究中，更是难觅少数民族妇女的芳踪。因此，本该是人文社会科学领域黄金交汇点的少数民族妇女研究，最终沦为了性别与族群研究中最尴尬的短板交叉点。"[1] 黎族妇女是南方少数民族妇女的重要组成部分，她们婚姻家庭地位及其变化，是南方少数民族妇女社会地位及其变迁的一个缩影，具有重要的研究价值，值得社会学、民族学等学科高度关注。但现有相关研究中，还缺乏基于民族学和人类学田野调查、以社会性别视角、系统全面研究黎族妇女地位的著述。既有的黎族妇女研究数量少且过于零散，女性视角的缺失，不能不说是日益繁荣的黎族研究的一大缺憾。

第三，纵观目前黎族相关研究成果，《海南岛黎族社会调查》等综合性调查研究报告，对黎族各支系的文化和社会发展分别做了介绍和呈现；此外，绝大多数黎族相关研究则是针对黎族整体的研究，对黎族各支系的研究成果比例很低，尤其是专门针对哈黎的研究成果，更是凤毛

---

[1] 章立明：《少数民族妇女研究：人文社会科学研究中的短板交叉点》，《广西民族研究》2014年第4期。

麟角。笔者在中国知网和万方数据知识服务平台等文献检索工具中,检索研究主题含"哈黎"或"黎族哈方言"等关键词的研究文献,仅十余条,且大部分是从语言学和文学等角度的调查或分析,例如《黎族哈方言区三师村丧俗音声系统的田野考察》[1]、《哈方言土语音系的对比》[2]、《黎语哈方言区语言使用情况调查研究》[3]、《黎语哈方言发展问题研究》[4]等。从民族学、人类学视角展开的相关研究成果仅有三篇,即《海南乐东四星哈黎探源》[5]、《从哈黎到美孚黎:黎族内部支系的转化与融合——基于海南省东方市西方村的田野调查》[6]、《海南黎族哈应人丧葬文化研究——以乐东黎族自治县千家镇正洪村为例》[7]。

本研究从《海南岛黎族社会调查》涵盖的五个黎族支系地区中选择哈黎地区作为调查点,针对哈黎妇女展开具体分析,以期进一步丰富新时期黎族各支系研究成果,推动黎族研究领域的进一步拓展。

第三节 研究设计

一 理论视角

本书结合现代化理论和社会性别理论,对哈黎妇女家庭地位变迁进行解读。

(一)现代化理论

现代化理论是 20 世纪 50 年代和 60 年代初由美国社会学家首先创

---

[1] 刘厚宇:《黎族哈方言区三师村丧俗音声系统的田野考察》,《海南大学学报》(人文社会科学版)2012 年第 2 期。
[2] 洪静:《哈方言土语音系的对比》,《剑南文学:经典阅读》2012 年第 5 期。
[3] 张群、钟宇:《黎语哈方言区语言使用情况调查研究》,《湖北师范学院学报》(哲学社会科学版)2012 年第 6 期。
[4] 张群:《黎语哈方言发展问题研究》,硕士学位论文,中南民族大学,2013 年。
[5] 刘文新:《海南乐东四星哈黎探源》,《中州今古》2003 年第 2 期。
[6] 孟凡云:《从哈黎到美孚黎:黎族内部支系的转化与融合——基于海南省东方市西方村的田野调查》,《广西民族研究》2014 年第 3 期。
[7] 罗文雄:《海南黎族哈应人丧葬文化研究——以乐东黎族自治县千家镇正洪村为例》,《琼州学院学报》2014 年第 3 期。

立的。现代化理论的主要内容是说明人类社会从工业革命以来所经历的涉及社会生活诸领域的深刻变革过程,现代化理论关心的是传统性向现代性的转变以及转变过程,并将近现代社会的发展主要视为从"传统"向"现代"的转变过程。① "传统"一般理解为代代相传的事物,包括物质实体、人们对各种事物的信仰、关于人和事件的形象,也包括惯例和制度。② 现代化理论包括经典现代化理论和新现代化理论。美国的吉尔伯特·罗兹曼认为,现代化是一个在科学和技术革命影响下,社会已经或正在发生着变化的过程。③ 罗荣渠认为,广义的现代化是以工业化为动力,从传统的农业社会向现代工业社会的全球性大转变过程,它使工业主义渗透到经济、政治、文化、思想各个领域,引起深刻的相应变化。④ 早期现代化理论有将传统和现代对立起来的倾向,使人们容易忽视二者之间的历史连续性和继承性。新时期现代化理论认为,现代化的实现是一个渐变过程,是与传统交互作用的连续过程,现代化无法完全脱离传统的影响。

现代化理论对家庭及其现代变迁做了丰富阐释,形成家庭现代化理论。家庭现代化理论的基本观点包括:家庭的发展和变迁与生产方式的发展和变化紧密相连。工业化的生产方式及其生产力,将对传统的家庭制度、家庭模式及其结构、功能以至观念等发生全面的影响。⑤ 古德是家庭现代化理论最主要的代表人物之一,其代表作《世界革命与家庭模式》和《家庭》是家庭现代化理论的经典著作。古德认为,在工业化和城市化过程中,不同类型的扩大家庭趋于向夫妇式家庭制度转变。"在世界各地,所有的社会制度都在或快或慢地走向某种形式的夫妇式

---

① 唐灿:《家庭现代化理论及其发展的回顾与评述》,《社会学研究》2010 年第 3 期。
② [美] E. 希尔斯:《论传统》,傅铿、吕乐译,上海人民出版社 1991 年版,第 16 页。
③ [美] 吉尔伯特·罗兹曼:《中国的现代化》,上海人民出版社 1989 年版,第 3—4 页。
④ 罗荣渠:《现代化新论》,北京大学出版社 1993 年版,第 16—17 页。
⑤ 王修彦:《新中国成立以来农村代际关系变迁研究》,博士学位论文,南开大学,2014 年。

家庭制度和工业化,这在人类历史上还是破天荒第一次。"① 中国学者围绕家庭及其变迁的研究,较多借鉴了家庭现代化理论,许多中国家庭领域的经验也在一定程度上印证了家庭现代化理论的诸多观点。

现代化理论围绕性别观念变迁,也提出了独特观点。性别观念的现代性理论强调人们的性别观念会随着平等意识和民主化进程而从传统向现代转变。持有传统性别观念的人多习惯性地认为,两性之间存在固化的性别气质与社会分工;相信在两性关系上男性为主,女性为辅。现代性别观念强调男女平等,打破性别传统分工,女性进入公共领域,两性共同承担社会与家庭责任。②

本书对黎族妇女家庭地位变迁的考察,需要紧密结合当前黎族农村社会正经历前所未有的现代化过程这个宏观背景。现代化过程中,黎族妇女家庭地位变迁呈现出诸多从传统向现代转型的过渡特征,现代化理论在家庭变迁及性别观念变迁方面的研究成果,对本研究有重要指导和借鉴意义。

(二) 社会性别理论

社会科学领域有许多研究问题的视角,例如文化视角、政治视角、经济视角、心理视角、宗教视角等。社会性别(Gender)理论将性别视角引入社会科学研究,开拓了科学研究的新视野,推动社会科学研究取得了许多新发现。社会性别理论源于女权运动、女权主义理论和妇女研究,产生于20世纪70年代,是国际妇女运动发展和妇女理论研究的重要成果,也是西方学术的一个重要分析范畴。"社会性别"一词用来指由社会文化形成的对男女差异的理解,以及社会文化中形成的属于女性或男性的群体特征和行为方式。③ 社会性别理论认为,人的性别包括生理性别和社会性别,人的生理性别是与生俱来的,由人的生物特征决定;而社会性别则是后天形成的,深受特定社会文化中的性别规范与角

---

① [美] W. 古德:《家庭》,魏章玲译,社会科学文献出版社1986年版,第245页。
② 刘爱玉、佟新:《性别观念现状及其影响因素——基于第三期全国妇女地位调查》,《中国社会科学》2014年第2期。
③ 王毅平:《社会性别理论:男女平等新视角》,《东岳论丛》2001年第4期。

色及两性的行为方式的影响。社会性别理论揭示了人的生理性别与社会性别之间的复杂关系,打破了生理性别决定论的禁锢。如今,"社会性别由文化建构形成"的观点被普遍接受。女性主义者对女性长期处于劣势地位的深层原因进行了思考。西蒙娜·德·波伏娃在《第二性》中明确指出:妇女的劣势并非天生的,而是父权社会的建构产物。① 在承认个体生理性别差异的基础上,社会性别理论强调性别的社会建构性,强调社会文化对性别差异的影响,认为妇女的性别角色并非都由女性的生理所决定的,而是由社会文化所规范的;人的性别意识不是天生的,而是在对家庭环境和父母与子女关系的反应中形成的;生理状况不是妇女命运的主宰,男女性别角色是可以在社会文化的变化中改变的。② 社会性别理论认可男女两性的生理差异以及两性在社会发展中面临不同利益和需求,但它强调,这些性别差异不能代表女性就必须依赖男性,从属于男性。女性与男性一样享有做人的权利和尊严,女性的权利不应该受到漠视甚至剥削。社会性别理论鼓励女性维护自己的尊严和权利,主张改变女性的从属地位。

在研究方法上,社会性别理论认为,女性研究不要将妇女孤立地剥离开来,而要将其置于男女两性的社会角色和权力结构之中,③ 把两性和两性关系纳入研究视野。同时它承认男女两性的共性,反对将男性视为女性的对立面,主张男女两性共同反思传统性别规范对于自身发展的束缚,推动两性关系的和谐发展。

社会性别理论对本书写作有重要启发和指导意义。本书研究黎族妇女家庭地位变迁问题,既要沿着从传统到现代转型思路做纵向比较分析,也要在家庭领域将妇女与丈夫的家庭地位进行横向对照分析。在分析两性家庭地位差别时,既要看到两性由于生理性别差异在家庭生活中扮演的不同角色,也要关注黎族两性社会性别差异,从当地性别文化和性别权力结构中,对黎族妇女的家庭地位变迁做深刻理解。

---

① [法]西蒙娜·德·波伏娃:《第二性》,中国书籍出版社1998年版。
② 王毅平:《社会性别理论:男女平等新视角》,《东岳论丛》2001年第4期。
③ 同上。

二 核心概念

(一) 哈族妇女

哈黎是黎族五大支系之一。本研究以哈黎农村已婚妇女为研究对象,具体指拥有农村户口、长期居住在黎族哈方言农村地区的已婚女性。

(二) 妇女地位

《简明妇女学辞典》将妇女地位定义为"妇女在社会生活中的地位,包括妇女在政治、经济、文化以及家庭等各领域的处境和作用,或者妇女对社会发展的影响状况"[1]。沙吉才在《当代中国妇女家庭地位研究》一书中,将妇女地位界定为"妇女在家庭、社会中取得与控制物质资源(包括食物、收入、土地以及其他形式的财富)和非物质资源(包括知识、权力与声望)的程度"。并明确提出:"妇女地位是相对于男性的一个相对概念。"[2]

目前国际学术界对妇女地位的界定多采用狄克逊对妇女地位的定义:"妇女地位是指女性在家庭、社区以及在社会中对物质资源(包括食物、收入和其他财富)以及社会资源(包括知识、权力和威望)的占有及控制能力。"[3]

(三) 妇女家庭地位

妇女地位是一个多层次、多角度的综合概念,从宏观和微观的角度可划分为妇女的社会地位和婚姻家庭地位。妇女家庭地位相对于其社会地位而言,是一个微观层次的概念。单艺斌认为:"女性婚姻家庭地位是指女性在家庭中所拥有或控制家庭资源的能力,所具有的威望和所享有的各种决策权利的总体体现。"[4] 沙吉才将妇女婚姻家庭地位解释为

---

[1] 陶春芳、段火梅主编:《简明妇女学辞典》,转引自沙吉才《当代中国妇女家庭地位研究》,天津人民出版社1995年版,第3页。
[2] 沙吉才:《当代中国妇女家庭地位研究》,天津人民出版社1995年版,第3页。
[3] 同上。
[4] 单艺斌:《女性社会地位评价方法研究》,九洲出版社2004年版,第199页。

"妇女在家庭中享有的威望和拥有与控制家庭资源（物质资源和人力资源）的权力，而妇女权力是控制和改变他人的行为以及实现自己意愿的能力"①。万江红和魏丹提出，妇女家庭地位是一个相对概念，是妇女相对其家庭内的其他成员特别是其丈夫而言的相对概念。这种相对性包括妇女对家庭资源的拥有和控制程度以及妇女在婚姻家庭事务中的自主权和对家庭重大事务决策的发言权。②

关于妇女家庭地位研究，学术界长期以来存在"妇女婚姻家庭地位"和"妇女家庭地位"两种表述形式。在有的研究中，这两种表述各有侧重，稍有差异；在另一些研究中，这两种表述则仅仅是不同名称，内容实则无异。本书研究哈黎妇女家庭地位，是指哈黎妇女婚姻家庭地位，指已婚妇女对家庭资源的实际拥有与控制程度和妇女在婚姻缔结及婚姻家庭事务中的自主权，以及妇女在家庭关系中所享有的威望。

三 研究内容

除绪论和结语外，本书主体内容共包括四个部分。

第一，邢村概述。介绍黎族概况及传统文化特点；邢村概况及邢村妇女基本情况。

第二，改革开放前哈黎妇女家庭地位。从妇女婚姻地位、生育地位、家庭经济地位和家庭关系地位四个方面，描述改革开放前哈黎妇女的家庭地位，为下文的纵向比较做铺垫。

第三，社会转型时期哈黎妇女家庭地位。从妇女婚姻地位、生育地位、家庭经济地位和家庭关系地位四个方面，描述和分析转型时期哈黎妇女的家庭地位，重在通过与改革开放前妇女地位的比较，揭示转型时期哈黎妇女家庭地位的变迁特点和过程。

第四，推动哈黎妇女家庭地位变迁的因素分析。从政治因素、经济因素和文化因素三个方面，分析新中国成立以来哈黎妇女家庭地位发生

---

① 沙吉才：《当代中国妇女家庭地位研究》，天津人民出版社1995年版，第4页。
② 万江红、魏丹：《社会性别视角下闽西农村女性家庭地位分析》，《中华女子学院学报》2009年第1期。

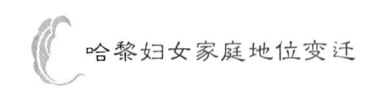

变迁的原因，从而对妇女家庭地位变迁的过程及特点有更深刻的认识。

四 研究方法

（一）文献研究法

详细搜寻与哈黎妇女家庭地位有关的各类文书档案或实物资料，以此作为研究哈黎妇女家庭地位变迁的基础。广泛查阅有关黎族的历史文献、官方统计资料、当地报刊、地方文献、县志，收集有关婚姻家庭、风俗习惯的背景资料，从浩瀚的文献资料中寻找有关哈黎妇女家庭地位的记载。以文献研究法为实地调查田野工作铺路，做好文化背景准备。

（二）田野调查法

田野调查是民族学、人类学的主要研究方法之一，包括参与观察、居住体验、深度访问等方法。居住体验和参与观察贯穿了笔者对邢村的整个田野调查过程。从2011年8月开始，笔者先后四次到邢村开展田野调查。在四次田野调查中，笔者全程居住在邢村村民家中，与他们同吃同住，一起喝酒聊天，共同参与婚礼节日等各种活动仪式，与村民建立了良好的信任关系和朋友般的亲切情感。在和村民的亲密接触过程中，笔者可以直接观察村民的日常生产生活，近距离了解村民之间及家庭成员之间的交往互动，为深度访谈奠定了良好的基础。笔者尝试过跟村民学习简单常用的当地方言，观察学习邢村妇女酿酒、编织、做糯米饼、挖野菜等生活技能，学习按当地人的行为方式（如敬酒礼节、吃山鼠肉）与他们相处，在当地文化中进行再社会化。笔者尽量克服先入为主的文化偏见，尽量学习按当地人的生活方式安排自己的每日生活，按当地人的思维方式理解当地的文化，尽管这一过程并不顺利，也没有达到理想状态，尽管这一过程中有文化差异带来的不适和迷茫，也有因语言障碍及文化差异导致再社会化困难重重的焦虑和无助，但在这一过程中，也正是在这种不断学习、不断碰撞中，笔者对当地文化有了更深刻的理解和包容。不断调整心态和方法，在后期的田野调查过程中，笔者与村民的相处更自然更放松，能以认真而平和的心态与研究对象进行交流。深度访谈是本研究最重要的资料收集方法。田野调查中，笔者对不同年代出生、不同家庭背景的妇女进行了深度访谈，包括对老年妇女的口述史调查，青年妇女择偶与婚恋过程访谈等。访谈中，笔者尽力倾听访谈对象发自内心的声音，结合她们的个人及家庭实际和当地文化，理解她们的处境和心声。此外，笔者还组织了几场小组座谈会，包括村民小组组长座谈会、妇女队长座谈会等。在访谈和观察记录阶段，笔者尽量保留调查对象的口述资料原貌和观察事物的客观呈现，不随意对资料进行加工和转述，较好地保存了田野资料的完整和原创性（图一）。

图一　本书作者（左）访问当地老年妇女

在第一次对邢村的田野调查中，我们对邢村基本情况及当地人的生产生活有了初步了解。2012年1月第二次到邢村时，我们开展了农户问卷调查。调查问卷内容包括家庭人口基本信息、经济状况、宗教信仰、择偶及生育观念等问题。问卷是我们带领四位当地在读大学生一起完成的。四位调查员都是当地人，懂黎族方言，当时正在湖北和海南读大学，对问卷调查感兴趣，而且态度非常认真。全部问卷采用调查员入户结构式访问形式完成，问卷回收率及填答率较高。通过问卷调查，掌握了邢村基本情况，并且获得家庭和妇女分布特征的相关资料，是田野调查资料的有益补充，为后期选择典型个案开展深入研究奠定了基础。

必须提到的是，由于笔者缺乏在当地长期的成长体验和地方性知识积淀，在田野调查过程中，不仅面临语言沟通困难、生活不习惯等现实困境，还时常被"局外人的困境"所困扰。尽管大多数调查对象都能用海南普通话与笔者交谈，但村民之间大多用黎族方言交谈，笔者无法在旁观和参与中听懂并理解他们真实交流和互动的内容，村民对我讲普通话和对乡邻讲黎族方言之间自如切换，笔者却只能捕捉到普通话传递出来的信息，这种困境有时容易强化笔者是局外人的感受，对开展亲密接触式田野调查带来一定困难。

（三）比较分析法

比较分析法是人类学的一种传统研究方法，同时也是女性主义研究中曾经使用过的一种研究方法。比较分析法被广泛应用于对妇女在社会地位、社会角色和权力的掌握等方面同男性差异的分析中，以及揭示在不同地方和不同条件下妇女生活意义的研究。本书通过纵向和横向两个方向比较，深入描述和分析哈黎妇女婚姻家庭地位变迁；通过历史文献分析以及对不同时期结婚的妇女的观察访谈进行纵向比较，描述哈黎妇女家庭地位的变迁过程；通过与家庭中其他成员尤其是丈夫家庭地位的横向比较，分析婚姻家庭地位中的性别不平等，从社会性别视角，展现哈黎妇女的家庭地位有别于男性的原因。

五　研究创新

（一）研究领域具有拓展性

第一，对海南黎族研究的拓展。黎学研究日益繁荣，研究议题从传统文化逐渐向现代变迁拓展，研究领域不断开放，涉及婚姻家庭、教育、文化、经济、法律、政治等诸多领域。但是专门针对黎族妇女的系统研究非常薄弱，现有的黎族妇女研究成果数量少且较为分散，不仅没有产生应有的影响力，甚至未能引起各界对黎族妇女应有的关注，以致外界对黎族妇女了解甚少，甚至很多人对黎族妇女的认识还停留在南方少数民族传统"放寮""不落夫家"等"奇异"婚俗的模糊印象中。

本书系统地揭示新中国成立以来哈黎妇女家庭地位的变迁,侧面反映黎族妇女社会地位的变迁,拓展了海南黎族研究的领域,丰富海南黎族研究的成果,可以弥补黎族研究忽视妇女和缺乏性别视角的研究之不足。

第二,对南方少数民族妇女研究的拓展。南方少数民族自古就与中原汉族以及北方少数民族有着不同的民族文化和地域文化,南方少数民族之间则有着诸多相似性和复杂联系,尤其在社会性别观念方面有着高度的相似性。研究表明,古代南方少数民族地区从母权制向父权制的过渡比较平稳,既存社会结构中保留下的母性崇拜遗存成分较多,女性具有较高的社会地位。[①] 对新时期黎族妇女家庭地位的深入研究,不仅可以丰富对黎族妇女的认识,对研究其他南方少数民族妇女也具有借鉴意义。

(二) 研究视角有创新

在日渐壮大的黎学研究队伍中,海南岛当地研究人员一直占据主导地位,他们有地理、语言和文化等多方面的研究优势,但也可能面临对熟悉领域和文化的忽视,和理所当然地解释难题。笔者身为生活在中部内陆地区的汉族女性,对黎族妇女家庭地位及变迁有着浓厚的研究兴趣,有更强烈的比较研究动机,有更细致观察和深刻反思的需求,这可能是局外人身份研究带来的惊喜。

本书尝试在对社会性别理论的合理吸收与反思的基础上,结合现代化理论,对妇女家庭地位这个陌生的老问题作出新的认识与解释,探讨社会性别作为一种文化观念和权力机制,是如何作用于黎族妇女家庭地位变迁的。

六 关于"变迁时间"的考量

与现代化背景下的新时期相比,新中国成立前漫长的历史时期中,黎族社会变迁相对缓慢,黎族婚姻家庭以及妇女家庭地位的变迁也较为

---

① 东人达:《南方少数民族社会女权现象分析》,《西南师范大学学报》(人文社会科学版) 2006 年第 4 版。

缓慢。新中国成立以后，黎族社会变迁的步伐逐步加快，尤其是改革开放以来，在中国工业化、现代化浪潮的推动下，黎族农村社会变迁呈现出前所未有的加速态势。作为社会变迁的重要侧面和缩影，黎族婚姻家庭领域包括妇女的家庭地位，也随之发生较快变迁，呈现出许多从传统向现代转型的过渡特征。

  本书在农村社会现代化加速的宏观背景下，关注哈黎妇女家庭地位的变迁。我们在纵向考察哈黎妇女家庭地位变迁轨迹时，在兼顾漫长历史时期黎族妇女家庭地位变迁特点的同时，主要考察新中国成立以来60多年间哈黎妇女家庭地位的当代变迁。本书以发生于20世纪70年代末80年代初的改革开放作为这60多年间的重要分水岭，通过改革开放前后妇女家庭地位的对比分析，揭示新中国成立以来，哈黎妇女家庭地位发生的深刻变迁。

第二章

邢村概述

第一节　田野点介绍

一　海南黎族概况

黎族是我国南方的一个古老民族，主要分布在海南省。海南是个多民族聚居的省份，生活着54个民族。除汉族外，黎族人口最多，其次是苗族、壮族和回族。据2010年全国第六次人口普查的数据公报，截至2010年11月1日0时，海南全省总人口8671518人，海南全省少数民族人口为1445792人，占总人口的16.67%，其中黎族人口1277359人，占总人口的14.73%。[1] 海南黎族人口主要聚居在海南岛中南部的保亭、白沙、琼中、乐东、昌江、陵水六个民族自治县和五指山、三亚、东方三个市，黎族人口居住面积占海南岛总面积的一半稍多；另外有部分黎族散居在万宁市、儋州市、屯昌县、澄迈县、安定县、琼海市、海口市等地。[2]

（一）族称族源

1. 黎族族称

黎族先民3000年前就开始在海南岛上生活，是最早开发海南岛的居民。"黎族"这个称谓有一个演变发展的过程。黎族与其他民族交往时，曾自称为"赛"（也有写作"筛"），意为"主人、本族人、自己

---

[1]　海南省统计局：《海南省2010年第六次人口普查主要数据公报》，《海南日报》2011年5月11日第2版。

[2]　陈立浩、于苏光：《中国黎学大观》，海南出版社2012年版，第14页。

人";将其他民族称为"美"或"迈",意为"客人、外人、外族"。

黎族是一种他称,在古代是汉族对黎族的称呼。西汉时期,中央政府在海南岛设置珠崖、儋耳两郡,当时的汉文文献中,将海南岛的先住民称为"骆越之人",这应该是汉族对南方古代少数民族最早的称呼。当时的"骆越之人"分布地域广阔,包括广东、广西以及海南岛、越南北部等地。《汉书》卷六十四下《贾捐之传》明确指出,骆越是海南岛上的土著居民。东汉时,"骆越"被"里""蛮"等称呼取代。三国时,"里"变成"俚",隋唐时汉文资料中,用"俚僚""夷俚"泛指南方少数民族,其中包括黎族。唐朝后期的史籍中首次出现"黎"的称谓,但缺乏具体描述,且只偶尔用到"黎"这个称谓。宋代以后的各类汉文史籍中则普遍以"黎"代替了"俚"和"僚",成为黎族的专用名称。如北宋人乐史撰写的《太平寰宇记》卷一六九《岭南道十三》叙述了儋州、琼州"生黎"风俗。宋代普遍使用"黎"的族称具有重要意义,此后"黎"一直沿用至今,成为黎族的专用族名。①

2. 黎族族源

关于黎族的族源,早在20世纪30年代就有学者开始研究。中国科学院刘咸、上海同济大学德国教授史图博(H. Stübel)等学者根据黎族田野调查资料,提出黎族族源的看法。此后关于黎族族源的讨论一直持续至今,尚没有形成共识,存在争论。众多讨论中较有影响力的是"南来说"和"北来说"的观点。

持"南来说"观点的学者有史图博、刘咸、岑家梧等。史图博认为,在黎族的四个(实为五个)支系中,有三个支系的黎族是从东南亚一带来的。他说:"原来不是土著的黎族——美孚黎、岐(今作杞)黎、侾(今作哈)黎等……是从(海南)岛的南方绕过崖州(今三亚市)而到岛内来的。"他们与印度尼西亚古代马来族关系密切。② 刘咸也认为,黎族的一部分即哈黎和润黎(原称"本地黎"),来自南洋群岛。他们与生活于那一带

---

① 陈立浩、于苏光:《中国黎学大观》,海南出版社2012年版,第20页。
② [德] 史图博(H. Stübel):《海南岛民族志》,1964年中国科学院广东民族研究翻译油印,2001年7月海南省有关单位铅印供内部参考,第330—331、340—341页。

的马来人有血统关系。① 岑家梧也主南来说，认为"南来说比较可信"。他在《海南岛黎人来源考略》中说，史前时代的"海南岛黎人，确属南方系统之民族，其迁来岛上，不由亚洲北部大陆，而由亚洲南部诸海岛"②。

持"北来说"观点的有林惠祥、罗香林等学者。林惠祥在其《中国民族史·百越系》中，首先提到了黎族族源与古越族有极大关系。③还有学者从考古发现、语言、习俗等多方面展开论证，指出，黎族与壮侗语族各民族如壮、傣、布衣等民族有密切的渊源关系，认为黎族是由古代"骆越人"发展而来。

关于黎族族源，学术界还有多源说、土著说等其他观点。史图博等人还指出，黎族的族源实际不止一个，部分黎族源自南方，其他黎族则来源于北方或其他民族。当代学者孙秋云认为，"海南黎族的来源既非纯由古越族发展而来，亦非由南洋古代民族迁徙而来，而是由海南岛上的远古土著居民为主体，兼融古代骆越人、南越人、壮人和汉人等民族成员的成分逐渐发展演变而来的"④。整体上来说，黎族来源于骆越族是目前关于黎族族源的主流观点，是目前我国多数学者公认的、最具权威的观点。

（二）建制沿革⑤

远古时期，黎族先民的居址遍布海南岛。西汉时期，中央王朝在海南北部和西部建立封建统治，内陆汉族人逐渐迁移到这一地带居住。随着唐宋时期中央王朝对海南开拓和统治力度的加大，封建王朝逐渐在海南岛建立了稳固的州县建制，黎族人民逐步往内陆腹地山区迁移，初步形成汉族在外、黎族在内的分布格局。

西汉时期，中央政权在海南岛设置珠崖郡和儋耳郡，实现对海南岛的

---

① 刘咸：《南黎族起源之初步探讨》，转引自练铭志《关于海南黎族族源的研究》，《广东技术师范学院学报》2003年第5期。
② 岑家梧：《海南岛黎人来源考略》，转引自练铭志《关于海南黎族族源的研究》，《广东技术师范学院学报》2003年第5期。
③ 林惠祥：《中国民族史》（上册），商务印书馆1937年版，第128页。
④ 孙秋云：《从人类学观点看海南黎族来源的土著说》，《中央民族学院学报》1991年第3期。
⑤ 此处参考陈立浩、于苏光《中国黎学大观》，海南出版社2012年版，第25—31页。

直接统治。隋朝时期，将原设两郡改为珠崖、儋耳、临振三郡，统十县。唐朝时又形成5州22县的行政建制，包括崖州（今海口市东南）、琼州（今海口市）、振州（今三亚市西北）、儋州（今儋州市西北）和万安州（今陵水黎族自治县东北）。五代时，海南岛归南汉统治，全岛设5州14县，这一时期新设立的澄迈、文昌、临高、陵水等县名，一直沿用至今。

明朝洪武年间，海南岛归广东省管辖。清代，海南建制基本沿袭明代。清光绪十三年（1887），朝廷在岭门、南丰和悯安设置三个"抚黎局"，作为统一管辖黎区的最高机构。民国时期，将三个"抚黎局"设为一个"抚黎专员公署"，以加强对黎族地区的统治。民国二十四年（1935），国民党广东省政府把黎、苗族居住的五指山区，划分为白沙、保亭、乐东三县。

中华人民共和国成立后，1951年4月，成立广东省人民政府海南行政公署，1955年3月改称广东省海南行政公署。1984年10月，海南行政区人民政府正式成立，海南行政区管辖海南黎族苗族自治州及海口、琼山、文昌等9县1市。1987年，撤销海南黎族苗族自治州，建立了琼中黎族苗族自治县、保亭黎族苗族自治县、陵水黎族自治县、昌江黎族自治县、乐东黎族自治县、东方黎族自治县、白沙黎族自治县。1988年，海南岛从广东省划出，独立建省。

（三）支系分布

黎族有本民族的语言，但各地方言不尽相同。据20世纪50年代对黎族地区的调查，黎语包括五大方言，分别是哈方言、杞方言、润方言、美孚方言和赛方言。由于分布地区及方言等区别，黎族内部形成五个支系，即哈黎、杞黎、润黎、美孚黎和赛黎（又称加茂黎）。

哈黎是黎族人口最多、分布最广的一个方言支系，主要分布在乐东、三亚、东方、陵水、保亭、昌江等地区。

杞黎是黎族第二大支系，主要分布在保亭县西北部、五指山市全境、琼中县、昌江县和东方县东南部、万宁市西部。此外也有部分杞黎分布在东方、乐东、昌江、陵水等地。

润黎主要分布在白沙县中部及东部，白沙县西部也有零星分布。由于儋州地区的汉族在比较哈方言后,认为润方言是"本地的黎族",即"土著的黎族",所以,润黎又有"本地黎"的称谓。

美孚黎人口较少,但居住较为集中,主要分布在东方市东部、昌江县城郊的一些村落。"美孚"是音译,意思是"住在下路的客人"。

赛黎主要分布于保亭黎族苗族自治县加茂镇,陵水县西北部,琼中东南部的部分地区,也有少量赛黎居住儋州、澄迈等地。20世纪50年代黎语调查发现该方言时,专家首先调查的地方是保亭黎族苗族自治县的加茂镇,因此,赛黎又被称为"加茂黎"。

(四)哈黎

哈黎是黎族人口最多、分布最广的一个支系。"哈"过去写作"侾",在古书上又写作"霞、遐、夏"等。由于"侾"字过于生僻,意思不明确,2001年,海南省民族宗教事务厅等单位在编写大型画册《黎族传统文化》时,决定以"哈"字替代之。哈黎主要集中于乐东、陵水、昌江、白沙4个黎族自治县和三亚、东方两个市,另有少部分居住在儋县、琼中、保亭、五指山、澄迈等市县。

哈黎较多分布在黎族聚居区的外围地区,对汉族等其他少数民族自称"赛",对其他方言的黎族则常自称为"哈",哈黎故而得名。此外,黎族内部的"赛"与"哈"的概念也与居住的地理位置有关。"赛"这个自称是黎族相对其他民族而言的,但在黎族内部,也常指居住在靠近山区而离海较远的本族人。从海南岛的地理环境看,居住在海南岛中部的本族人常会被住在外部的本族人称为"赛",而住在海边的本族人被住在中部的本族人称为"哈"。正是由于这种状况,所以出现了像乐东黎族自治县山区一带的黎族被沿海地区的黎族称为"赛",但却被五指山、琼中一带的黎族称为"哈"的现象。①

哈黎内部包括许多小分支,每个小分支也有自己的自称,通常是古代的峒名,如"哈应""罗活""抱显""抱怀""抱由"等。②"抱"

---

① 陈立浩、于苏光:《中国黎学大观》,海南出版社2012年版,第20页。
② 同上书,第19页。

在黎语哈方言里的意思是村庄。"罗活"分布在乐东盆地以及盆地边沿与哈方言其他类型杂居部分，少量还分布在东方、白沙等地，有罗活、抱由、多港、抱漫、志强、南唠等自称，大多是以居住地（过去的峒）命名的。"抱怀"主要分散在望楼溪中游的千家镇永益村、福报村等地，在三亚、东方也有少量分布，人数较少，自称"抱怀"。"哈应"又作"哈炎"，在哈方言三个土语中，人数最多，分布最广。主要分布在黎族地区边缘地带的三亚、陵水、东方等地，与汉族相邻或杂居，受汉族文化影响较深。①

（五）黎族社会发展轨迹

黎族社会经历过漫长的原始社会发展阶段，大量的考古发现和历史文献研究可以证明，黎族社会经历过漫长的母系氏族社会时期。② 在原始社会母系氏族社会时期，女性在氏族中拥有至高无上的地位。漫长的母系氏族时期为此后黎族社会发展留下了独具特色的母权制文化残余，在黎族婚姻家庭等领域产生了深远的影响。汉武帝元封元年（前110），中原统治者正式进驻海南岛时，海南本土文化依然带有浓厚的"母权制"特色。而此时的中原已进入父权社会至少两千年以上，已发展出非常成熟的"父权制"文化。两种文化在两性关系上有着迥异的特征。汉文化中性别文化的突出特征是"男尊女卑"，黎族的性别关系则可以用"贱男贵女"来形容。③

进入父系氏族社会以后，随着社会经济的逐步发展，男性对生产力的影响增强，父权社会的因素开始产生，女性仍受到高度的尊重和重视，但是对社会生活完全的主导地位开始丧失。④

海南早在秦汉时期就已被纳入中原王朝的统一管理体系中。在唐代

---

① 海南省人民政府官网（http://www.hainan.gov.cn/data/news/2007/01/24675/2007-01-12）。
② 张宏：《从黎族社会传统习俗看妇女的社会地位》，载王建成主编《首届黎族文化论坛文集》，民族出版社2008年版，第151页。
③ 黄淑瑶：《性别、权力与海南古代女性》，《社会》2012年第6期。
④ 叶英萍：《黎族习惯法：从自治秩序到统一法律秩序》，社会科学文献出版社2012年版，第45页。

以前没有外来人口迁移来岛的漫长岁月里,黎族一直过着刀耕火种的原始生活。[1]

唐宋时期,随着一批被贬官员抵达海南,加速了中原文化在海南的流布。[2] 唐代政府加强了对海南的统治,使黎族社会直接从原始社会跨越奴隶社会,而进入封建社会。人口的迁移、文化的传播、教育的兴办、生产工具的改进,对黎族文化和社会发展产生了深刻的影响。[3] 明代政府鼓励农民到人烟稀少的地方垦荒,于是大量大陆汉人迁徙来到海南。许多官吏被贬到岛上,沿海和交通便利之处基本上被汉人占领,同时黎汉杂居地区也不断扩大。[4] 黎族文化在与汉族文化不断碰撞交流过程中,逐渐发生改变,黎族社会经济发展水平迅速提高。到明清两代,在靠近汉族的黎族地区,社会发展水平已与当地汉族趋于一致,封建社会的生产方式已占据统治地位。[5] 至新中国成立前,除居住在五指山地区的黎族尚保留浓厚的父系家庭公社遗制外,其余绝大部分黎族地区早已进入了封建社会。与此相适应的黎族家庭婚姻制度,是以父权为中心的一夫一妻制的个体家庭。[6]

海南岛白沙、保亭、乐东等县在1948年6月已获得解放,1950年5月1日,海南宝岛全部解放,岛上全面建立了崭新的人民民主专政政权。1952年7月2日,成立了海南黎族苗族自治区人民政府。[7] 自从1950年以来,政府为发展热带农业,尤其是为了发展天然橡胶生产,先后在海南岛上建立国营农场98个,地方农场近200个。从大陆来岛

---

[1] 蒋菊生、谢贵水、王岳坤:《山区少数民族迁移和文化差异对农业生物多样性的影响——以对海南黎族研究为例》,《热带作物研究》1997年第2期。

[2] 刘正刚、罗彧:《明清边疆社会的习俗互化——以海南女性生活为例》,《中国边疆史地研究》2008年第4期。

[3] 蒋菊生、谢贵水、王岳坤:《山区少数民族迁移和文化差异对农业生物多样性的影响——以对海南黎族研究为例》,《热带作物研究》1997年第2期。

[4] 同上。

[5] 王海:《碰撞中的交融与传承——试论黎族文化的特点及成因》,《华南师范大学学报》(社会科学版)2005年第3期。

[6] 严汝娴:《中国少数民族婚姻家庭》,中国妇女出版社1986年版,第525页。

[7] 陈立浩、于苏光:《中国黎学大观》,海南出版社2012年版,第204页。

工作的人数有50余万人，占全岛人口的1/4以上。这次大的人口迁徙给黎族地区和全岛农业发展带来了极为深刻的影响。这些农场多分布在山地丘陵地区，有些深入到黎族中心山区，对黎族的传统文化产生了深刻的影响。[①] 2008年，海南省委省政府提出建设国际旅游岛，给海南少数民族地区的旅游业带来进一步发展，进一步加快了海南黎族农村地区社会经济发展的步伐。

新中国成立前，黎族农村社会变迁相对缓慢，经历了漫长的原始社会后，在中央统治和汉文化影响下直接进入封建社会，在新中国成立之前，绝大多数黎族地区已经确立了封建制度。新中国成立后，黎族社会发生了翻天覆地的变化，迅速迈入社会主义发展阶段。1978年十一届三中全会以后，改革开放的浪潮席卷全国，中国各地农村面貌焕然一新。改革开放以来，海南岛社会发展再次迈上新台阶，出现急速巨变，物质文化和精神文化发生深刻变迁。

二 田野点的选择

（一）20世纪50年代调查的22个黎族村寨

1954年，中央民委组织全国的专家到各地进行民族社会情况调查，当时的中南民族学院（后更名为中南民族大学）承担了这一重任。1954年7月至1955年2月，中南民族学院严学宭教授率领由中南民族学院和广东省有关部门共20余人组成的中南海南工作组，对海南黎族合亩地区及五个支系的22个黎村开展了大规模的社会调查，获得了第一手材料。其中《海南黎族情况调查》（后改名为《海南岛黎族社会调查》）4册140余万字，是当时国内单一少数民族调查最深入详尽的资料。

（二）选定邢村

2011年，在海南省民委的邀请下，中南民族大学启动对海南黎族村寨的追踪研究，计划从当年调查过的22个村寨中选择六个村寨开展

---

① 蒋菊生、谢贵水、王岳坤：《山区少数民族迁移和文化差异对农业生物多样性的影响——以对海南黎族研究为例》，《热带作物研究》1997年第2期。

第二章　邢村概述

调查，通过与当年调查材料的比较，反映不同方言支系黎族村寨的发展和社会变迁。拟定的六个村寨，分别由合亩制地区和黎族五个方言支系中各选择一个村寨组成。2011年7月初，笔者加入到海南黎族村寨研究课题组中，承担哈黎支系黎村的调研工作。笔者认真研读了《海南岛黎族社会调查》，重点了解和分析了书中记载的哈黎村寨的资料。最终选择了《海南岛黎族社会调查》记载的乐东县第二区的一个黎族自然村（全文用"邢村"指代该自然村）作为田野调查对象（图二）。

图— 邢村概貌

最终选定邢村缘于以下几点考虑。第一，邢村的名称及地理方位等没有改变，符合追踪研究的需要。第二，书中对邢村的记载较为细致，便于比较研究。第三，哈黎是黎族人口最多的支系，哈方言又包括罗活等三个土语，而哈方言的三个土语中，罗活土语分布集中而且面积广，影响大。1956年专家进行黎族语言全面调查时，就选择了乐东黎族自治县抱由镇保定村话的语音为标准音，并在此基础上设计了黎族文字。而邢村正位于乐东县抱由镇，该村正是哈黎罗活方言的代表，选择邢村开展哈黎支系村寨的追踪调查具有较好的代表性。第四，邢村交通较为方便，与乐东县政府驻地抱由镇只有7千米路程。而且一条公路从村中穿过，邢村与外界往来方便，更方便观察现代文明对黎族村寨变迁的影响，同时，便捷的交通也可以为田野调查提供便利。

在奔赴邢村开展黎村变迁研究的过程中，笔者与邢村妇女干部及群众建立了良好的信任关系，妇女的婚姻家庭经历和地位变迁问题更深深地吸引笔者关注。在开展邢村变迁研究过程中，笔者将黎族妇女家庭地位的变迁作为博士学位论文选题。考虑到调研的方便及时间的限制，更出于村落调查中与村民尤其是妇女们建立的良好关系，本书仍将邢村作为田野调查点。

三　邢村概貌

（一）邢村学名的由来

本研究的田野点是海南省乐东黎族自治县抱由镇的一个黎族自然村。该村所属村委会下辖有5个自然村，11个村民经济小组，邢村包含第一至第六队共6个村民经济小组，是该村委会规模最大的自然村。由于邢村大部分村民都姓邢，笔者为该村取学名为"邢村"，一是为了行文叙述方便；二是为了与学术研究传统保持一致，用学名指代田野调查村寨，可避免使用村寨真实名称。全文用邢村指代该自然村，包括引用文献中出现该村真实村名时，也用邢村进行指代。

由于邢村规模较大，人口众多，而各队妇女婚姻家庭地位具有较强的同质性，笔者以邢姓村民较为集中的邢村第三村民经济小组（下称三队）作为田野调查重点。数次田野调查期间，笔者都居住在三队的村干部或村民家中，与三队村民建立了熟悉亲密的邻里关系，为细致地参与观察和深入访谈带来了便利。

（二）地理位置与交通

邢村位于海南西南乐东县盆地东北角，海拔180米，距离乐东县城抱由镇7千米，邢村东邻五指山市毛道乡，南连卡法农场、大安乡，西接永明乡、抱由镇，北靠万冲镇。

乐东县政府1970年修建了贯穿乐东县黎族苗族山区与汉族平原地

区的二级柏油公路毛（阳）九（所）公路，毛九公路从邢村下辖的6个村民小组中穿过，邢村位于毛九公路南侧，村民出行非常便利。村民前往乐东县城主要乘坐两种交通工具，一种是从万冲镇等地开往抱由镇的中巴途经邢村，招手即停，乘坐中巴到乐东县城车费3元，乘车时间为10分钟左右。另一种交通工具是自驾摩托车。邢村摩托车拥有率较高，中青年村民大多自驾摩托车前往乐东县城及临近乡镇。

邢村村民生活、生产和经商贸易都非常方便。原乐东县三平乡政府驻地就位于邢村第一村民经济小组附近，虽然三平乡已经撤并，但其曾经作为乡镇政府驻地时兴建的菜市场、邮局、农村信用社等组织依然保留下来，三平市场依然是附近几个村寨的经济和文化中心。三平市场有十几个固定门面，长期经营农贸及生活用品，有一百多个摊位承包给摊贩出售蔬菜等食品，附近还有私立幼儿园、私人经营的游戏厅、小饭馆等经济实体。邢村第一村民小组附近有建于1950年的公立小学；建于1958年的一所公立初中，离邢村第三、第四村民小组只有五分钟左右的步行路程。同时，为邢村及附近村寨村民服务的三平卫生院紧邻邢村第四队。便捷的交通和比较齐备的教育医疗设施，为邢村村民的生产生活提供了极大的便利。

（三）村民生计方式

农业是海南黎族地区的基础产业和支柱产业。邢村是一个以农业为主的村寨，农业一直是村民世代赖以生存的主要生计方式。1958年以前，邢村东北和东南的大片坡地原是邢村的土地，1958年创办乐中国营农场，这些土地全部割让给乐中农场种植橡胶。现所剩山林地、坡地平均不足一亩，直接影响本村农民发展"热作"经济。[1] 邢村的耕地包括水田、旱田、坡地和山林地等不同类型，分别适宜种植不同农作物。邢村有水田1047.26亩，旱田679亩，坡地459亩，山林地6877亩。新中国成立前，生产力水平很低，邢村的主要农作物是水稻和依靠木棍等极其简易的劳动工具耕种的"山栏稻"，还种有玉米、番薯等杂粮。《海南岛黎族社会

---

[1] 本书编写组：《黎族田野调查》，海南省民族学会编印2006年版，第192页。

调查》记载，当地自古以来每年只能种一季水稻，由于绝大部分农田靠水灌溉，因此每年只能根据雨季到来的时间下种和插秧。在雨水特别少的年份，往往连一季稻的收获也难取得，所以当地水利问题很严重。① 山栏稻是黎族传统的种植方式，据20世纪50年代的调查显示，当时砍山种山栏稻的村民较多，但山栏稻收成低而且没有保障。如今山栏稻早已成为历史，水稻是邢村主要粮食作物。水利灌溉问题也有了很大改善，水源较好的水田可以种植两季稻，水源少时，部分水田仍然种植一季稻。

家庭联产承包责任制推行以后，邢村的经济结构逐渐发生变化，村民的生计方式也在发生改变。首先，农作物品种由单一走向多样化。除了水稻、甘蔗、番薯等传统农作物外，橡胶、香蕉和瓜菜种植是村民重要的收入来源。1964年，乐东县开始引进橡胶种植。1965年，乐东县种植面积1542亩。2000年，全县橡胶种植面积达到151495亩。橡胶行情较好的年份，种橡胶成为部分邢村村民发家致富的重要途径。近几年受国际行情等因素的影响，橡胶价格大幅下跌，胶农收入明显受到影响，橡胶种植面积也逐渐减少。自20世纪60年代开始，乐东县从广东东莞引进香蕉小面积种植。但在"文化大革命"中，每户只准在屋前房后种植十株。党的十一届三中全会后，香蕉生产蓬勃发展，1987年成为商品性生产。1998年，香蕉生产被乐东县委、县政府确定为乐东的三大支柱产业之一，生产规模不断扩大。② 坡地比较适合种植香蕉，邢村坡地面积较小，因此香蕉种植面积不大，有些村民在自家坡地上小规模种植，收获的香蕉用于自家食用及喂猪，少量用于销售。

乐东县是海南省主要瓜菜生产基地。瓜菜是乐东三大支柱产业之一。乐东县主要瓜菜品种有白菜、洋葱、辣椒、长豆角、苦瓜等。③ 近几年每到冬季，都有村民利用自己水田种植茄子、青瓜、豆角等蔬菜，

---

① 中南民族学院《海南省黎族社会调查》编辑组：《海南岛黎族社会调查》（下），广西民族出版社1992年版，第4页。
② 《乐东黎族自治县概况》编写组：《海南乐东黎族自治县概况》，民族出版社2009年版，第66页。
③ 同上书，第68页。

有经销商上门收购。蔬菜种植为部分村民增加了可观的经济收入。

除了农业外，外出打工经商已成为邢村村民重要的收入来源和生活方式。青年男女大多长年在外地打工经商。青年打工聚集地以海南省为主，也有不少青年特别是女青年奔赴上海、广东等地打工。中年村民以在邢村附近地区打短工为主，主要是在乐东县内从事建筑装潢、打鱼，或者做买卖。

（四）语言与文字

黎族有本民族的语言，它属汉藏语系壮侗语族黎语支，与广西的壮族和侗族的语言比较相似。黎族存在方言和土语的区别。乐东县黎族主要是哈黎和杞黎两个支系的黎族。其中，哈黎方言又分罗活、侾炎、抱显三种土语，操这三种土语的人数分布较广，占乐东县黎族人口的60%左右，主要分布在乐东县的中部、西部和西南部。①

邢村群众日常用语是黎语哈黎罗活土语。在日常生活中，由于广播电视等传媒的影响不断加深以及与外界交流的需要，除了年长的老人，大多数村民都能使用普通话进行交流。20世纪80年代以前上过学的村民，还会熟练使用海南方言交流，因为当时学校使用海南方言教学。80年代以后，当地学校采用普通话教学，这一时期开始上学的村民，对海南方言较为生疏，更熟悉普通话。

历史上黎族没有本民族的文字。唐宋以来随着封建王朝在海南岛统治的不断加强，一批批汉族人将汉字在内的汉族文化传播到海南岛，汉字也逐渐被部分黎族人民熟悉和使用。中华人民共和国成立后，1956年7月，中国科学院和中央民委联合组织了700多人，分成7个少数民族语言调查工作队，分赴全国各民族地区进行大规模的民族语言调查。中南民族学院的严学宭教授担任第一工作队副队长兼海南分队队长，率领40余名调查人员深入黎族村寨，对黎族语言进行全面调查。调查组选择使用人口最多的哈方言为基础方言，又由于哈方言的三个土语中，罗活土语

---

① 《乐东黎族自治县概况》编写组：《海南乐东黎族自治县概况》，民族出版社2009年版，第18页。

分布集中且面积广、影响大，因此选择乐东黎族自治县抱由镇保定村话的语音为标准音，设计了以拉丁字母为主的拼音文字——《黎文方案》（草稿），并试行推广。1958年下半年，黎文推广工作停止，短暂推广的黎文未能被黎族群众接受并使用，黎族至今没有本民族的文字。

随着新中国义务教育的大力实施及广播电视等传播媒介的快速发展，黎族人民对汉字有了频繁接触和认识，汉字已经成为黎族人民使用的主要文字。

第二节　邢村人口及家庭现状

一　人口结构

邢村所属村委会下辖五个自然村，11个村民经济小组。在本书中，邢村包括第一、二、三、四、五、六村民经济小组（简称为"队"），2000年第五次普查资料显示，邢村六个经济小组共346户，共1558人，平均每户4.5人。[1] 2016年1月，邢村6个村民经济小组共418户，1788人。[2]

（一）村民姓氏

黎族的姓可分为黎姓和汉姓两种。未受或少受汉文化影响的黎族，只有黎姓无汉姓。现今的黎族人普遍使用的是汉姓。汉姓是汉文化影响下才产生的，在明代中后期，大部分黎族地区的社会进入封建制社会，为便于户籍登记、缴纳税租，多数黎族都借用了汉姓，并传袭下来。在一些比较偏僻的黎族地区，直到民国时期，为了书写和入学方便，才采用抽签的方法取得了汉姓。

1. 邢、罗、刘三姓

据《海南岛黎族社会调查》记载，20世纪50年代，邢村黎族有邢和罗两姓，其中以邢姓最多。如今邢村黎族有邢、罗和刘三姓。刘姓村

---

[1] 海南省民族学会编印：《黎族田野调查（内部资料）》2006年版，第194页。
[2] 数据由邢村所属三平派出所提供，总人口为邢村户籍人口，户数指单独立户的家庭户数量。

民是20世纪六七十年代从邢村所属村委会9队迁到3队落户的本村村民，户数较少。该村村委会罗姓主要分布在8队，2队和4队也有少量罗姓，该村罗姓之间不能通婚。

2. 邢姓考据

公元前770年，周公旦创立东周，称文献工。第四子伯邢，即邢氏始祖。封地邢国，即今河北省邢台市境内。由文昌市邢宥研究会2003年编纂出版的《海南邢氏人物》序言中明确写道，海南邢氏之根在河南开封。邢氏迁琼始祖邢肇周、邢肇文两兄弟曾在朝廷谋有官职，邢肇周是宋高宗时的资政大夫，邢肇文为纲使（皇室督运物资的官员）。南宋建炎年间（1127—1130），由于中原战乱频繁，为避难，邢氏兄弟带着部分家人南迁。邢家人从开封启程，途经浙江杭州、广东潮州，然后渡过琼州海峡，登上琼州，最后落籍文昌。被邢氏族人称为十二公的邢肇周迁住东阁镇观霄村，十三公邢肇文迁住文教镇水吼村。据邢氏后人考证，邢肇周五世孙邢禄（字梦璜）于南宋咸淳元年（1265）携第四子万胜到崖州，赴任万安知军，后定居乐东县黄流镇，成为乐东县一带邢氏始祖，并发展成为又一邢氏家族分系。此间，还有部分邢氏子孙后人迁进黎村，成为黎人。[1]

邢姓村民均为哈黎支系罗活土语的黎族居民。《海南岛黎族社会调查》记载邢姓祖先来源有两种说法。一说是从东方县搬来；另一说最初居地在昌感县的北黎，后由北黎迁到黄流，再迁育岭，最后才到邢村来。[2] 本次调查笔者未能查阅到反映本地黎族来源的具体文献，村中老人也无人能提供准确信息。笔者推断，邢村村民本不姓邢，原只有黎族姓，可能其祖先曾与汉族邢姓人接触，或居所附近有汉族邢姓人，故接受邢为其汉族姓。

（二）民族成分

乐东县是个多民族聚居县，其中黎族是世居民族，主要居住在山区；汉族则是在西汉以后陆续从福建、广东等地迁入，主要居住在沿海

---

[1] 许春媚：《海南邢氏：八百余年诗礼传家》，《海南日报》2011年7月18日第18版。
[2] 中南民族学院《海南省黎族社会调查》编辑组：《海南岛黎族社会调查》（下），广西民族出版社1992年版，第2页。

一带；苗族是在明代万历四十二年（1614）调广西苗兵驻守乐安营而落籍的。①

邢村除少数外来媳妇外，村民都是黎族。改革开放前，邢村村民通婚圈较小，同村及临近村寨黎族同胞通婚率非常高，极少有媳妇来自外县。随着人口流动加快，大批中青年外出务工经商，村民通婚圈逐渐扩大，几位来自外地（个别妇女来自外省）其他民族妇女嫁到邢村，丰富了邢村村民的民族和文化结构。

（三）性别构成

据1953年8月13日邢村人口调查表统计，邢村有761人（男366，女395），男女性别比为1∶1.08。② 改革开放前，黎族地区人口性别比一直是女多于男，男女性别比符合人口出生自然规律。计划生育政策实施以后，受重男轻女思想的影响，人口性别比出现失调。乐东县六次人口普查性别构成情况表，反映了当地性别比从女多男少逐步变为男多女少而且性别比逐渐拉大的变化轨迹（表2.1）。

表2.1　　　　　乐东县六次人口普查性别构成情况③

年份	全县总人口	男 人数	男 占总人口%	女 人数	女 占总人口%	性别比（男比女）
1953	152242	70560	46.35	81682	53.65	1∶1.16
1964	196117	94112	47.99	102005	52.01	1∶1.08
1982	376088	188189	50.04	187899	49.96	1∶0.99
1990	421409	216396	51.35	205013	48.65	1∶0.95
2000	447382	237916	53.18	209466	46.82	1∶0.88
2010④	458876	242210	52.78	216666	47.22	1∶0.89

---

① 《乐东黎族自治县概况》编写组：《海南乐东黎族自治县概况》，民族出版社2009年版，第17页。
② 中南民族学院《海南省黎族社会调查》编辑组：《海南岛黎族社会调查》（下），广西民族出版社1992年版，第1页。
③ 《乐东黎族自治县概况》编写组：《海南乐东黎族自治县概况》，民族出版社2009年版，第17页。
④ 2010年数据是笔者根据海南省第六次人口普查办公室和海南省统计局编印的《海南省2010年第六次人口普查主要数据》一书第17—18页相关数据整理计算而成。

从"一普"到"五普",乐东县人口性别比逐年增高,至2000年,出生婴儿男女性别比为1:0.88,人口性别比例出现失调,最主要的原因是人们的头脑中存在着的重男轻女的封建思想。[1] 邢村2000年11月第五次人口普查统计资料显示,全村有1558人,其中男性873人,女性685人,男女性别比为1:0.78。[2] 依然明显高于正常人口性别比。尽管第六次人口普查数据显示,乐东县性别比未继续拉大,甚至略有改善,但与前几次人口普查数据相比,当地男女性别比变化趋势依然十分明显,人口性别比失衡现象在邢村也客观存在。

二 家庭及家族现状

1950年前,在黎族地区已形成一夫一妻的父系小家庭。但由于社会经济发展的不平衡,在合亩制地区仍残留着母系家庭,甚至群婚制的痕迹。[3]《海南岛黎族社会调查》记载,邢村有169户,一夫一妻的165户(一户为入赘),占总户数的97.63%;一夫多妻(纳妾)的4户(其中解放前3户,解放后1户),占总户数的2.37%。[4] 新中国成立后,"纳妾"现象绝迹。邢村不属于合亩制地区,其家庭形式为比较典型的一夫一妻的父系家庭。

(一)家庭规模

《海南岛黎族社会调查》记载,邢村共169户,家庭人口一般是4人,最少的1人,最多的10人,平均每户4.5人。具体情况见表2.2。[5]

---

[1]《乐东黎族自治县概况》编写组:《海南乐东黎族自治县概况》,民族出版社2009年版,第17页。

[2] 本书编写组:《黎族田野调查》,海南省民族学会编印2006年版,第194页。

[3] 文明英、文京:《中国黎族》,宁夏人民出版社2012年版,第11页。

[4] 中南民族学院:《海南省黎族社会调查》编辑组:《海南岛黎族社会调查》(下),广西民族出版社1992年版,第6页。

[5] 同上书,第1页。

表2.2　　　　　　20世纪50年代邢村家庭规模统计

家庭人数	1	2	3	4	5	6	7	8	9	10
户数	1	21	26	46	33	19	14	4	3	2

全面实施计划生育政策以后，当地家庭子女数明显减少，家庭规模也呈不断下降趋势。1990年，乐东县平均每个家庭户5.14人；2000年为4.60人，下降了0.54人。[①] 2016年2月，笔者对邢村三队全部76户家庭的信息做了摸底调查，家庭规模统计结果见表2.3。3—5人家庭占全体家庭户的75%；同时，1—2人的小家庭也有一定比例；规模最大的家庭有10口人，为三代同堂。三队平均每户4.12人，与新中国成立初期相比（表2.2），家庭规模进一步缩小了。

表2.3　　　　　　2016年邢村三队家庭规模统计

家庭人数	1	2	3	4	5	6	7	8	10
户数	5	5	12	24	21	6	1	1	1

（二）家庭结构

改革开放前，邢村家庭结构以核心家庭和主干家庭为主要家庭结构形式。由于黎族分家传统，即儿子结婚后通常会分家立户，因此，联合家庭形式在邢村历史上非常少见。

新时期邢村家庭结构形式更多样化。由父辈和未婚子女共同生活的核心家庭是主要的家庭形式，核心家庭人口以三口到六口人居多。例如三队XSF家共有五口人，即夫妻二人和三个未成年的孩子。仅有少数几户三口之家，主要是年轻夫妇暂时未生育第二胎。也有两户三口之家，是夫妻生育一胎后，丈夫由于身体原因不能生育。

其次是父母和一对已婚子女以及其他未婚子女共同生活的主干家庭形式。主干家庭以三代同堂的家庭为主，还有两户四世同堂的大规模主干家

[①] 林志岩:《海南家庭户规模及相关问题浅析》，载《海南人口问题研究（上册）——第五次人口普查论文集》，海南省第五次人口普查办公室编2002年版，第139页。

庭。村干部XQS家七口人，分别是夫妻二人，儿子、儿媳和孙子，两个未婚的女儿。主干家庭规模通常是五口至八口人，家庭关系也更复杂。

进一步调查了解到，新时期邢村的主干家庭有着与改革开放前不同的特点，最突出的特点是如今的主干家庭成员饮食不分，生产劳动也通常不分开，但收入和支出方面却有合有分。如三队XQZ家八口人，夫妻二人，大儿子，大儿媳，两个孙子，小儿子和女儿。平时未婚的女儿长年在外打工，春节才回家，她的打工收入除了会给父母及家人购买礼物、给父母补贴家用外，全部由她自己储蓄使用。未婚的小儿子有一辆卡车，在附近跑运输，收入他自己保管、自己使用，农忙时节，他会和家人一起参加生产劳动。大儿子、儿媳也有自己的打工收入等非农业收入，他们的收入自己支配。年长的XQZ夫妇除了务农，也有零星打工收入。由于全家人饮食不分，粮食种植不分，收割的粮食等农作物主要用于全家食用；剩余粮食卖的钱，也主要用于改善伙食等全家人共同消费。因此，农业生产和饮食消费是共同承担、共同消费，农业外收入则由直接从事农业外经营的当事人单独支配。

除了这些主流的家庭结构外，邢村还存在单亲家庭、独居老人家庭、单身汉独居家庭、大龄单身汉与父母家庭、祖孙隔代家庭等特殊家庭结构。与年老的配偶单独居住或一个老人单独居住的独居老人家庭比例有上升趋势。独居老人中，有部分老人鉴于饮食起居等生活习惯考虑，主动提出与子女分家；也有部分老人由于子女长期外出或迁出本村等原因，不得不独居。邢村最年长的二队村民LKX常年独居，她没有儿子，六个女儿都嫁到较近的村寨，其中二女儿嫁到邢村第二队，女儿及后辈会经常看望照顾老人，平时老人独居，生活可以自理。

由于部分大龄男性面临择偶难的问题，邢村出现了一些大龄未婚男性与高龄父母一起生活的核心家庭，还有父母去世后只留下大龄未婚男性独居的家庭。六队有一户近90岁的母亲与近50岁未婚儿子组成的两口之家；三队有60多岁的老年夫妇与近40岁大龄未婚儿子的三口之家，三队有无子女老年夫妇的两口之家。这些家庭虽然数量较少，但家庭结构不完整，家庭功能不尽完善，容易陷入经济和情感困境，值得关注（表2.4）。

表2.4　　　　　　　　　邢村三队家庭结构分布

	单亲家庭	独居家庭	两位老人家庭	核心家庭	主干家庭	特殊家庭	合计
户数	8	5	2	47	9	5	76
百分比（%）	10.5	6.6	2.6	61.8	11.8	6.6	100.0

（三）家族

邢村村民分属不同的家族，罗姓村民与村委会八队同属一个家族，刘姓村民与村委会九队同属一个家族。邢姓村民则又分属五个家族，分别是否望家族、否翁家族、否喂家族、否袄家族和否店家族。"否"黎语直译为子孙，"否望"直译为祖先名字叫"望"的人所生的子孙。其中，否望、否翁和否喂原来是同胞三兄弟，同属一个公（祖先）；否袄和否店原来是同胞兄弟，同属一个公。五个家族中，否望家族是邢村最大的家族，有较大的影响力。

邢村一队除少数几户是否望家族和否喂家族外，大部分家庭属于否翁家族；邢村二队和六队全部属于否袄家族；邢村三队除有九户姓刘外，其余邢姓家庭均属于否望家族；邢村四队除八户姓罗外，其他邢姓家庭均属于否望家族；邢村五队一半左右家庭属于否望家族，其余均属于否袄家族。

邢村同村村民可以通婚，但不能违反家族之间的通婚禁忌。由于同属一个公（祖先），否望家族、否翁家族与否喂家族的后代之间禁止通婚，否袄家族与否店家族的后代之间禁止通婚。前者与后者两个祖先的后代之间可以通婚。

第三节　邢村妇女概况

一　邢村妇女基本特征

已婚妇女是本书的研究对象，通过查阅村委会相关资料及问卷调查统计分析，可以从民族构成、年龄分布和受教育状况等方面描述邢村妇女的基本特征。

(一) 妇女民族构成

20世纪90年代以前，邢村妇女都来自乐东黎族自治县境内的黎族村寨，且来自同村的比例很高。20世纪90年代以后，从海南岛其他县市嫁到邢村的女性人数有所增加，她们仍主要来自海南岛黎族农村地区，因而邢村妇女绝大多数都是黎族。来自乐东县外的妇女有少数是汉族女性，她们主要来自海南临高、万宁等汉族聚居区。也有个别妇女来自海南岛外，如四队有一名年轻的汉族妇女来自广东省电白县，五队有一名年轻的汉族妇女来自浙江宁波农村地区。她们都是在广东打工期间与丈夫相识，继而嫁到邢村的。本书重点关注的邢村三队所有已婚妇女，均是黎族。

(二) 妇女年龄分布

邢村已婚妇女中年龄最小的是三队的LQ（18岁），年龄最长的是三队的LKX（95岁）。黎族村民平均寿命较长，村中长寿老人较多，其中女性高龄老人比例更高，邢村三队80岁以上的高龄妇女有七人，占三队妇女总数的8.8%（表2.5）。

表2.5　　　　　　　　邢村三队妇女年龄分组统计

年龄分组	人数	百分比（%）
30岁及以下	3	3.8
31—40岁	19	23.8
41—50岁	20	25.0
51—60岁	10	12.5
61—70岁	14	17.5
71—80岁	7	8.8
80岁以上	7	8.8
合计	80	100.0

(三) 妇女受教育程度

新中国成立前出生的邢村妇女大多没有接受过正规学校教育，不识汉字，也不能熟练使用汉语进行人际交流。新中国成立以后，当地基础教育得到大力发展。1952年成立了村小学，1962年村小学从原址搬迁到现址，紧挨邢村一队，学生上学非常方便。当地村民受教育程度明显提高。调查发现，邢村老年妇女识字率很低，文盲率较高；20世纪60年代中后期及以后出生的妇女，具有小学和初中学历的比例最高；而20世纪80年代中期及以后出生的妇女，普遍具有初中学历，高中学历的妇女比例较低。

二 邢村妇女婚姻状况

（一）妇女娘家距离

改革开放前，黎族村民生活交往空间相对封闭，而且老一辈黎族人更认可与知根知底的本地家庭联姻。邢村中老年人的通婚圈普遍较小，同村及附近村寨联姻是普遍形式。中老年妇女大多来自该村村委会下辖的自然村及邻近黎族村寨。改革开放后，黎族青年纷纷走出村寨，与外界交流日益增多，年轻村民的通婚圈得以扩大，年轻妇女来自县内其他乡镇的增多，少数妇女则来自县外甚至省外。表2.6反映了邢村三队妇女娘家地点的分布。邢村三队共有80个已婚妇女，其中有两个妇女娘家在本自然村，有53.8%的妇女娘家在本村委会其他村民小组；来自抱由镇其他村寨的有五人，娘家在乐东县其他乡镇的妇女有30人，占37.5%，这些妇女绝大多数是20世纪八九十年代以后嫁到邢村的中青年妇女。邢村三队没有妇女来自乐东县外。总体来看，尽管邢村村民通婚圈依然较小，但通婚圈逐步扩大的趋势日趋明显。

表2.6　　　　　　　　邢村三队妇女娘家地点分布

妇女娘家范围	人数	百分比（%）
邢村（同自然村）	2	2.5
同村委会	43	53.8
同镇外村	5	6.2
同县外乡镇	30	37.5
县外	0	0.0
合计	80	100.0

（二）妇女婚姻现状

改革开放前，黎族村民有较高的离婚和再婚自由，妇女再婚也不受歧视，有过离婚及再婚经历的妇女不是少数。对于一些年岁已高的妇女来说，早年离婚及再婚的经历并没有给她们及村民留下深刻而清晰的印象，有些妇女不能很清晰地判定或记起自己是否有过离婚、再婚经历。同时，人们对离婚的理解也与当前法律层面的理解存在差别。本书以调查对象本人理解和陈述为基础，统计结果显示，邢村三队80位已婚妇女中，17人丧偶，11人再婚有配偶，52人初婚有配偶。最年轻的丧偶妇女44岁，该妇女的丈夫因患病于2015年去世，其余丧偶妇女均是60岁以上的老年妇女。邢村三队最年轻的再婚妇女38岁，于2010年带着与前夫生的女儿嫁到邢村，其余再婚妇女均是60岁以上的老年妇女（表2.7）。

表2.7　　　　　　　　邢村三队妇女婚姻现状分布

妇女婚姻现状	人数	百分比（%）
初婚有配偶	52	65.0
再婚有配偶	11	13.8
丧偶	17	21.2
合计	80	100.0

《中华人民共和国婚姻法》的颁布对黎族村民婚姻形式的确立并没有立即带来明显改变。按照传统，黎村人结婚和离婚不重视领结婚证和离婚证这些法律程序。计划生育政策实施后，在为子女办理出生证及户口等证件时，需要提供夫妻的结婚证。这种情况下，黎村青年结婚后，都会按照法律程序办理结婚证，一些因结婚时未到法定婚龄等原因未及时办理结婚证的夫妻，也会在孩子出生前后补办结婚证。结婚证的普及完善了黎村结婚法律程序，也推动了离婚及再婚程序的法律完善。

三　邢村妇女职业状况

农业是邢村家庭的支柱产业，农业收入是邢村家庭收入的重要来源。黎族妇女主要从事农业生产，水稻、香蕉、甘蔗、橡胶、槟榔、反季节瓜菜等农作物种植，都有妇女的参与，在很多家庭中，妇女是农业生产的重要劳动力。农业生产为家庭提供粮食蔬菜等必需食物来源，富余农作物出售所得是家庭经济收入的重要组成部分（图三）。

图三　本书作者（前排右一）与邢村各队妇女队长合影

除从事农业生产劳动外，大多数邢村妇女都兼顾养猪副业。邢村几乎每家都养猪，不少家庭还养了母猪，母猪产小猪用于出售，或自己养大再出售。割猪草、煮猪草、喂猪等劳动，主要由家庭妇女承担。养猪收入是这些家庭重要的收入来源。

与内陆很多地方相比，邢村长年出远门打工的已婚妇女人数较少，除个别年轻妇女长年在上海、广东等内陆城市打工外，还有少数妇女在三亚、琼海、万宁等海南岛内较发达县市打工。农闲季节，部分邢村妇女会结伴前往崖城等地打短工，替当地老板从事瓜菜种植和管理，这种工作通常是短期性质的，数月不等，工资结算方便，且通常只招女性。此外，还有少数妇女偶尔在乐东县城及附近打零工，如到酒店做服务员、在建筑工地打工、做街道清洁工等。

由于邢村紧邻原乡政府所在地的菜市场，不仅购物买菜方便，做生意也具有地理优势。邢村有几位妇女长期在菜市场做生意，规模最大的是二队的LH，她多年在路边经营一家小饭店。2011年，她又投资70余万元，在村委会附近开了规模更大的农家乐，在当地颇有影响力。三队XYL常年在菜市场卖菜，生意比较红火。还有几户以家庭为单位，从事酿酒等小规模经营。

四 妇女访谈对象基本信息

在邢村调研期间，笔者几乎每天都会与邢村妇女见面，并通过正式及非正式的形式与她们交谈互动，其中非正式访谈的对象因数量众多，无法一一列出。笔者多次登门开展深入的正式访谈的妇女有22人，包括从刚结婚不久的年轻媳妇到90岁高龄的长寿老妇。访谈对象还包括个别从三队嫁到邢村以外其他自然村的妇女，本研究深入访谈妇女个案资料详见表2.8。该表按深度访谈妇女出生年份升序排列，呈现妇女个案基本信息，为正文中访谈对象顺利出场做铺垫。

为尊重和保护调查对象个人隐私，本书所出现的人名，均已经过化名处理，用拼音符号代替真名。

表2.8　　　　　深度访谈妇女个案基本信息

编号	队号	姓名	出生年份（年）	娘家地点	婚姻状况	初婚时间（年）	子女数量
1	3	LKX	1921	邢村三队	丧偶	1940	6女
2	3	XHJ	1948	邢村三队	再婚有配偶	1970	3儿1女
3	3	XLF	1951	邢村四队	初婚有配偶	1979	2儿2女
4	5	HYX	1953	县内外乡镇	初婚有配偶	1978	1儿3女
5	3	XYM	1958	邢村三队	初婚有配偶	1978	2儿1女
6	3	XXZ	1959	村委会七队	初婚有配偶	1979	2儿1女
7	3	XQY	1963	邢村五队	初婚有配偶	1987	1儿2女
8	2	LH	1965	县内外乡镇	初婚有配偶	1984	2儿1女
9	5	LJL	1966	县内外乡镇	初婚有配偶	1986	3儿

续表

编号	队号	姓名	出生年份（年）	娘家地点	婚姻状况	初婚时间（年）	子女数量
10	3	XHY	1968	邢村三队	初婚有配偶	1990	1儿2女
11	3	XXY	1970	邢村五队	初婚有配偶	1990	1儿1女
12	4	XYG	1970	邢村二队	初婚有配偶	1990	2儿1女
13	3	XYL	1971	邢村二队	初婚有配偶	1998	1儿1女
14	3	LZH	1977	县内外乡镇	初婚有配偶	2008	1儿1女
15	3	LXF	1977	县内外乡镇	初婚有配偶	2007	2儿
16	3	LM	1978	邢村四队	初婚有配偶	2001	1儿
17	2	LQ	1978	村委会十队	初婚有配偶	2001	2女
18	3	XXM	1979	邢村五队	初婚有配偶	2007	1儿1女
19	3	XXH	1980	邢村六队	初婚有配偶	2010	3女
20	4	LYQ	1985	县内外乡镇	初婚有配偶	2011	2儿1女
21	2	LAF	1987	县内外乡镇	初婚有配偶	2011	1儿1女
22	3	LXQ	1993	村委会八队	初婚有配偶	2013	1儿

为了进一步了解邢村全貌及妇女的家庭地位，笔者还多次对邢村村干部包括村委会主任、副主任、各队妇女队长、邢村私人诊所医生、邢村德高望重的"道公"、部分妇女的丈夫及部分择偶困难的大龄男进行了深度访谈，他们从不同侧面提供了妇女婚姻家庭地位的具体资料。

第三章

改革开放前哈黎妇女家庭地位

　　大量考古发现和文献记载表明，海南岛黎族社会经历过漫长的原始社会发展阶段。唐代以前，海南岛黎族一直过着刀耕火种的原始生活。自唐宋时期开始，黎族社会渐渐跨入封建社会，社会经济发展水平迅速提高。新中国成立前，大部分黎族地区已经确立了封建制度，黎族婚姻家庭也具有了封建家庭的诸多特征。新中国成立以后，海南岛黎族社会经济发展面貌焕然一新，婚姻家庭领域也发生了一系列变化，黎族妇女的家庭地位也发生着相应的改变，既沿袭了传统时期的诸多特点，也因受多种因素综合影响融合了新的时代特征。本书考察新中国成立以来60多年间黎族妇女家庭地位的变迁，于20世纪70年代末80年代初开始的改革开放，则是这60多年间农村社会变迁的重要分水岭，黎族妇女的家庭地位在改革开放以来，发生了更深刻的变迁。

　　本章结合传统时期黎族妇女家庭地位的特点，着重呈现新中国成立后、改革开放前邢村妇女家庭地位的表现和特点，为后文分析改革开放后妇女家庭地位变迁打下基础。

第一节　妇女婚姻地位：恋爱自由　婚姻包办

　　婚姻即男女两性结合为夫妻的一种社会行为。婚姻是家庭存在的必要条件与前提。作为婚姻中重要一方的妇女，在婚姻关系中地位如何，是研究妇女地位的重要方面。透过男女两性结合的婚姻本身，就可以看出女性与男性的差异以及妇女所处的地位。①

衡量妇女婚姻地位的一个重要尺度是妇女婚姻自主权的实现程度。妇女婚姻自主权是指妇女在婚姻关系和婚姻过程中根据自己的意志做出决定、进行选择的权利。婚姻自主权贯穿于婚姻的全过程,包括择偶、嫁妆、婚礼、婚后姓氏、居处、婚姻生活以及生育儿女等各个方面,也体现在结婚、离婚和再婚等婚姻关系之中。② 婚姻自主权在女性权利系统中居于核心地位,中国的女权运动就是从争取女性的婚姻自主权开始的。③ 本章从恋爱、婚姻决策、离婚、再婚等方面,阐释改革开放前邢村黎族妇女的婚姻地位,揭开呈现黎族妇女家庭地位的序幕。

一 妇女婚前拥有较高恋爱自由

恋爱是择偶的重要过程,妇女婚前恋爱自由的形式和程度是妇女婚姻地位的一个侧面反映。

(一)黎族"玩隆闺"传统

在封建时期,"男女授受不亲"是汉族地区未婚男女必须严格遵循的交往礼节。与此不同的是,黎族未婚青年有着高度的社交和恋爱自由。黎族传统的"玩隆闺"习俗就是青年社交和恋爱自由的集中体现。新中国成立初期直至改革开放前期,邢村青年玩隆闺传统依然有,且保留比较完整。

1. 隆闺

改革开放前,黎族村民全家都住在自建的船形茅草屋里,子女长大懂事后(通常从十四五岁开始),就不能和父母一起居住了,父母会为长大的子女在屋外再搭建一间小房子。这种专供未婚子女居住的小房子称为"隆闺""布隆闺",过去也有汉语翻译称作"寮房"。隆闺不仅

---

① 广东省妇联、广东妇女学研究会:《广东妇女社会地位调查》,中国妇女出版社1995年版,第122页。
② 沙吉才:《当代中国妇女家庭地位研究》,天津人民出版社1995年版,第48页。
③ 尹旦萍:《社会转型期土家族女性婚姻自主权的变迁——以湖北恩施州宣恩县J村为例》,《北方民族大学学报》(哲学社会科学版)2015年第1期。

是黎族青年成年后居住的地方，更是他们对歌、交往、寻找意中人的婚恋场所。

"隆闺"的意思是"不设灶的房子"，隆闺内只有睡床。隆闺通常面积较小，稍大的隆闺可以住四五个人，小的隆闺仅能住一人。平时，儿女们要回家和父母一起劳动、一起生活，只有休息的时候才到隆闺居住。青年男子住的隆闺是"兄弟隆闺"。有的家庭儿子多，可能几个成年男孩一起住在一个隆闺里，所以，"兄弟隆闺"通常较大些，通常由年轻小伙子们一起动手，上山砍竹搭建而成。少女居住的隆闺叫"姐妹隆闺"，通常由父母及兄弟帮助搭建。

隆闺在不同的阶段分别有住宿、社交、恋爱的功能。黎族青年如果十三四岁还在家里跟父母同睡一屋，就会被人笑话，被认为是不成器的东西。13岁住隆闺，这说明孩子长大了，有能力和必要单独出来住，开始单独参加社交活动。所以，隆闺的第一个功能是住宿，这是黎族人一种文明的避让。[1]

2. 玩隆闺

隆闺不仅是黎族青年男女居住的房屋，更是未婚青年男女谈情说爱的专属场所。玩隆闺又称隆闺、布隆闺、豆欧、汤娘、陶汤翁等，均为音译，都是走夜路会姑娘的意思。[2] 每当夜幕降临，黎村的小伙子们会结伴到同村或附近村寨的隆闺找姑娘对歌、谈心，借机寻找意中人，俗称"玩隆闺"。他们来到少女的隆闺外，吹口弓、鼻箫等乐器，唱歌问话，向屋内的姑娘倾诉爱慕之情。小伙子在隆闺外唱"开门歌"，如果姑娘不愿意，她会唱"闩门歌"，让小伙子去找别的姑娘；如果愿意，姑娘会唱"请坐歌"，开门让小伙子进屋，双方对歌吹奏，可以一直玩通宵。情投意合、两情相悦的青年，可以互赠礼物，确定恋爱关系。父母及村民对于青年玩隆闺持非常开放和支持的态度，这是黎族传统的自由恋爱习俗，是每个黎族人成长的必经阶段。清朝的《黎族纪闻》记

---

[1] 唐艳妮：《黎族婚恋：真实隆闺》，《南岛视界》2013年第8期。
[2] 孙邵先、欧阳洁：《黎族女性文化专题研究》，南方出版社、海南出版社2008年版，第19页。

载:"男女未婚者,每于春夏之交齐集旷野间,男弹嘴琴,女弄鼻箫,交唱黎歌,有情意投合者,男女渐进凑一处,即订偶配,其不和者不敢强也。相订后,各回家告知父母,男家始请媒议。"①

《海南岛黎族社会调查》下册对新中国成立初期邢村青年玩隆闺习俗有如下记载:

> 邢村黎语称青年自由恋爱活动为:"略布隆沟"(译音),意思是"到闺房玩"。也有少数人称之为"汤阳"(译音),即"玩月"之意。村里的风俗,每到家里青年男女发育成熟之后,就不便和他们的父母一起住宿,往往单独或集合几个年纪相当的朋友建筑"隆闺"来住。"隆闺"的建筑地点在村外或村内,甚至有些建在村中来往通道的旁边。"隆闺"有独立建筑的,有附设在谷仓的旁边,大多数都建在父母住屋的附近。集体建造的:"隆闺"大小不一,有的可容三四人,有的可容七八人,大家一同睡在竹片织成的床铺上。男子也有"隆闺",但数量不多,平时只供休息坐谈之用,因晚上大多数男子都到女"隆闺"去玩。②

玩隆闺只适合允许通婚范围内的男女。邢村邢姓、刘姓和罗姓之间不属于同一姓氏,更不属于同一血缘家族,因而可以相互通婚。邢姓内部五个血缘家族之间的通婚有明确规定,否望家族、否翁家族和否喂家族原来是同胞三兄弟,同属一个公(祖先),因而这三个家族之间不能通婚;否袄和否店原来是同胞兄弟,同属一个公,这两个家族之间不能通婚。在隆闺时代,孩子很小时父母就会告诉他们血缘家族之间的关系,包括长大后玩隆闺及通婚之间的禁忌。因此玩隆闺的青年绝不会跨越祖辈传下来的规矩,在同村找姑娘时,他们一定会清楚而准确地找通

---

① 张长庆:《黎族纪闻》,转引自孙绍先、欧阳洁《黎族女性文化专题研究》,南方出版社、海南出版社2008年版,第132页。
② 中南民族学院《海南省黎族社会调查》编辑组:《海南岛黎族社会调查》(下),广西民族出版社1992年版,第6页。

婚范围内的姑娘。有些小伙子为了扩大找姑娘的范围，晚饭后会结伴走很远的路程，去附近甚至较远的村寨找姑娘玩隆闺，凌晨前再赶回家。开始男孩子串隆闺时都是三五成群地去。只有通过一段时间的交往，双方已经情投意合确定关系了，男子才会单独一个人去。这时候大家就会知道两个人已经是恋爱关系，受到家族的监督和保护，别的男子就不能再去这个姑娘的隆闺。①

要敲开姑娘隆闺的门也不是件容易的事，进入"姐妹隆闺"需要有一番才智。首先，男子要以歌叩门，女方若同意他进来，就回应一首歌；若不同意，就唱一首不开门歌，男子看这家不开门就会去下家。待到男子进得门来，还不可随便乱坐，要对唱见面歌和请坐歌才行。坐下后，男子便要开门见山地表明来意，说明是来找情侣还是来求婚的，女子回应是否已有情人。要是进入的"隆闺"里姑娘多，不知哪个姑娘愿投情，男女便要唱试情歌，愿意的姑娘自然就会回应他。经过长时间、多次的交往，男女双方才会找到心仪的对象，小伙子在晚上单独串隆闺的恋爱正式拉开序幕。②

（二）隆闺时期的自由恋爱

1. 女性恋爱自由

玩隆闺时期，黎族男女青年的身份和地位既有相同之处也有差异。共同之处是在允许范围内的玩隆闺都得到父母的默认和支持，得到当地文化和舆论的理解和赞同。在玩隆闺过程中，男女青年双方有很高的交往自由，不仅父母不会干涉，当事人有一方明确拒绝交往时，另一方通常不会纠缠强求。不同之处是，除了黎族哈方言的抱怀人以外，黎族的恋爱习俗一般是小伙子主动，姑娘被动。③ 在玩隆闺的过程中，邢村男青年始终处于主动发出交往请求的一方，女方则较为被动。一定是小伙子到姑娘隆闺外找姑娘，绝少有姑娘主动到小伙子的隆闺找小伙子。来到姑娘隆闺外，为了顺利地进入隆闺和姑娘谈情玩耍，小伙子通常都要使出各种求爱招数，唱

---

① 唐艳妮：《黎族婚恋：真实隆闺》，《南岛视界》2013年第8期。
② 同上。
③ 同上。

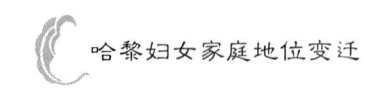

歌、吹弹乐器是黎族小伙子的拿手本领。如果姑娘明确拒绝，始终不开门，小伙子不宜强求，只能再找其他姑娘求爱。有些痴情的小伙子也会不气馁地多次找心爱的姑娘求爱，最终可能终得美人心。

在这个过程中，不难发现，从发出交往请求的角度看，女性处于比较被动的地位。男孩可以主动选择中意的姑娘求交往，男孩也可以找多个姑娘交往，继而确定自己最想交往恋爱的对象。而女孩只能每晚在隆闺中等待，对来找她的小伙子做出拒绝或接受交往的判断，却无法主动去选择和追求她中意的男孩。

> XHY（女，1968年出生）：我们那个时候最怕有月光的晚上，一群群的男孩来找女孩，敲门，约我们一起玩，在月光下跳过竹竿舞。一群男孩走了，又来一群，有时候一晚上来十批都有，晚上都睡不好觉。他们会打听哪个姑娘住在哪个隆闺里，就算不认识的姑娘他们也会去敲门找她玩，以后就认识了。女孩不能去找男孩玩，都是晚上男孩来找女孩。同家族的男孩晚上不能去找同家族的女孩玩，要找外家族的。（2013年8月访谈记录）

虽然女孩只能每晚在隆闺中等待，不能主动出门寻找意中人，但是面对前来追求的小伙子，女性则处于比较主动和主体地位。她们会主动大方地向男孩发问，用女性特有的方式刁难男孩，也可以果断拒绝自己不想交往的对象。两情相悦的交往恋爱法则，在黎族青年交往中得到充分体现。

王秀英在《记忆中的隆闺》[1]一文中，回忆了自己十三岁时与十七岁的姐姐同住隆闺时，与前来敲门玩隆闺的小伙子的真实互动情景。

> 这时，门外传来几个小伙子的轻声呼唤："阿妹，开门呀！"原来是有外村寨的男孩子来"夜游"了！这一惊非同小可。虽然我早已听姑辈姐辈们谈论过此事，却从未亲身经历过，如今感受了，却觉男孩

---

[1] 王秀英：《记忆中的隆闺》，《三亚日报》2013年8月11日第6版。

子的多事无聊，好好的美梦，全让他们吓跑了。看我如何对付你们。我咕哝着从床上一骨碌爬起来，一蹦下地，一时，竟也忘记了寒冷，径直走到门口，扯开嗓子，朝着门外大声唱道："小小仔，小小脚，知咋讨柴，知咋担？知咋饲鸡和饲鸭，知咋煮饭待亲情？"我蛮以为我这么一唱，他们便会灰溜溜地走开。谁知，他们先是发出一阵哄笑声，接着回唱："星光月光白溶溶，露水当油月当灯；哥做风筝妹做线，风筝多高线都跟。"我一听，愣住了，不知道怎么应对为好。这时，姐姐已走到我身边，她搂着我的肩膀，悦声唱道："哥人口水好，拢妹心甜上竹竿，上得竹竿无处去，由竿掉下命都没。"

门外人仍不罢休，又唱道："路远种竹不见尾，远路交情哥与妹；好石磨刀不用水，好话交情不用媒。"

我一听就来火了，谁跟你们有交情了？还"好石磨刀不用水"？我偏要对你们用水。于是，我端起门后的一盆洗脚水，朝门口泼去，只听见门外"啊——啊——"的叫声，随着慌乱的脚步声，由近及远，渐渐淹没在一片沸腾的犬吠声中。我得意地朝姐姐挤挤眼，姐姐先是一愣，待她回过神来时，一把将我抱住，然后扑倒在床上，接着姐妹俩哈哈大笑，滚成一团，不多时村寨里又惊起了一阵阵犬吠……

后来，姐姐临睡前，总打着一盆冷水备用。直到她遇见姐夫，冰冷的泼水才变为热腾的香茶。

2. 女性性自由

与封建时期汉族社会"谈性色变"不同，黎族传统时期对性持比较开明的态度。黎人对性的态度是非常开明、健康的，根本没有什么所谓的处女嗜好、贞操观念，性与道德没有关联。在玩隆闺制产生后，黎族青年男女的性生活均始于"玩隆闺"，因为"玩隆闺"作为一种被社会广泛认可的习俗存在。[①] 玩隆闺的男女青年如果两情相悦、互有好

[①] 孙邵先、欧阳洁：《黎族女性文化专题研究》，南方出版社、海南出版社2008年版，第133页。

感，姑娘可以留小伙子在隆闺过夜，凌晨小伙子再返回自己父母家中。隆闺时代黎族女性享有很高的性自由。

当然"在黎族女性'性自由'的时代，黎族男性享有同样的自由"①。只要不违反当地规定的通婚禁忌，只要双方都同意，男女在婚前发生性行为是正常情况，受到广泛认可。"他们（黎族）在选择性伴侣时没有任何门第、财产的标准，他们只有一个标准，那就是性爱的标准，合则聚，不合则散。"②

女方通过在"隆闺"的生活而怀孕后，男女双方多数会选择结婚，带着孩子嫁入男方的女子更受到重视和礼遇。③ 即便双方不结婚而选择和其他人继续交往，怀孕或者生下孩子的女方也不会受到歧视和谴责，她可以带着孩子与其他男性结婚。

"隆闺""夜游"极具浪漫主义色彩和男女平等的精神，但这种习惯形成的原因仍然在于扩张族群数量，确保种族血脉的传承。④

改革开放前黎族村寨的社会变迁相对缓慢，青年自由恋爱、平等交往的风俗没有发生大的改变，黎族女性一直拥有较高的恋爱自由和与异性交往恋爱的平等地位，在选择恋爱对象时，她们很少受到男方家庭地位、财富等外在因素的影响，更看重对方个人的人品、性格等内在因素。

二 娃娃亲时期妇女初婚决定权

恋爱自由并不一定意味着婚姻自由。婚姻不仅是两个人的结合，更涉及两个家庭乃至家族的联姻。因此，在父辈拥有更高的家庭权威地位的传统时期，子女择偶与结婚不可避免地会受到来自父辈的"干预"或者安排。学者孙绍先曾指出，受汉族婚姻制度的影响，黎族恋爱方式

---

① 孙邵先、欧阳洁：《黎族女性文化专题研究》，南方出版社、海南出版社2008年版，第132页。
② 同上书，第131页。
③ 叶英萍：《黎族习惯法：从自治秩序到统一法律秩序》，社会科学文献出版社2012年版，第43页。
④ 同上。

第三章　改革开放前哈黎妇女家庭地位

母系化、婚姻形式父权化的矛盾日益加深。① 反映了黎族青年恋爱自由与婚姻包办的矛盾客观存在的事实。

定娃娃亲是改革开放前邢村父母安排子女婚姻的重要途径和体现，改革开放前，父母给年幼的子女定娃娃亲现象，在邢村仍非常普遍。

（一）娃娃亲的性质——父母包办

《现代汉语词典补编》对"娃娃亲"的解释是："旧时男女双方在年纪很小的时候由父母订下的亲事。"② 旧时中国各地都曾出现并长期存在形式不同的娃娃亲，通常都是指在孩子成年之前，父母亲为其选择配偶并正式订婚，等孩子成年以后再择日结婚的择偶形式。在这种择偶形式下，从订婚到结婚，短则数年，长则十几年甚至二十几年。由此可以看出，在娃娃亲的形式下，父母亲是选择主体。因此，这种择偶形态即通常意义上所说的包办婚姻。③ 据《海南岛黎族社会调查》记载："这里的男女孩子早在八至十岁间就由父母做主订了婚。订婚时，先由男方父母看中别村的女子后（也有亲戚介绍的），随即找女方家长说婚。如女方家长同意，便进一步商议结婚日期，男女婚事就算确定了。"④

改革开放前，邢村每个村民都定过娃娃亲。通常是孩子年幼（小到两三岁，大则八九岁）时，由父母做主为孩子选定一个娃娃亲对象，按照黎族定亲风俗举行正式的定亲仪式，提前选定孩子未来结婚对象。定亲对象通常都是同村可以通婚的家庭，双方父母关系较好，希望两个家庭结为亲家。按照风俗，通常由男孩母亲出面向女孩母亲提出定亲请求或意愿表达，获得同意后，双方选一个吉日，男方家庭接女孩——未

---

① 孙邵九、欧阳洁：《黎族女性文化专题研究》，南方出版社、海南出版社2008年版，第149页。

② 中国社会科学院语言研究所词典编辑室：《现代汉语词典补编》，商务印书馆1989年版，第506页。

③ 孙淑敏：《对甘肃东部赵村择偶问题的人类学调查——甘肃山区择偶过程中的女性》，《妇女研究论丛》2004年第3期。

④ 中南民族学院《海南省黎族社会调查》编辑组：《海南岛黎族社会调查》（下），广西民族出版社1992年版，第8页。

来的媳妇到家中吃糯米饭，吃过糯米饭就算定亲成功，从当地风俗来讲，定过娃娃亲后，女孩就算是男方家的媳妇了。

  XQS（男，1961年出生）：我们都定过娃娃亲，是父母做主的。两边的父母想结成亲家，就给孩子定娃娃亲。定娃娃亲就是接女孩去吃糯米饭，女孩吃过男方家的糯米饭就算定亲了。有的女孩定亲的时候还很小，什么都不懂，还是妈妈抱过去的。（2013年8月访谈记录）

  由于定亲时男女双方都未成年，尽管他们是亲事的当事人，但实际上他们只是定亲仪式的演员，双方父母才是这桩亲事的真正决策者或操办人。年幼的孩子不会也无法对娃娃亲表达任何意见，长大些后，他们在村民的玩笑或戏谑中渐渐明白娃娃亲的意义，无论最终是否与定亲对象结婚，父母包办的娃娃亲是全村皆知的既成事实。

  定过亲后两个家庭平日并没有紧密的交往，通常等女孩成年后（十五六岁前后）才开始"启动"新一轮的联系，这一轮联系从内容和形式上看，一来是对未来媳妇的考验，二来借此加强双方家庭的联系，为日后正式结婚做铺垫。女孩十五六岁前后，农忙季节，男方母亲邀请"媳妇"到家中帮忙做家务、干农活，女孩每天清晨赶到"婆婆"家干活，晚上回自己家休息，第二天继续到婆婆家干活，通常要做一个星期左右的时间。干工结束后，婆婆会送稻谷等物品给女方家表示感谢。

  LQ（女，1978年出生）：我老公就是我小时候定的娃娃亲。定亲的时候我7岁，老公14岁，他比我大7岁。两家老人很早就认识，一个村的嘛！他们在一起喝酒的时候问起来，都同意了，就选个日子定亲。父母回家告诉我，说要给我定亲。那时我很高兴，因为那个时候如果没有人给你定亲，别人就瞧不起你父母。

  定亲那天晚上，他家来了两个女孩到我家，接我去吃糯米饭。那时候没有手电筒，用竹子举个小火把，我还小，路不好走又看不清,那两个来接我的女孩就轮流背着我。跟我一起去吃糯米饭的还有我们家族里所有没有结婚的女孩。到他们家以后,大家都进到一个屋子里,地上摆了菜,那时没有什么菜,就是猪肉。我们去的女孩面对面分两边坐在地上,靠床边的地上有一个用棍子搭的可以坐的小凳子,那是专门为定亲的新娘准备的。我坐在那个小凳子上,其他姐妹都坐在地上。他家煮了几缸糯米饭,定亲的糯米饭是黑色的。是用稻草燃烧后的草木灰泡过的水煮的糯米饭。他家一个老阿婆进去,对我说了几句祝福的话,就是祝你们以后顺顺利利、白头到老之类。讲完以后我们就开始吃糯米饭,大点的女孩就负责给大家分糯米饭,用手抓成一个个小球状的饭团,每人发一个。发到手上的糯米饭一定要吃完。吃完糯米饭以后我们就到外面,和男方家的人一起吃饭喝酒。男方家的那些阿婆会一个个过来问:"哪个是媳妇?"然后一个个给我敬酒,说祝福的话。

定亲的时候我完全不认识他(定亲的对象),定亲那天晚上也没见到他,可能他不好意思露面,跑出去了吧。吃完糯米饭,喝完酒,男方家几个兄弟送我们回去,因为要带一筐糯米饭和一条猪腿送给我家,我阿妈第二天就把糯米饭分给村里的亲戚,每家分一点(手抓一点饭团),就是告诉别人我定亲了。

定亲以后,两家平时也没怎么来往。按照这边的风俗,女孩大了以后要去男方家干工,后来我出去打工了,就没有去他家干工。定的娃娃亲完全是父母做主的,自己那么小什么都不懂。(2012年2月访谈记录)

(二) 娃娃亲的约束力——与自由恋爱并存

尽管父母包办给子女定了娃娃亲,但娃娃亲并没有影响黎族男女青年的自由恋爱。娃娃亲是父母的安排,而玩隆闱的自由恋爱则是黎族青年自由意志的体现。成年男女青年可以置定亲对象于不顾,在隆闱与自己看中的意中人自由恋爱,定亲对象家庭不会干涉和议论未来"媳妇"或"女婿"与他人谈情说爱。尽管长辈们更希望孩子与定亲的娃娃亲对象结婚成家，但他们不会直接干涉子女的自由恋爱。男女青年婚前的社交恋爱生活中，自由恋爱与娃娃亲往往互不干涉、和平共生。一方面是父母做主并认可的娃娃亲，父母会以他们的方式维系娃娃亲的存在；另一方面青年自己做主，追求自由恋爱。

> XZF（男，1967年出生）：我六七岁的时候父母给我定了娃娃亲，因为是一个村的，后来又一起上学，肯定认识呀。但是读书的时候大家都不好意思说话，别人一开玩笑更要躲远点。十几岁的时候就跟着兄弟们一起晚上出去找女孩玩，一般不会找定亲的那个对象，开始是随便找，后来有喜欢的女孩就专门去找她。那个时候晚上男孩都在外面找女孩玩，父母不管。娃娃亲是父母做主选的，是父母想要的媳妇，那时候自己小什么都不懂，就由着父母做主。长大了我们就有自己的想法，我们想跟自己喜欢的人在一起。（2012年2月访谈记录）

邢村的娃娃亲安排，对定亲双方青年成年后的婚恋没有强制性的约束力，当地习俗普遍允许青年与娃娃亲以外的异性交往恋爱，自由恋爱得到默许和普遍认可。

（三）娃娃亲中女性的弱势地位

虽然娃娃亲对定亲对象成年后的婚姻缔结没有强制约束力，男女青年成年后，依然有自由恋爱的权利，娃娃亲也会在定亲对象与他人结婚后自动"失效"，但传统风俗中，定了娃娃亲的女性必须在娃娃亲期间履行自己作为"媳妇"的义务，无论她本人对于这门亲事是否认同，无论她是否有其他意中人。定亲女性必须履行的义务，就是成年后必须到男方家干工，接受男方家庭的考察。说到给定亲对象家干工的经历，每个受访的妇女都表示，那时很辛苦、很无奈。

> XQS（男，1961年出生）：女孩到十七八岁就要到男方家干工，婆婆要考察她，看她会不会干工，懂不懂规矩，满意了才会考虑要

第三章 改革开放前哈黎妇女家庭地位

不要去她家提亲。如果不满意,第二年农忙就不去叫她干工,女方家就明白男方家不想要她,娃娃亲就算了。(2013年8月访谈记录)

XXY(女,1968年出生):我从小也定了亲,从小被人指着那个人说那个是你老公,很讨厌,不想跟他。看厌了,听厌了。长大了也被他家叫去干了八天工,去他家干工那几天,每天凌晨三点起床,去他家煮饭,他们要看你会不会煮饭,水烧到什么时候放米,放多少米,他妈都要在旁边看着。煮了饭就去挑水,挑水最累,要走到村子口的一口水井里打水再挑回去,那个时候又没有电灯,天黑路又不好,挑得很慢。先给他家水缸挑满,再给他家每个亲戚家挑一担。他阿妈带着一家一家挑,挑到哪一家,哪一家就要盛一碗饭给我吃。从天黑挑到天亮。白天再和他们一起下地干工,一起吃饭,晚上回自己家要抓紧睡觉,因为第二天还要起很早去他家干工。那个时候,哎呀,就像关在笼中的小鸟,没有自由。去他家干工之前,我阿妈教我很多规矩,教我到他家应该怎么做。到他家以后什么都要干,不敢偷懒,还不敢多说话。怕什么事情没做好,人家就说,你家怎么没把女儿养好。说出去怕自己名声不好,以后不好嫁人。(2013年8月访谈记录)

无论定亲双方是否满意这门亲事,女孩成年后,必须到男方家干工至少一次,通常是五天到七天时间。无论是为了亲事的进展顺利还是为了自己和家庭的好名声着想,女孩在干工期间,都会用实际行动表现出勤劳、能干和忍耐懂事的良好形象,默默接受男方家庭长辈的考察和试探。作为回馈,干工结束后,男方母亲会送稻谷和其他物资给女方家表示感谢。在这种类似交换的过程中,女性处于非常被动的弱势地位,作为定过亲的未过门的媳妇,她们必须到尚未产生感情甚至尚不熟识的男方家庭中从事各种体力劳动,接受各种考验。而对于定亲对象的男性,则无须承担任何类似性质的考验或义务,这种准婚姻阶段的性别差异客观存在。

XHY（女，1968年出生）：我读初二的时候，娃娃亲家的几个小姑子就到我家去接我，她们说"接你回家"，就是叫我去他家干工。那几天，每天早上三四点起床，去给他家挑水。那时候在村小学那里有口大井，要去挑很多趟，先给他家水缸挑满，再给他家亲戚一家挑一担，一直挑到天亮，很累！在他家什么都要干。有时候干了几天不想再干了，妈妈就说不是好日子不能回家，叫我再干几天，一定要选个好日子才能回家。干完工，等农忙完了以后，他妈妈就送糯米饼，糯米酒和谷子到我家。（2013年8月访谈记录）

叫女孩去男方家干工，既是娃娃亲维系期间的一种重要互动，也是娃娃亲是否有必要继续维系的一种检测方法。如果女孩不同意嫁给娃娃亲对象，第二次叫她过去干工，她就可以不去。男方自然就了解了她的想法，娃娃亲就算失效了。反之，如果男方家不同意娶定亲的女孩，第一次干工结束后，他们就不会叫女孩再去干工了。是否叫女孩去干工，主要体现的是男方父母的意愿，有些男孩自己在外面找了心上人，不想要定亲的那个女孩，就叫妈妈不要再叫她到家里干工，怕他的心上人不高兴。如果男孩妈妈接受了男孩自己找的心上人，就会同意儿子的建议，结束娃娃亲。如果男孩妈妈仍然更想要定亲的那个姑娘做儿媳妇，她会继续叫她到家里干工。

XYL（女，1971年出生）：我小时候家里给我定了娃娃亲，定了亲平时没什么往来，长到十八九岁时，男方家叫我过去帮忙干工，去干工那几天每天要早早就起来，帮他们挑水煮饭，干农活，白天干工晚上回自己家，娃娃亲一般都是同村的，很近。第一次叫是一定要去帮忙干工的。以后想去就去，不想同意这门亲事就不去干工。（2013年8月访谈记录）

娃娃亲维系期间，定亲双方当事人的参与度及由此体现的地位存在明显差别。女孩作为被考察的对象，不仅需要付出额外的时间和体力为男方家庭服务，还要承担为了维护自己好女孩、好媳妇形象所承受的各种压力。与此同时，男方青年则退居身后，甚至根本不露面，一切联络由男方母亲出面安排和应对。尽管在最终是否会嫁给定亲对象问题上，女性依然有拒绝或商量的机会，但在双方"较量"的这个环节上，女性的被动即弱势地位毋庸置疑，也给经历过娃娃亲考验的黎族女性留下了深刻印象。

（四）娃娃亲时期妇女没有初婚决定权

娃娃亲是一种跨度时间较长的准婚姻形式，男女双方并没有正式结为夫妻，组建独立完整的家庭。在这种准婚姻阶段，双方的婚姻角色有较大弹性，没有明确夫妻权利义务。正式婚姻缔结则还需要经历提亲、结婚、落夫家等程序。传统时期黎族没有"结婚"这个明确的概念，而是称为"ting（音）"（吃糯米饭的意思）。结婚仪式中最重要的环节，是新郎家煮糯米饭接新娘和众姐妹吃，跟定娃娃亲仪式类似，在双方选好的吉日，傍晚时分，新郎家接新娘和她的姐妹一起到家中吃糯米饭，接着吃饭喝酒。当夜，再送新娘和姐妹回娘家居住。吃过糯米饭，就算正式结婚了，所以在访谈中很多妇女说："我们黎族不讲结婚，吃了糯米饭就算结婚吧。"结婚后，新郎夜间去新娘娘家的隆闺居住，白天回自己家。直到新娘怀孕后才正式搬到丈夫家，开始真正的家庭生活。

娃娃亲是父母包办的典型形式。子女成年后，经历了隆闺的自由恋爱或者与娃娃亲对象的接触，他们会有自己的择偶标准和结婚意向。初婚决定权是未婚青年婚姻地位的一种重要反映，改革开放前乃至到改革开放初期，黎族女性初婚决定权深受父辈影响，甚至完全由父辈决定，缺乏独立的婚姻自主权。

黎族长篇叙述诗《巴定》表现了一位叫巴定的姑娘，很想与自己"隆闺"时相爱的情人结婚，但却遭到了父权家长的反对，并强迫她嫁给另一个男人。[①]

[①] 孙邵先、欧阳洁：《黎族女性文化专题研究》，南方出版社、海南出版社2008年版，第149页。

看见新郎面，低头玩发辫；
越想心越乱，越想心越酸。
新郎不称心，巴定不喜欢；
家人个个恶，巴定心发慌。
"隆闺"有情郎，想嫁不能嫁；
今做"番束"人，想还不能还。

娃娃亲对象通常是娃娃亲双方父母（通常是母亲）协商确定的，定亲双方家庭通常关系较好，希望结为亲家。在娃娃亲的选择和安排问题上，作为亲事当事人的男女双方由于年幼，根本不可能发表自己独立的意见。待其长大后，又因父辈的权威地位及服从父母的家庭伦理要求，当事人尤其是当事女性，依然没有独立的选择权和决策权。男女青年婚前有恋爱自由，但没有婚姻自主权。据材料反映，全国55个少数民族中，多数在这方面有所表现。在农村，尤其是在偏僻、交通闭塞的地区，既有恋爱自由、又有婚姻自主权的少数民族妇女，只有少数的几个民族，如门巴族、基诺族、俄罗斯族。其他多数少数民族妇女只是有恋爱自由，但却没有完全的婚姻自主权。[①]

XYM（女，1958年出生）：我和我老公是父母定的娃娃亲。我七岁时阿妈给我定了娃娃亲，平时两家没什么往来。我20岁那年农忙的时候，他阿妈叫我过去干工。我去干了七天工。第二年农忙季节，他们又叫我过去干工，我又去干了九天。第一次干工以后他们给我送了几个糯米饼，家里穷没有别的东西送。第二次干工以后什么都没送，条件差，没有什么送。我和老公开始都不同意这门亲，我们都有自己的朋友。晚上有别人找我玩，他也有女朋友。跟别人谈恋爱，我阿妈不管。但要结婚的时候她就要管。两家大人都

---

① 刘晓：《从婚例看少数民族妇女的再解放》，载白薇、王庆仁、郑玉琴主编《中国少数民族妇女问题研究》，西南财政大学出版社1996年版，第152页。

不同意别人，非要我们俩成亲。我阿妈不要我嫁给外村来找我的男孩，说远了不方便，本村的她也不同意，说如果我嫁给别人她就不认我（这个女儿）。我姐姐也是嫁给了娃娃亲那个对象。我们都必须听妈妈的，爸爸也是这个意见。他阿妈也是一样，两家大人关系很好。他妈对他说就算别的姑娘怀了他的孩子，她也不要，叫那姑娘另找人嫁。我俩开始心里都不高兴，不同意成亲。后来也没办法，那时候就是那样，都要听父母的。后来他去找我我就同意了。(2013年8月访谈记录)

受当地青年自由恋爱和其他因素的影响，黎族娃娃亲成功率并不高。有父母长辈不满意的原因，更有青年不同意娃娃亲的缘故。无论哪种原因，娃娃亲失效后，重新选择结婚对象时，婚姻当事人尤其是女性依然缺乏独立的婚姻决定权，还是必须听从父辈的安排。有些女性择偶时，看似自己做主选择，在择偶方式和择偶标准等问题上，也潜移默化地受到父辈思想的深刻影响。

XXY（女，1970年出生，1991年结婚）：我堂姐嫁到这边的时候，带着我和七八个姐妹一起来吃糯米饭。我堂姐夫的婶婶也就是我现在的婆婆也在场，她就一个个问我们几个女孩的年龄，有没有交朋友。她事先已经听我堂姐介绍我了，知道了我的年龄，那天晚上见了我以后她就大大跑到我们家去提亲，我父母非常乐意，他们觉得两家在一个村很近很方便。我开始一直不同意，我当时很反感父母安排的婚事。而且他比我大五岁，小时候没跟我们一起玩过，我根本不认识他。晚上他妈妈（就是我现在的婆婆）就跑到我小房子里劝我，问你定亲的那个人家还要不要你？我说不要，她说为什么不要你呢？我说我不想嫁给他。她又问我有没有男朋友，我说没有。问我愿不愿意嫁到她家，我说不愿意，她问为什么，我说都没见过他，不想嫁。那时候晚上我都很晚去我小房子住，怕她来找我。我家亲戚、邻居那些老人都劝我同意，老人说叫你去吃糯米饭你就去嘛,吃了糯米饭你不想跟他过还可以回来。那些老人真的很会说、很会劝,我没办法,心想那就去吃糯米饭吧。我被逼着同意了,就带着一二十个姐妹去他家吃糯米饭,算是跟他结婚了。后来慢慢看他还比较老实,就跟他过了。(2013年8月访谈记录)

如果青年自由恋爱的对象能获得父母的认可,对于当事人和父辈来说是皆大欢喜的结果。当青年自由恋爱的对象遭到父辈强烈反对时,传统时期的青年大多会选择听从父母意见而放弃意中人,服从长辈是当时合情合理的选择。也有少数青年男女以未婚先孕等方式与现实抗衡,坚持与恋人结合,在这种坚持中,女性面临着更大的舆论和现实压力。

XYG(女,1970年出生):我和老公从小就认识,一个村的嘛。长大后他开始追求我,那时候阿爸阿妈给我盖了一间小房子,很小很小的。他经常晚上去找我,我也喜欢他,我们是自由恋爱。但是两边父母都不同意我们的婚事。他阿妈嫌我太小(我个子小)不会干工,我阿爸阿妈觉得他阿爸太凶,他阿爸是村里最凶的,脾气很坏,不想让我嫁到他家。我们非要在一起,不听父母的。我家里骂我,我就跑去他家躲着,他家要是骂我,他就替我挡着。为了跟他在一起,两边都挨骂,我也忍着。后来我怀孕了,他家算是勉强答应了,接我吃了糯米饭算是结婚了。结婚以后他阿妈还是不喜欢我,总骂我。吵架的时候她就说:"我们那时候都不要你的!是你自己要嫁过来的!"我给他们家生了两个儿子也是这样,动不动就说我不是他们要过来的媳妇,是自己跑来的。气死人!(2013年8月访谈记录)

黎族妇女婚前享有较高的恋爱自由和性自由,在自由恋爱中,女性比男性处于更被动的姿态,但女性与男性一样拥有拒绝和选择恋爱对象的自由,恋爱中的两性地位比较平等。恋爱自由并不意味着结婚自由,黎族妇女缺乏独立的初婚决策权。长辈通过给子女定娃娃亲,为未成年子女选择定亲对象,是典型的父母包办婚姻。在娃娃亲维系期间,女性处于明显的弱势地位,成年后的女性必须到男方家庭干工,接受男方母亲的考验。无论是否嫁给娃娃亲对象,在择偶方面,女性都必须听从父辈的安排。纵向来看,未婚女性必须听从父辈安排,处于从属地位;横向来看,未婚女性在娃娃亲这种准婚姻形式中比未婚男子承担更多的体力劳动和心理压力,要接受严格的考验,两性地位不平等显而易见。

三 婚姻变更中妇女的自主权

妇女在婚姻关系中的自主权不仅体现在恋爱自由和结婚自由两个方面,在离婚和再嫁方面是否享有自主权,也是自主婚姻的重要体现。在离婚与寡妇再嫁方面,黎族两性平等状态有较好的体现。

(一)妇女离婚与再嫁自由

1950年5月1日开始施行的《中华人民共和国婚姻法》(以下简称《婚姻法》)第三十一条规定:"男女双方自愿离婚的,准予离婚。双方必须到婚姻登记机关申请离婚。婚姻登记机关查明双方确实是自愿并对子女和财产问题已有适当处理时,发给离婚证。"第三十九条规定:"夫或妻在家庭土地承包经营中享有的权益等,应当依法予以保护。"《婚姻法》从离婚意愿到离婚后财产分配都做了具体规定,保护妇女与男性具有同等的离婚权利和财产权。

1. 妇女享有离婚自由

在汉族仍视离婚为洪水猛兽时,黎族一直是以平和自然的心态来看待离婚。从史料来看,黎族男女的离婚相当自由,离婚现象也比较常见,离婚方式也非常"文明"①。

传统时期黎族有"不落夫家"的婚姻习俗,黎族男女结婚后,妻子仍然住在娘家的隆闺里,日常生产生活仍然与婚前一样,丈夫夜间到隆闺和妻子一起住,白天则回到父母家庭从事生产劳动。直到妻子怀孕

---

① 孙邵先、欧阳洁:《黎族女性文化专题研究》,南方出版社、海南出版社2008年版,第1449页。

数月后，妻子才搬到丈夫所在的男方家庭，开始正式的婚后生活，即"落夫家"。在妻子落夫家前，夫妻两人对对方没有什么责任和义务，尤其是妻子，她的权利属于她娘家的父亲而不是丈夫，加之玩隆闺制的盛行，父亲一般不会干涉女儿的玩隆闺活动。在两种风俗的影响下，夫妻均有与异性交往的自由，婚后有了意中人的事也常常出现，所以离婚现象比较普遍。①《海南岛黎族社会调查》对新中国成立初期邢村的调查报告记载："据说这里大部分人过去由于不满父母做主所订的婚事而提出离异，甚而订婚或结婚几次的也相当普遍。如本乡妇女主任罗亚河曾离婚五次，最后一次通过自由恋爱与一男子同居。"新中国成立前，"邢村的男女离婚相当多，尤其是结婚后妻子未回夫家居住这一段时间内，离婚更是随便。……所以男女离婚三次以上的很平常。有些妇女结婚后返娘家住不了几天就提出离异，有个妇女曾离婚十次"②。

> XHJ（女，1948年出生）：我们黎族女人不满意（婚姻）就跑掉再找（丈夫），没有什么压力。我年轻的时候最开始跟一个男人结婚，那时候也不叫结婚，我们黎族不结婚，把我接过去吃糯米饭就算结婚了。我跟他生了一个儿子，后来不想跟他了，就跑了又找了一个男人，就是现在的丈夫。有的女人吃过糯米饭算结婚了，但是没有生孩子，不愿意跟他就再找个丈夫，也不知道这种算不算离婚，反正有没有孩子都可以离婚再找（丈夫）。（2016年2月访谈记录）

黎族长期坚持的离婚自由原则，就是协议离婚的自由，黎族的协议离婚坚持的是感情破裂原则。③ 男女双方享有平等的离婚自由，任何一方都有提出离婚的权利，现实中女方主动提出离婚、再嫁他人的情况更

---

① 孙邵先、欧阳洁：《黎族女性文化专题研究》，南方出版社、海南出版社2008年版，第136页。
② 中南民族学院《海南省黎族社会调查》编辑组：《海南岛黎族社会调查》（下），广西民族出版社1992年版，第8—9页。
③ 孙邵先、欧阳洁：《黎族女性文化专题研究》，南方出版社、海南出版社2008年版，第145页。

为普遍。据文献记载，在"不落夫家"的情况下，男方希望解除婚姻关系，只须到女方家对岳母说："阿妈，叫她（妻子）以后别再回我家做工了，我决定与她分手啦。"女方希望解除婚姻关系，只须把礼金、筒裙带上，过去给婆家挑回一担水后对婆婆说："阿妈，谢谢您的厚爱，请您多保重，我不想再回来了。"① 黎族社会对离婚现象持非常平常的心态，对离婚妇女也没有任何歧视，妇女在提出离婚和实施离婚方面，享有和男子平等的权利，享有高度的离婚自主权。

2. 离婚或寡居妇女享有同等再婚权利

婚姻关系的终止有离婚和自然终止两种情况。自然终止是指男女一方死亡，婚姻关系自然结束。离婚的妇女回到娘家后，重新住回属于自己的隆闺，可以重新接受男子的交往请求，无论离婚妇女是否育有子女，她们与未婚女子一样，享有接受男子追求继而与意中人结婚的自由。

因丈夫去世而终止婚姻关系的单身妇女与离婚妇女一样，享有自由的再婚权利。封建时期汉族认为一个妇女的丈夫死了，她应该为夫守寡，为夫守节，从一而终，寡妇要尽量避免和异性来往。但在黎族社会，丈夫的死意味着家庭的瓦解，寡妇从此是个"自由人"，她可以选择留在丈夫家里，也可以选择回到娘家，但一般是重回娘家的。娘家人和夫家人对她没有歧视，社会舆论更没有微词。② 在黎族地区，照顾寡妇被视为家庭的应尽义务。③ 在黎族社会，寡妇再嫁是非常正常、普遍的事。寡妇再嫁均由自己决定。黎族社会有句俗语：一嫁由父母，二嫁由自己。④ 从择偶的自主性角度看，改革开放前，黎族妇女初婚时往往

---

① 王海、江冰：《从远古走向现代——黎族文化与黎族文学》，华南理工大学出版社2004年版，第23页。

② 孙邵先、欧阳洁：《黎族女性文化专题研究》，南方出版社、海南出版社2008年版，第148页。

③ 叶英萍：《黎族习惯法：从自治秩序到统一法律秩序》，社会科学文献出版社2012年版，第50页。

④ 孙邵先、欧阳洁：《黎族女性文化专题研究》，南方出版社、海南出版社2008年版，第148页。

缺乏独立做主择偶的婚姻主权，而再嫁的妇女再次择偶时，往往能够自己做主，更能体现妇女的择偶意愿。黎族社会对因离婚或丧夫而寡居的妇女一视同仁，她们享有同样的再婚自由。黎族歌谣中写道："找个寡妇娘，财宝满屋粮满仓。"① 有子女随嫁的寡妇或者离婚妇女更受欢迎，一是因为这将增加新的劳动力，二是可以排除该女子不能生育的风险。② 改革开放前，邢村妇女仍享有和男子同等的离婚自由和再婚权利，离婚和再婚妇女不受社会歧视，离婚和再婚程序主要依据当地长期形成的习惯法执行。

> XHJ（女，1948年出生）：以前怀孕时都在娘家住着，如果不想嫁就带着孩子嫁给别人。有了孩子不想跟丈夫生活了，也可以带着孩子再嫁给别人，孩子也可以留给丈夫。男人也可以不要妻子，再娶别的女人。两人要离婚，就请双方兄弟坐在一起调解，各说各的理由，兄弟们问清理由进行调解，如果还是调解无效就分开，算离婚了。我们黎族就是这样，想嫁就嫁，想走就走。（2012年2月访谈记录）

（二）离婚妇女的权益保障

离婚意味着夫妻双方婚姻关系的终止、家庭的瓦解，与此同时，还涉及夫妻共同财产的分割问题。如果双方育有子女，子女可以看作夫妻最大的共同"财产"。子女由谁抚养，通常由双方共同协商，可以留给丈夫也可以妇女带走。黎族传统习惯法对离婚后共同财产的处理有约定俗成的原则，得到普遍遵守执行。在习惯法中，离婚妇女与男子享有较为平等的权益保障。

在生产力发展水平较为落后的传统时期，黎村村民普遍生活水平较低，家庭财产比较贫乏。夫妻离婚时，可分割的共同财产常常数量不多

---

① 王月圣：《黎族创世歌》，海南出版社1994年版，第264页。
② 叶英萍：《黎族习惯法：从自治秩序到统一法律秩序》，社会科学文献出版社2012年版，第50页。

且价值有限,关于财产分割产生纠纷的情况较少。妇女个人使用的物品如衣物等,妇女可以无条件带走;其他家庭财产的分割,通常由双方及双方家族长辈共同协商解决。相关文献记载了传统时期黎族离婚财产分割时父母的习惯做法:"一方要求离婚,另一方不同意离婚,经过奥雅(注:受人尊敬的老人)和双方父母调解无效后,则由当事人自己处理。女方提出离婚者,俗称'走春帕曼',必须退还男家的聘礼,男方提出离婚者,俗称'艾味菏',女家不退还礼聘。"[①] 黎族对于单向离婚调解的原则是:不想离的一方,可以从离婚以及此后的生活中获益;而想离的一方,很可能会在离婚或此后的生活中受损。[②]《海南岛黎族社会调查》一书详细记载了新中国成立初期邢村男女离婚的案例:"如男子因在婚外找到情人或因妻子不生孩子虐待她而提出离婚,一般认为这样是不对的。因这种情况而离婚的,男方要赔数担谷子甚至一头牛给女方。1952年,一男子因妻子不生育而虐待她,离婚时赔两担谷,同时妻子在劳动生产收获物中也应分得一份。假如妻子在家好吃懒做或因婚外情人挑拨而提出离婚,则男子不须赔谷子或牛给她,所生子女由男方抚养。"[③] 可见,黎族离婚习惯法并没有一刀切式对妇女或男子如何分割财产做出硬性规定,而是具体考虑离婚原因,并适当向被动离婚一方有所倾斜,使之得到更多财产作为补偿,这一做法充满了性别平等和人性化精神,也在一定程度上约束了离婚的过分随意性。

> XHJ(女,1948年出生):以前如果是女人提出离婚,男人不同意,女人就空手离开,什么也不要,回到娘家,再等机会嫁给别人。如果是男人提出离婚,或者两个人商量好离婚,就会分财产给女方。有钱分钱,有粮食就分粮食,女人自己养的猪和鸭都可以分

[①] 王学萍:《中国黎族》,民族出版社2004年版,第200页。
[②] 孙邵先、欧阳洁:《黎族女性文化专题研究》,南方出版社、海南出版社2008年版,第146页。
[③] 中南民族学院《海南省黎族社会调查》编辑组:《海南岛黎族社会调查》(下),广西民族出版社1992年版,第10页。

一些给她带走。孩子跟谁就看怎么商量了，可以跟妈妈也可以跟爸爸。（2012年2月访谈记录）

传统时期，黎族女性享有更多同时期汉族女性无法比拟的婚姻自主权。在婚前异性交往和恋爱方面，黎族女性享有高度的恋爱和社交自由及性自由，她们选择恋爱对象的原则更关注对方人品性格等个人特质，较少受到家庭财产等外部因素制约。唐宋以后，与汉族交往较多的黎族地区，渐渐受到汉族封建文化的影响，黎族妇女恋爱自由传统得以保留，但婚姻选择却缺乏独立自主权，父母包办婚姻渐渐盛行，黎族男女均难以自己做主婚事，其间，女性处于更弱势地位。在婚姻变更关系中，黎族妇女和男子一样，享有平等的离婚和再婚自由，离婚、再婚妇女受到社会的平常心态对待，不会遭受歧视和性别偏见。离婚过程中，妇女的财产权益也可以得到较好地保障。至20世纪80年代农村改革开放前期，邢村妇女在恋爱、择偶、结婚和离婚过程中的权利和地位，都带有较浓郁的传统特点。

第二节　妇女生育地位：生育自主权低生育健康风险大

传统家庭生活中，已婚妇女一生中最重要的经历之一是生育子女、抚养子女，在多子多福生育观的影响下，传统妇女生育数量较多，生育历时较长，生育行为与妇女的日常生活密切相关，对妇女的身体健康和生活质量发生较大影响。妇女的家庭地位在其生育自主权实现程度方面有着重要体现。妇女的家庭地位与生育，在一定的条件下相互制约和互相影响。一方面，妇女的生育状况影响其在家庭中的地位；另一方面，妇女在家庭中的地位又会影响其生育行为。[1]约翰·卡德威尔（John Caldwell）教授在他的生育率转变理论中认为，所有的生育率转变都由

---

[1] 沙吉才：《当代中国妇女家庭地位研究》，天津人民出版社1995年版，第98页。

如下两个因素所导致，即生育孩子效益的下降（或费用的上升）以及妇女决定她们自身的生育能力的上升。妇女地位越高，则她们决定自己生育行为的能力就越强；地位越低，则决定自己生育行为的能力就越弱。[1] 对黎族妇女家庭地位的考察自然离不开对其生育自主权的分析。改革开放前，受生产力发展水平较低、科技医疗技术较落后等因素影响，黎族妇女的生育自主权很低。新中国成立后，黎族地区生产力发展水平逐步提高，医疗技术也日益改善，黎族妇女的生育条件逐步得到改善。但改革开放前黎族农村地区医疗技术及家庭物质基础仍较为薄弱，妇女生育自主权仍较低，生育健康难以得到有力保障。

一 黎族传统生育文化

任何民族妇女的生育行为都会受到其民族生育文化的深刻影响，黎族传统生育文化同样对哈族妇女和家庭的生育行为有着深远的影响。黎族传统生育文化既有与内陆地区其他民族生育文化相似的元素，更有黎族传统文化独特的体现。

（一）生殖崇拜

生殖崇拜是世界范围内普遍存在的一种文化现象。少数民族的先民大多有各种形式的生殖崇拜，包括对生殖能力、生殖过程和生殖结果的崇拜。因为生育对每一个以血缘为纽带的氏族部落的生存尤为重要，生育是生产力的象征，只有生育才能满足生存和血缘延续的需要。[2] 据考古学家研究，远古时期人口的死亡率高达50%，与此相应的是原始社会先民的平均寿命很低，山顶洞的成年人没有超过30岁的。所以，原始人只能以增加出生量来争取扩大人类自身的再生产，弥补氏族的损失，壮大氏族的力量。[3] 作为海南世居的少数民族，黎族也有独具特色的生殖崇拜文化。欧阳洁和孙绍先从黎族女性文身习俗发现，文身乃是

---

[1] 沙吉才：《当代中国妇女家庭地位研究》，天津人民出版社1995年版，第102页。
[2] 严易平：《农村少数民族已婚育龄妇女生育意愿研究——对贵州布依族、土家族、仡佬族、苗族的调查》，硕士学位论文，贵州大学，2006年。
[3] 罗时进：《中国妇女生活风俗》，陕西人民出版社2004年版，第19页。

黎族女性生殖崇拜的表现形式。他们认为，黎族女性的文身是对青蛙的模仿，并试图由此获得青蛙生殖的神力。[1]

生殖崇拜是黎族传统生育文化的基础。传统时期，每个孩子都受到黎族村民的疼爱和重视。黎族承袭以往母系氏族时期的思想观念，认为女子生男育女是先祖的安排，过去把堕胎和虐杀婴儿的行为，视为"茂赖"（即天地不允许的行为）[2]。黎族青年男女恋爱期间生的孩子，和婚生孩子一样受到重视，即使女性带着婚前与其他男性所生子女另嫁他人，母亲和孩子都不受歧视，反而更受夫家欢迎。在传统的黎族社会，生育行为在婚姻关系乃至家庭关系中有不可替代的重要性。非婚姻关系的生育行为，不会受到任何歧视或区别对待，但没有生育的婚姻关系则会面临更多考验。在许多少数民族的心目中，繁衍后代乃婚姻最重要之使命，因此，举行婚姻只是一个类似订婚的简单仪式，妇女怀孕才是构成婚姻关系成立的关键要件，此时双方的婚姻关系才正式确立，而怀孕的妇女也才称得上真正意义上的"妻子"[3]。从黎族传统时期"不落夫家"等婚俗中也可以看出，不落夫家期间的婚姻，仅是一种类似于订婚性质的"准婚姻"，婚姻尚未真正成立，只有怀孕生子这一标志性的条件出现后，婚姻才正式成立。换言之，此时的婚姻，仅是名义上的、形式上的，只有怀孕生子才构成实质性婚姻。[4] 生育与婚姻的关系进一步揭示生育在黎族传统婚姻中不可替代的重要性。

（二）渐受汉族生育文化影响

黎族传统生育文化重视生育，期待早生多生、多子多福，但没有明显的性别偏好，对男孩和女孩平等对待，是一种十分纯朴的生育文化。但在邻近汉族地区和黎汉杂居的地方，受汉族传宗接代观念的影响，重

---

[1] 欧阳洁、孙绍先：《黎族文身诸说析疑》，《海南大学学报》（人文社会科学版）2007年第8期。

[2] 孙邵先、欧阳洁：《黎族女性文化专题研究》，南方出版社、海南出版社2008年版，第141页。

[3] 袁翔珠：《少数民族婚姻制度的一种法史学解读——以婚姻习惯不落夫家为考察对象》，《求索》2011年第7期。

[4] 同上。

男轻女的思想在黎族中有所滋长。[①] 邢村老一辈村民的生育观念用"重男不轻女"来形容更为贴切，由于重视生育、重视子女，村民希望儿多女多，劳动力多，对女儿较少轻视，邢村也从来没有虐待女婴甚至抛弃女婴的做法。但相比之下，对男孩数量有更多期待，认为男孩才能传宗接代，繁衍家族后代。邢村一些传统习俗也从能侧面反映对男孩和女孩的区别对待。例如父母去世后，耕地房屋等遗产只能由儿子继承，出嫁的女儿无继承权。

（三）传统生育文化中妇女的角色

作为生育的主体和生育行为的直接承载者，妇女在生育中发挥着男性无法取代的特殊作用，使得妇女在传统的生育文化中扮演着重要角色，受到普遍尊崇。在原始社会的早期，由于人们对生殖的崇拜，把人类自身的繁衍看得十分神秘，具有生育能力的女性就显得非常神圣而受到人们的尊敬，因此，女性享有独特的生育地位。妇女一旦怀孕，就会受到尊重和照顾，食物也理所当然地能分享到两份。孩子出生时，人们像打了胜仗一样庆贺。倘若有女性为生育而死去，人们则要为她举行隆重的葬礼，以示哀悼和敬意。由于女性是人口再生产的主要承担者，这一自然分工曾一度使女性在社会生活中居于主导地位，而男性则依顺于女性。[②] 在黎族社会发展的漫长历史中，黎族妇女一直是黎族人口繁衍和生存发展的决定性力量，是黎族人口再生产的特殊贡献者，尤其在黎族先民尚未了解男性在生育行为中的作用前，妇女被认为是人口繁衍的唯一贡献者，妇女因而享有至高无上的尊崇地位，受到社会普遍尊重。《发现妇女的历史》指出，在中国，既有贱视女性的偏见，又有尊母的传统。中国没有女权、妻权，但是有"母权"[③]。具有生育能力的妇女，在传统的生育文化中居于主体地位，继而使黎族妇女在家庭乃至家族中拥有尊崇地位。此后，妇女在生育中的尊崇地位随着男性社会地位的上

[①] 孙绍先、欧阳洁：《在传统与现代之间——五指山市水满乡和南圣镇黎族妇女考察报告》，《琼州学院学报》2004年第4期。
[②] 沙吉才：《当代中国妇女家庭地位研究》，天津人民出版社1995年版，第99页。
[③] 转引自祝平燕、夏玉珍《性别社会学》，华中师范大学出版社2007年版，第79页。

升而发生动摇。当男人居于政治、经济、文化等主导地位时,也获得了生育的主导权。这种主导权不仅表现在男性的生育观支配着人类的生育意识,支配着人们对生殖的种种评价,而且严重地将女性对人类再生产过程中的特有贡献,贬低为"生育工具"①。在父系制的约束下,妇女要被丈夫家庭认可和接纳,完成外部人内部化的转化过程,在家庭中站稳脚跟并获得较高的家庭地位,都是与生育男孩密切相关的。②

在从父居的黎族家庭及家族中,妇女的家庭地位与其生育能力发生了密切关联,生育子女多而且儿女双全的妇女,更受家庭及家族的赞赏,连妇女本身也以为夫家增添"香火"为己任。而没有生育能力或没有生育男孩的妇女,则会在家庭中遭受更大的压力。在转型期的黎族生育文化中,妇女扮演着一种看似矛盾实则被动的角色。一方面,妇女因生育子女为家庭扩大家族繁衍做出了"特殊贡献",应该受到尊重和善待;另一方面,妇女却要为生育数量及子女性别是否能满足家人(包括自己)生育期望而承受额外压力,甚至不得不为了尽量满足家人生育期望而采取违背自己意愿、降低生活质量的无奈选择。

二 妇女生育自主权低

妇女在家庭中的生育地位,首先表现在妇女是否拥有生育自主权。生育自主权是指妇女在生育行为中的话语权和根据自己意愿独立做出决策、进行选择的权利,具体包括妇女在是否生育、何时生育、生育次数、生育间隔、生育方式、避孕方式等生育行为中的自主决策权,以及实现生育健康方面所享有的基本权利。

黎族家庭普遍非常重视生育,无论是恋爱中的青年还是成家后的夫妻都把生育看成是婚恋过程中的必然结果。哈黎妇女有很强的生育使命感,对她们及家人来说,是否要生孩子几乎从来都不是一个需要商量决定的问题。妇女的生育决策权主要体现在生育时间、生育数量、生育及

---

① 沙吉才:《当代中国妇女家庭地位研究》,天津人民出版社1995年版,第99页。
② 龚继红、范成:《农村妇女的家庭地位是如何逆转的——实践视角下的妇女家庭纵向地位变迁》,《华中科技大学学报》(社会科学版)2016年第3期。

避孕方式等方面。改革开放前，受多种因素影响，哈黎妇女生育自主权低，难以实现对生育行为的独立自主决策。

（一）落后的医疗技术制约着妇女生育自主权的发挥

远古时期的先民不能理解妇女怀孕生子的真正原因，从而对妇女怀孕生子赋予了很多神秘色彩的解释。妇女对于怀孕生子行为只能顺其自然地接受和面对，她们无法正确理解生育的原因，当然更谈不上对生育行为做出选择了。自从人类慢慢揭开了妇女怀孕生子的奥秘后，也随之开始了对避孕方法的探索。在古代，各地区、各民族的居民也探索了一些避孕偏方，流传于后人的记载及议论中，但终究只在小范围流传，且难以判断其疗效及其合理性。直到现代避孕医学技术和终止妊娠医疗技术发明并迅速推广后，人为选择避孕和终止妊娠才成为可能，妇女才从真正意义上拥有了生育选择机会，妇女生育自主权的考量才有意义。

传统时期黎族群众没有掌握有效的避孕方法，村民在恋爱及婚姻生活中没有有力的措施实施避孕。长期以来，黎族妇女承受着多孕多育的无奈和痛苦。

> LKX（女，1921年出生）：以前没有什么避孕方法，一直生，怀了就生。生太多了遭罪，也养不活，但是没有办法，怀了只能生下来。这个地方以前也有个人会找一种草药，说可以打胎。后来他去世了，现在没有人认得这种草。那时候也没什么人敢吃，怕丢了性命。因为没有避孕方法，有的女人隔一年生一个，三年生两个的都有。一般夫妻隔两三年生一个。我一生怀过八个孩子，头两个孩子都在快生下来的时候掉（流产）了，后来生了六个女儿，1960年生了最小的女儿以后就没有再怀孕了。那个时候没有避孕方法，也不懂。如果后来再怀孕还会生的，没有办法。（2013年8月访谈记录）。

20世纪七八十年代，各地政府在大力执行计划生育政策的同时，加大了避孕方法和技术的普及和推广。从1970年开始，我国开始向城乡免费供应口服避孕药，使用者可以到当地医院签字领取。1970—1979年，我国的避孕节育政策以普及避孕节育知识、宣传计划生育政策为主，群众可以自由选择避孕。1980—1984 年，以避孕节育为主，大力推广长效避孕措施的计划生育技术路线及工作方针初步确立，计划生育进入了史无前例的以国家强制性手段推进个体避孕节育的历史阶段。①20 世纪 80 年代起，国家强行推进绝育、宫内节育器等长效医控型避孕措施，在国家运动、个体趋同与集体服从三者的合力作用下，我国已婚育龄人群总避孕率迅速攀升。② 海南黎族聚居区计划生育及相关政策实施时间较晚，从 20 世纪 70 年代中后期开始，现代避孕方法开始传入邢村，但村民对相关政策和技术的认识有一个较长的过程。育龄妇女尤其是文化程度相对较低的农村妇女，避孕知识依然比较贫乏，行动上她们不得不遵守政策、服从安排，思想上却充满犹豫、不安甚至恐惧，现代避孕方法并未迅速被邢村村民接纳并采用。

  XHJ（女，1948 年出生，20 世纪 70 年代是邢村妇女主任）：70 年代上级就在村里推广避孕方法，有避孕套，可以免费替女人上环，还有结扎。避孕套男人不敢用，避孕就主要靠上环和结扎。那个时候是自愿，没有强制要求，村里很少人主动避孕。我 1979 年生完老四以后，就主动到乐东县医院上环了，后来被婆婆骂。那时候大家都不懂，还有些谣言。大家都有些害怕。开始的时候结扎对象都是男人，后来女人们担心丈夫结扎后干不了工，就不让丈夫去。1985 年以后，结扎对象都是女性。不管是上环还是结扎，女人都很害怕。（2013 年 8 月访谈记录）

在对避孕目的及后果缺乏充分了解和足够理解的初期，妇女依然没有办法做到自主决策和选择。

---

① 王存同：《中国计划生育下的避孕节育：1970—2010》，《学海》2011 年第 2 期。
② 王存同：《避孕"中国模式"：国家运动、个体趋同与集体服从》，《思想战线》2011 年第 3 期。

(二) 传统生育观念抑制了妇女生育自主权意识

计划生育政策实施前, 邢村村民大都持极其纯朴自然的生育观念, 早生多生、多子多福是黎族社会普遍的生育意愿。妇女在生孩子的问题上并没有太多的个人意愿, 缺乏清晰而明确的生育自主权意识。首先是缘于尚未了解和掌握可靠的避孕方法和堕胎方法, 想生几个孩子似乎是妇女无法主动选择的问题, 何时怀孕、何时分娩、生几个孩子都只能顺其自然, 没条件自主决定, 也就不会考虑该如何做出选择。其次是因为受到当地传统生育文化潜移默化地长期影响, 妇女怀有较强的生儿育女、为家庭及家族人丁兴旺、传宗接代的义务感和使命感。男方家庭和家族普遍希望人丁兴旺、多子多福。孩子多不仅意味着孩子成年后家庭劳动力多, 父母老年养老更有保障, 更有利于家族势力的稳定和发展, 从而有助于提高家族在当地的社会声望和资源占有机会。这种生育观念无形中渗透到黎族村民日常生活中, 对每个人的生育观产生影响。身处其中, 黎族妇女自然而然地接受、认可这种生育观念, 并投射到自己和自己所在的家庭身上, 继而通过自己早生多生的生育行为践行这种生育观念, 在现实生活中努力扮演合格妻子、合格母亲的角色。受传统生育观影响, 黎族妇女的生育自主权意识被长期压抑未得到唤醒, 妇女以丈夫的生育意愿为自己的生育意愿, 以家族乃至社会的主流生育意愿为自己的生育意愿, 生育行动更多是接受和面对, 较少有选择和决定的考量。

计划生育政策实施初期, 邢村村民在一段时间内不太理解和接受生育要"计划"这项国策的目的和意义, 妇女们更对避孕和终止妊娠的医学技术充满怀疑和恐惧, 对"强制"限制生育数量的做法产生抵触心理。随着计划生育政策的大力推进及相关宣传的不断深入, 邢村的计划生育政策逐步得到落实, 绝大部分村民行动上接受了国家政策的要求, 村民的生育观念也逐步发生改变。但在较长一段时间内, 黎族传统生育观念依然广泛而深刻地发挥影响力, 一些妇女为了在政策允许的范围内达到传统生育观念需求的生育结果, 将自己真正的生育意愿埋于心底, 甚至从不理会自己内心的生育意愿; 更有少数妇女为了生男孩, 满足丈夫家庭"传宗接代"目的，不惜付出巨大代价与政策抗衡，降低全家生活质量。当传统生育目的成为生育行为最重要甚至唯一的努力方向时，作为生育主体的妇女本人的生育自主权，就被深深踩在脚底，甚至不会让人意识到它的存在。

三 妇女生育健康缺乏保障

由于女性承担繁衍后代的重要任务，同时受到经济发展水平和社会文化因素的影响，女性在生育方面所承担的风险和责任大于男性。生育健康问题始终与女性有着密切的关系。对女性生育健康而言，妊娠和分娩是最容易发生危险和意外的两个过程。20世纪80年代以前，在家分娩是邢村妇女分娩的主要方式，分娩设备和技术简陋，妇女要承受更多痛苦和健康风险。

> LKX（女，1921年出生）：我生大女儿之前，有两个孩子流产掉了。都是快生的时候流产的，流产下来的孩子看得出来是儿子。有一次流产是怀孕时看见一个妇女卖锅，那个妇女的妈妈以前有过胎死腹中的情况，应该是那个原因导致自己流产。后来生了六个女儿，六个女儿都是我自己接生的。我以前见过别人接生，自己学会了，没有人专门教我。快要生的时候，我就叫丈夫出去不要在家里，女人生孩子他不能看，不好意思让他看见。他就出去和别人玩。我一个人在家，先准备好热水和一个竹片，把布铺在床上，跪在床上，两只手抓着床的两边，用力。我觉得自己可以接生，不想麻烦别人。我胆子大，不怕。孩子生出来以后，用竹片从下往上把脐带割断。当然会很痛，生孩子哪有不痛的。没有消毒办法，也没有止血办法，就用热水给自己和孩子洗一洗。生完孩子，洗干净以后，我自己去别人家报喜，叫别人到我家喝甜酒，别人都很奇怪我是什么时候生的孩子。丈夫在外面玩，玩到天黑回家，才知道我生了孩子。（2016年2月访谈记录）

第三章　改革开放前哈黎妇女家庭地位

在生产力落后的困难时期，黎族家庭整体生活水平都比较低，黎族妇女怀孕分娩期间，很难得到营养保健方面的特殊照顾。不仅如此，孕产妇必须与男子一样参加户外体力劳动，繁重的家务活也必须兼顾，艰苦的物质条件和繁重的体力劳动，使孕产妇的身体健康无法得到应有的照顾和保证。

> XHJ（女，1948年出生）：我们以前怀孕的时候都要下地干工，一直干到生。女人和男人一样干工，没有什么特殊照顾。那时候是大集体，怀孕的妇女也必须每天出工，挺着大肚子下田干工，就算身体不舒服也不敢请假，一定要去挣工分。很多人白天还在外面干工，晚上回家孩子就出生了。生了孩子的妇女可以休息一个月，满月了就和别人一样干工了。每个女人都这样过，再辛苦也只有忍着啊。我婆婆很能干，是村里的劳动模范。她生完孩子三五天就下地干工，怕耽误挣工分。但是很多女人怀孕生孩子时没休息好，身体留下病痛，腰痛腿痛多得很。（2016年2月访谈记录）

改革开放以前，不仅村寨经济发展水平落后，农村医疗卫生水平也非常低下，医疗技术也比较落后。20世纪80年代以前，邢村妇女怀孕期间很少到医院参加孕检，分娩也都在自己家里，请当地接生婆上门协助完成。孩子出生以后，产妇和婴儿也很少能得到精心的医学检查和护理，给产妇和婴儿身体健康带来隐患。有研究证明，产妇非住院分娩死亡的危险性，比住院分娩死亡的危险性高5—6倍。①

> XHJ（女，1948年出生）：六七十年代医学不发达，生活条件差，妇女都是在家生孩子，村里有赤脚医生也有接生婆，到家里接生。婴儿死亡率比较高。我阿妈生了五个孩子，只养活了三个。那

---

① 国务院妇女工委、联合国儿童基金会：《县级实施妇女儿童发展纲要指导手册》2004年版，第34页。

个时候孩子生病以后，懂草药的人就去山上采一些草药给孩子擦，能好就好，没有别的办法。没有医院，也没有钱去看病，没有什么药，很多人只能搞"令兴"①。但是搞令兴也要杀猪、杀鸡、杀狗，道公说要杀什么就要弄什么来杀，很多人没有钱买这些东西，就不敢请道公搞令兴。那时候，妇女怀孕最怕难产。现在难产可以动手术剖腹产。那时候没有办法，有些人就因为难产大出血丢了性命。有的保住了孩子没保住大人。因为难产死了的很多。（2012年2月访谈记录）

改革开放前，黎村生产力发展水平较低，医疗卫生技术发展落后，妇女在生育数量、生育时间、生育方式等生育行为方面，没有条件做出选择和决策，只能顺其自然，被动接受。同时，受传统多子多福和传宗接代生育观念的影响，妇女多有强烈的为丈夫及所在家庭乃至家族多生孩子的使命感，以家庭乃至家族的生育意愿为自己的生育意愿，妇女本人的生育自主权意识被长期压抑，生育自主权程度很低。经济和医疗技术落后时期，妇女的生育健康也难以得到有力保障。孕期及分娩后，孕产妇难以得到充分的营养照顾和休息，不得不与男子一样参加户外体力劳动，分娩方式也是传统的在家分娩，生育健康存在隐患。从生育健康的基本保障来看，妇女的生育地位也明显处于被动弱势。

第三节　家庭经济地位：既主外又主内 妇女承受双重压力

经济地位是社会地位的重要维度，妇女家庭经济地位则是妇女家庭地位的重要体现，家庭经济地位涉及家庭收入贡献、收入以及消费管理、生产劳动及家务劳动承担等诸多方面。黎族妇女在生产劳动、经济管理等方面，对家庭生活发挥着重要作用，是黎族家庭维持日常生计及

---

① 黎族宗教活动，主要目的是驱鬼。

第三章　改革开放前哈黎妇女家庭地位

发家致富的重要力量。

一　黎族"女劳男逸"的分工传统

远古时期,人类生产力水平极为低下,先祖面临的首要问题是维持家庭及家族成员生存。人类在长期实践摸索过程中,形成了较为明确的性别劳动分工:男人参加狩猎活动以获得动物食材,女人参加采摘活动以获得植物类食材。相比之下,男人们的狩猎活动风险更大且劳动成果更难保证;女人的劳动成果则更稳定,更能及时满足家人基本需求。分工不同,但足见妇女在人类早期经济活动中的重要地位。在原始攫取经济阶段,妇女的采集成了先民们生活的主要来源,男子的狩猎只是一种调剂和补充。对于刚刚从动物进化而来的尚处于自在阶段的人类,妇女一开始便以满足了社会普遍的生存要求(从经济和生殖两个方面),因而理所当然地受到尊重。在人类历史最早期,妇女曾经是整个社会的支撑点。[1]

随着母系氏族社会逐渐被父系氏族社会所取代,男女在人类经济活动中的分工和角色发生了重要变化。男性渐渐掌握了家庭以及社会经济的主导地位,妇女则退居附属地位。家庭经济分工是男女双方家庭经济地位的一个侧面反映。恩格斯认为,男人挣钱养家的事实本身,就赋予了他在家庭中的统治地位。在家庭中,丈夫是资产者,妻子则相当于无产阶级。[2]传统时期的汉族家庭生活中,"男主外,女主内"是普遍的家庭分工模式,男性主宰着家庭和社会经济生活,而女性在家庭中处于从属地位,从事的也多是家务劳动等辅助性劳动,多为"主内"角色。

与此迥然不同的是,在我国古代许多南方少数民族中,"女劳男逸"是一种非常普遍的社会现象,女性不仅承担家务劳动,而且在社会生产劳动中也扮演着重要角色,而男性却显得无所事事。这与汉族

---

[1] 罗时进:《中国妇女生活风俗》,陕西人民出版社2004年版,第6—7页。
[2] 转引自[美]凯瑟琳·A.麦金农《对马克思和恩格斯的女权主义评论》,载麦克拉肯主编《女权主义理论读本》,艾晓明等译,广西师范大学出版社2007年版,第17页。

"男耕女织""男主外女主内"的情形是有很大的差异的。① 作为典型的南方少数民族,黎族传统时期也普遍存在"女劳男逸"分工模式。在古代黎族,女性在社会中几乎参与了所有的生产活动,扮演了不亚于甚至高于男子的社会角色,而且在家庭中也同样扮演着主要角色,是名副其实的里里外外"一把手"②。

广泛参与家庭内外经济活动,一方面反映了黎族妇女对家庭生产生活的重要贡献,同时也反映了黎族妇女较高的家庭经济地位。她们有独立的经济参与权和决策权,不必在经济活动中依附于丈夫。相反,很多家庭的丈夫在经济活动中,则对妇女有较高的依赖。另一方面,"女劳男逸"传统也反映出妇女背负比男人更繁重劳动压力的事实。

二 劳动性别分工固化了妇女的家庭角色

黎族妇女历来是各项经济活动的重要参与者。在生产劳动的长期实践中,黎族形成了男女分工合作的诸多规范,在很多领域形成了明确而严格的性别分工。为了巩固这些性别分工,黎族社会形成了一套严格的禁忌。例如"女子不能参加狩猎,因为女子穿黑衣不吉利,女子参加就打不到猎物"③。男子则不能参加制陶、酿酒等妇女负责的工作。

(一)传统农业种植中的性别分工

黎族性别分工明确的习俗有悠久的历史。《汉书》卷二十八下《地理志》记载:"男子耕农,种禾稻、苎麻,女子桑蚕织绩。亡马与虎,民有五畜。"④另据日本作者冈田谦和尾高邦雄1942年对海南岛乐东县重合盆地的调查资料显示,在侾黎中,男子从事狩猎、渔业、开垦、采伐、挖掘、木工、编制竹具、修葺屋顶等工作,而女子则从事纺纱、织布、裁缝、刺绣、制陶、插秧、除草、收割(使用特殊的镰刀)、脱

---

① 张磊:《论中国古代南方少数民族中"女劳男逸"现象及其原因》,《岭南文史》2008年第1期。
② 陈丽琴:《民族旅游对黎族女性社会地位变迁的影响和思考》,《社会科学家》2016年第4期。
③ 广东省编辑组:《黎族社会历史调查》,民族出版社1986年版,第41页。
④ 转引自陈立浩、于苏光《中国黎学大观》,海南出版社2012年版,第182页。

谷、汲水等劳动。由于在劳动中要进行这样的男女分工，所以只有夫妻二人齐心协力，才能维持家庭生活。① 可见，黎族社会很早就形成了明确的劳动性别分工，属于妇女应该负责的劳动，丈夫不应该参与，也绝不会参与；反之，妻子也不能参与男人负责的劳动领域。

改革开放前，邢村村民主要收入来源是传统农业，山栏稻则是当地特有的一种传统耕作稻种。《中国黎学大观》一书对新中国成立前黎族耕种山栏的性别分工有详细描述。新中国成立前，黎族的农耕活动主要是砍山栏、种山栏。播种时，男子用一根已削尖的木棒在前面后退点穴，腰篓盛满种子的妇女在后面向前走播种，一个洞里一般放五六粒谷种，然后掩土。每年10月左右山栏稻成熟后，妇女们持捻稻刀（在木柄里嵌入小刀片的一种镰刀），一根根把稻穗捻断，然后捆成稻把，由男人挑回家。② 在山栏稻播种过程中，妇女和男子一起全程参与稻谷种植劳动，在后期其他农业管理收割等环节，妇女参与度更高。"稻田的插秧，'山栏'地的播种，及以后的除草、收割、储藏、加工等重要工作都是妇人为之。"③

山栏稻耕种方式较为落后，稻谷产量非常低，常常难以维持黎族家庭全家人的温饱需求。村民也广泛参与其他劳动以获取其他食物来源。在这些劳动中也存在性别分工，如妇女负责采摘野菜野果，男人则负责抓田鼠、捕鱼等。随着生产力水平的提高，邢村家庭产业结构有了明显改善，农业种植方式和技术得到更新。山栏稻被产量更高的水稻取代，村民家庭收入有了明显提高。受传统性别分工的影响，此后的水稻种植中依然存在类似性别分工，比如男人主要负责耕田翻地，女人则负责挑担插秧。直到20世纪五六十年代，生产生活中的性别分工依然严格，男不帮女，女不帮男。④

---

① ［日］冈田谦、尾高邦雄：《黎族山峒调查》，金山等译，民族出版社2009年版，第12页。
② 陈立浩、于苏光：《中国黎学大观》，海南出版社2012年版，第51页。
③ 黎族简史编写组：《黎族简史》，广东人民出版社1982年版，第56页。
④ 孙邵先、欧阳洁：《黎族女性文化专题研究》，南方出版社、海南出版社2008年版，第154页。

（二）其他经济活动中的性别分工

妇女不仅广泛参与户外农业种植，还在经商贸易、纺织、制陶等其他领域做出了重要的经济贡献，在某些经济领域，妇女则拥有不可替代的独特地位。

当封建时期的汉族妇女几乎足不出户，只能在家相夫教子时，古代黎族妇女却能自由出入村寨市场，活跃在当地经济贸易市场中。黎族妇女曾是市场贸易的主体。明人记载："黎村贸易处，近城则曰市场，在乡则曰墟场。每三日早晚二次，会集物货。四境妇女，担负接踵于路，男子则不出也。"[①] 此外，传统时期的纺织、制陶、酿酒等经济活动，是黎族妇女的"专属"行业，无论是用于满足自家生活需要还是用于市场交易以获得收益，这些经济活动只能全程由妇女完成，男子不得参与。

从农业生产到经商贸易和手工劳动，黎族传统的性别分工思想都有充分体现。劳动性别分工的形成，一方面反映了妇女在家庭经济活动中的广泛参与和不可替代的重要地位；另一方面又在一定程度上进一步固化了黎族家庭劳动性别分工，将妇女长期固定在繁多而辛劳的各项劳动岗位上，不利于两性平等参与、灵活合作模式的形成。

三　妇女在家庭收支中的地位

（一）妇女对家庭收入的贡献

家庭地位是以一定的经济条件为基础的。一个人对家庭经济贡献的大小，往往会对其家庭地位以及他（或她）与其他家庭成员的关系产生重要影响。[②] 传统时期，黎族妇女对家庭经济的贡献丝毫不亚于男子，甚至超过男子，妇女获得的经济收入是维持家庭正常运转不可缺少的一部分，为传统黎族家庭实现家庭基本功能提供了重要保障。

生产功能是家庭众多功能中最基础、最重要的功能，家庭其他功能的实现程度，在很大程度上取决于家庭生产功能的实现程度。家庭生产

[①] （清）张长庆：《黎岐纪闻》，广东高等教育出版社1992年版，第12页。
[②] 兰俏梅：《畲族妇女的家庭地位》，载福建省炎黄文化研究会编《畲族文化研究》（下册），民族出版社2007年版，第482页。

功能的实现，首先体现在食品、衣服等家庭生活必需品能否满足家庭成员的基本生活需求。家庭收入高低则是家庭生产功能实现能力的又一反映。改革开放以前，黎族家庭收入来源非常有限，家庭收入水平也普遍很低，除了能满足家庭成员基本生存需求外，大多数家庭鲜有富余财产用于提高生活质量。在明确的劳动性别分工模式中，妇女与男子一起参加户外生产劳动，共同扛起养家糊口的重担。此外，妇女还需额外承担酿酒、制陶等妇女工种的任务，以增加家庭物质储备和收入水平。可以说，妇女对家庭经济收入做出的贡献不仅不亚于男性，很多时候在很多方面还超过丈夫。

（二）妇女家庭收入管理与支配权

黎族妇女为家庭收入做出重大贡献，是家庭收入来源的重要依赖对象。家庭收入管理模式则从另一个角度折射着夫妻双方的家庭经济地位。在家庭收入水平很低的时期，除解决家人温饱基本需求外，普通黎族家庭可供其他家庭消费的收入较少，夫妻对家庭收入的管理和支配权很难有充分体现。相比之下，由于黎族历来有妇女持家传统，大到生子、嫁女，小到全家人的柴米油盐，都是妇女操持安排，因而家庭成员温饱需求等基本家庭消费的决策权，主要由妇女掌握。改革开放前，邢村家庭普遍收入水平较低，妇女很少有个人开支，仅有的个人开支也通常不超出基本生活需求范围，妇女个人开支额度低，种类少，不多的家庭收入大多用于满足家庭成员的基本生活需求。困难时期收入入不敷出时，作为持家人的妇女，还不得不通过辛苦劳动和精打细算艰难度日。

四 妇女几乎包揽了全部家务

家务劳动是指为满足家庭成员自身生存、维系家庭诸功能所必需的各项家庭事务。它包括日常的洗衣服、做饭、洗碗、做清洁、买米或碾米以及照顾老人等。[1] 在传统社会，家务劳动无一例外都是女人的事

---

[1] 万江红、魏丹：《社会性别视角下闽西农村女性家庭地位分析》，《中华女子学院学报》2009年第1期。

情。在"男主外,女主内"模式影响下的汉族地区,妇女"主内"并非指妇女管理决定家庭内部事务,更多地是指妇女干家里的活,包括相夫教子和承担几乎全部家务劳动。"男女分别是自己活动领域的主人:男子是森林中的主人,妇女是家里的主人。"① 妇女干的家务劳动再多也是理所应当,也难以体现妇女的价值。作家张贤亮曾说:"照顾男人是女人的一种美德,在做家务时,她们的温柔与体贴是一种美,也是她们的一种享受……家务活是女人干的。"② "家务活是女人干的"刻画了一幅妇女在家默默付出、埋头苦干的服务者形象,也几乎成了妇女较低家庭地位的直接写照。

黎族地区的妇女与汉族妇女相比,则可以用"既主外又主内"③ 来形容其经济地位了。黎族妇女不仅要与男子一起参加户外生产劳动,从事男子不能涉足的手工制作,还要包揽几乎全部的家务劳动。从这个意义来讲,黎族妇女的劳动负担更重,付出更多。列宁指出:"甚至在完全平等的条件下,妇女事实上仍然是受束缚的,因为全部家务都压在她们肩上。这种家务多半是非生产性的,最原始、最繁重的劳动。这是极其琐碎而对妇女的进步没有丝毫帮助的劳动。"④ 家务劳动不但没有报酬,而且剥夺了女性的发展机会和能力。

"主外"(和男子一起参加户外生产劳动)反映出黎族妇女能够享有独立、平等的参与各项经济活动的权利,不受限于家庭事务,因而黎族妇女具有比较独立的经济地位,不必像传统时期汉族妇女那样,在经济上高度依赖丈夫并长期处于从属地位。但"主外又主内"则反映出

---

① 恩格斯:《家庭、私有制和国家的起源》,《马克思恩格斯选集》第4卷,人民出版社1995年版,第159页。
② 黎昕:《"顽童"张贤亮》,《中华英才》1993年第10期。
③ 黄淑瑶在《从社会性别角度看古代海南"女耕男儒"现象》一文中,用"女主外"形容海南黎族古代女性在农田和商贾事务中不亚于男性的活跃行为,以此说明古代海南女性在社会经济生活中异于传统汉族"主内"的形象。作者特别说明,"女主外"并非指对男性传统经济角色完全替代。本书借用该文"女主外"一词,亦指传统时期黎族妇女对农业生产等经济活动的广泛参与。
④ 列宁:《论苏维埃共和国女工运动的任务》,《列宁全集》(第37卷),人民出版社1986年版,第192页。

黎族妇女除了与男子一样参加户外生产劳动外，回家还需要独立承担烦琐辛苦的家务劳动。对外，妇女需与丈夫共同分担养家糊口、增加家庭收入的重担；对内，妇女则需单肩扛起整个家庭的柴米油盐、衣食温饱任务，维系家庭正常生活。男子则只需承担户外生产劳动任务，回家后则更多地当"甩手掌柜"。如此，黎族妇女在家庭经济中贡献大但任务重、付出多的不平等地位，昭然若揭。

> LKX（女，1921年出生）：男人干外面的农活，家务活都是女人干。大集体时，孩子集中养，有人带，女人和男人一起外出干工。男人外面的活干完了，回家就可以出去玩，不帮女人做家务。挑水、挑米都是女人干，男人不是不可以挑，但是他们就是不想帮女人干。男人认为干家务就是女人的活，不帮女人干。那个时候没有男人帮女人干家务。（2013年8月访谈记录）

传统时期，黎族妇女在家庭经济地位方面有着鲜明的性别特征。与封建时期汉族妇女相比，黎族妇女从不受限于家庭领域，她们与男子一样，广泛参与各项经济活动，与男子一起承担养家糊口责任。新中国成立以后，全国妇女翻身得解放，妇女纷纷走出家庭，投身于各行各业，农村妇女与男性一起参加生产劳动。比较而言，黎族妇女参与的经济活动更为广阔，是农村经济领域中一支非常活跃的队伍。与同时期男性相比，黎族妇女既要参加户外劳动，又要包揽全部家务劳动，肩挑双重重担，男性则几乎不参与家务劳动。"女劳男逸"传统，凸显了黎族妇女负担更重的不平等地位。黄淑瑶用"女劳且女卑，男逸却男尊"来形容"女劳男逸"时期黎族社会的两性地位，并且指出，女性经济上的出色表现，并不意味着海南地区的女性据此赢得了与男性并肩甚至凌驾于男性的地位。[①]

[①] 黄淑瑶：《从社会性别角度看古代海南"女耕男儒"现象》，《海南师范大学学报》（社会科学版）2014年第5期。

第四节　家庭关系地位：妇女处于相对弱势地位

长期以来围绕"家庭"的含义存在各种不同的解释。林耀华认为，家庭是由一定范围的亲属（如夫妻、父母子女、兄弟姊妹）所组成的社会生活细胞。①《社会学简明辞典》对家庭做出如下解释："以一定的婚姻关系、血缘关系或收养关系组合起来的社会生活单位，在通常情况下，婚姻构成最初的家庭关系，这就是夫妻之间、父母和子女之间的关系。"② 这些理解都强调了家庭关系的重要性，家庭可以看作各种家庭关系的集合。每个家庭成员都处在各种家庭关系中，妇女与其他家庭成员的家庭关系及相处模式，是妇女家庭地位的重要体现。

一　黎族传统家庭关系

（一）传统家庭伦理——长辈及女性备受尊重

长期以来，黎族家庭有尊老爱幼传统，长辈在家庭及家族中具有至高地位，享有更大的发言权和决策权，在家庭代际关系中，长辈拥有最高地位。另外，女性长期受到社会的普遍尊崇，在家庭关系中，女性尤其是年长女性受到家庭及家族成员的尊重。没有大多数汉族妇女遭受"三从四德"等传统封建性别观念的束缚，黎族妇女有着更奔放自由的恋爱空间及结婚、离婚的多种选择，曾经的婚恋生育经历，不会使妇女受到来自家庭及社会的歧视。

随着黎族社会在封建社会晚期陆续进入父系社会，以及自宋代以来受到汉族男尊女卑观念及宗族观念的影响，黎族社会妇女的尊崇地位被削弱，在家庭及家族中，男性渐渐占据权威地位，黎族妇女处于相对弱势地位。

---

① 林耀华：《民族学通论》，中央民族大学出版社1997年版，第302页。
② 上海社会科学院社会学研究所：《社会学简明辞典》，甘肃人民出版社1984年版，第392—393页。

（二）黎族传统家庭关系的类型

家庭关系是指一个家庭中共同生活的家庭成员之间的关系，家庭关系又可称为家庭内部的人际关系。[①] 家庭关系包括血缘关系和姻缘关系两种，前者如亲子关系、兄弟姐妹关系，后者主要指夫妻关系等。家庭关系还可以分为横向家庭关系和纵向家庭关系，前者如夫妻关系、兄弟姐妹关系、妯娌关系等，后者如父子关系、母子关系、祖孙关系等。潘允康和林南的研究认为，中国传统的家庭关系是纵向的家庭关系，这种纵向家庭关系的特点是：家庭结构上纵向重于横向，横向靠纵向支配和维持；家庭观念崇尚孝道；家庭功能上以传宗接代为本，双向交流；家庭区位距离上从父居。[②] 黎族传统家庭关系也表现出纵向家庭关系重于横向关系的典型特征，邢村村民宗族观念非常深厚，家族的兴旺与发达，主要取决于家族男性及男性后代的繁衍与发展，妇女虽在很多场合受到尊重，但男性长辈才是家族权威，纵向家庭关系才是改革开放前最重要的家庭关系。

二 横向家庭关系中妇女面临性别不平等

由于家庭结构中既包括横向的夫妻关系，也包括纵向的代际关系，因此妇女的家庭地位包含着双重性，即相对丈夫的横向家庭地位和相对亲代（特别是婆婆）的纵向家庭关系。[③] 考察妇女在家庭关系中的地位，必然涉及妇女家庭地位的这种双重性，需要从横向家庭关系与纵向家庭关系两个层面展开分析。

（一）夫妻关系

家庭因婚姻缔结而成立，夫妻关系是最基本也是最重要的横向家庭关系。在完整家庭结构中，夫妻关系是衍生亲子关系、婆媳关系等其他

[①] 杨善华：《家庭社会学》，高等教育出版社2006年版，第113页。
[②] 骆桂花：《甘青宁回族女性传统社会与文化变迁研究》，博士学位论文，兰州大学，2006年。
[③] 龚继红、范成杰：《农村妇女的家庭地位是如何逆转的——实践视角下的妇女家庭纵向地位变迁》，《华中科技大学学报》（社会科学版）2016年第3期。

家庭关系的基础，夫妻关系的和谐程度，在很大程度上影响到其他家庭关系的和谐状况。夫妻关系的考量，不仅可以表明家庭关系的和睦状态，更能反映妇女在家庭关系中的相对地位。

1. 夫妻权力

夫妻权力关系是夫妻关系一个重要指标。夫妻权力意味着夫妻之间的影响力和支配权，也包括对其他家庭成员的影响力和支配权。[①] 布拉德和沃尔夫区分出四种不同类型的夫妻权力模式：丈夫主导型（Husband-dominant）、妻子主导型（Wife-dominant）、分权平等型（Autonomic Equal but Seperate）、权力共享型（Syncratic Jointly Shared）。其中，后两者为趋于平等的权力形态，差别在于一种为夫妻双方在划分好的决策领域各自独立行事、自主决策，另一种是对所有事务的共同协商决策。[②] 在人类历史发展史上，母权、妻权曾在家庭及家族中占据主导地位，无论是家庭决策还是子嗣继承等诸多方面，妻子比丈夫有更高权力。随着人类社会大部分地区进入父权制社会，父权和夫权逐渐取代母权和妻权，在家庭中长期占据主导地位。在漫长的封建社会，深受父权和夫权影响的地区，妇女在家庭中地位很低。体现在夫妻权力方面，表现为丈夫是一家之主，妻子拥有很少、很有限的家庭发言权和决策权，属于典型的"夫主妻从"的权力格局。

黎族社会较晚进入夫权社会，受父权夫权影响时间较短，影响相对较弱，妇女经受的性别歧视相对较弱，黎族夫妻关系较为平等。妻子在落夫家后，虽然从属于丈夫，但由于妻子与娘家关系密切，丈夫对妻子没有绝对的控制权。再加之女性在生产生活中的重要作用，夫妻双方以相互养活为契约，因此夫妻关系较为平等。[③] 与封建时期汉族家庭夫妻关系相比，黎族家庭夫妻关系类型呈现出多样化的特点，在不同时期也呈现出不同的特点。

[①] 丁文：《家庭学》，山东人民出版社1997年版，第225页。
[②] 张丽梅：《西方夫妻权力研究理论述评》，《妇女研究论丛》2008年第3期。
[③] 孙邵先、欧阳洁：《黎族女性文化专题研究》，南方出版社、海南出版社2008年版，第136页。

第三章　改革开放前哈黎妇女家庭地位

《中国黎族》一书中这样描述传统时期黎族家庭的夫妻关系：

> 在家中，丈夫是一家之主，享有家庭经济和其他事务的决定权，妻子虽然处于从属地位，但大事、要事丈夫仍要与妻子商量。在生产劳动中，夫妻分工合作，丈夫犁田耙地、修缮房屋、编制藤竹制品、制作生产工具、砍山栏、砍柴火和主持家庭祭祀仪式等。妻子则看管子女、饲养家禽、纺纱织布、拔秧插秧、除草收割、挑水煮饭和舂米等。在处理家庭事务（耕地和牛只的买卖、修缮房屋、子女婚姻等重大事情）中，均由夫妻商量决定，再通报其他家属和族人，若妻子不同意，丈夫亦不擅自主张。[1]

可以看出，黎族夫妻关系总体呈现出丈夫主导型特点。"丈夫是一家之主"，在家庭中，丈夫享有更明确的决定权。但妻子绝非只能事事听从丈夫安排，丈夫也绝非可以享受"一言堂"，独揽大权。在生产劳动等家庭大事的决策上，妻子拥有丈夫不容忽视的发言权，丈夫常常需要与妻子商量，最终决定常常是丈夫与妻子共同协商的结果。协商不能达成一致意见时，妥协的一方并不一定总是妻子。黎族夫妻权力关系中，实际上体现了"权力共享型"的诸多特征。一些重大家庭事务的决策，往往由夫妻双方共同协商，共同做出决定。

由于黎族家庭男女性别分工比较明确，甚至形成了男女不同工的性别分工禁忌，使得某些劳动及生活事件是妇女擅长及专享的，而另一些生产劳动或事件则专属于男性。长期以来，性别分工及性别禁忌的影响依然存在。在妇女负责的领域，丈夫通常不会过问，也无法干涉，如酿酒、制陶、糯米饼等生产劳动及子女婚恋、人情往来等。在男性负责的领域，妻子也不会发表意见，如杀猪、宰羊、耕地、犁田等。丈夫和妻子在各自擅长及专属负责的事务上，分别享有独立的决定权和行动权，另一方不会干预。

---

[1] 文明英、文京：《中国黎族》，宁夏人民出版社2012年版，第269页。

XHJ（女，1948年出生）：一般家庭，男人地位还是高些，男人做主。也有少数家是女人说了算，女人指挥男人去干工，看谁能干就听谁的。听谁的还要看是什么事，孩子的亲事都是妈妈管，爸爸有时候会发表一点看法，也有的爸爸完全不管。不是说男的地位低他不能管，是这种事不归他管。有的事女人就要听男人的，种田、打猎、捕鱼这些事，肯定男的说了算。（2013年8月访谈记录）

在黎族的性别文化中，历来没有"一刀切"式的男尊女卑观念，很多领域存在明确的性别分工，这种性别分工不同于汉族家庭文化中"男主外，女主内"式的角色分工，而是男人和女人都有自己可以而且应该单独负责的事务，久之形成了丈夫与妻子拥有各自擅长并理所当然地享有独立决策权的特定夫妻权力规范，为黎族居民普遍接受并自觉予以执行。深刻发挥影响力的夫妻权力规范，久之成就了黎族夫妻权力关系中的一种潜在权力模式。使得双方较少跨界干预本属于对方负责的事务，双方理所当然地接受并维护这种以丈夫主导为主线、以分权平等及权力共享为辅线的多元夫妻权力模式，这种多元权力模式是改革开放前邢村家庭夫妻权力结构的重要形式。

LKX（女，1921年出生）：男人是一家之主，在外面还是听男的多。也有些男的什么都不想管，那就听女人的。女人干的工多管的事多，很多事女人自己管，自己做主就行了。但是家里的大事还是男的说了算。我们年轻的时候孩子多，养不活，老公的姐姐、姐夫在崖城那边打长工，老公就让我们全家都搬过去，说那边条件好些，我开始不同意，这么远，孩子多，搬趟家多不容易啊！又担心搬过去怎么办，他坚决要搬，最后还是听他的。我们搬到崖城生活了十几年，后面几个孩子都在崖城出生的。后来我想回乐东，想把孩子安顿在乐东成家，老公就听我的，全家搬回来了。（2016年2月访谈记录）

2. 夫妻感情

古人说"夫妇合而后家道昌"。所谓夫妇合,是指夫妻和睦共处,即男女双方有共同的志趣和追求。① 夫妻和睦是家庭和睦的前提条件,和睦的夫妻关系有助于形成良好的家庭关系,有助于维系和睦温馨的家庭氛围。作为最重要的家庭关系,夫妻关系的融洽程度、夫妻感情的亲密程度,在很大程度上影响到家庭关系的融洽程度及家庭生活质量的主观感受。夫妻感情的亲疏程度,还从另一侧面反映了妇女在夫妻关系中的性别地位。

和睦亲密的夫妻关系是由夫妻双方共同努力一起建构并维系的,爱与被爱、付出与回报的期待之间的暗中较量,无形影响到一方对配偶的评价和满意程度。夫妻生活中,任何单方的付出如果得不到对方的回应或反馈,付出方难免会出现失落或抱怨情绪,继而可能对配偶甚至夫妻关系产生负面感受和评价,最终难免影响到夫妻感情的亲密和谐程度。

一般来讲,古代夫妻的感情关系较为"浅薄"。当人们把家庭的需要和利益放在首位时,必然把个人的感情追求置于从属地位。② 夫妻之间的感情多带有责任型和义务型色彩。在黎族传统家庭文化及性别文化中,夫妻间的感情通常不宜公开表露出来,在公开场合,夫妻之间不宜随便逗乐亲密。为维护男性尊长的权威,丈夫通常会与家人保持比妻子更密切的关系,至少表现如此。所以,在村里村外的非家庭场所,丈夫和妻子之间的相处模式少有亲密和温存的表现,大多表现出平静甚至冷淡、彼此漠不关心的表象。在这种有意无意保持距离和分寸感的夫妻关系中,妇女较少对丈夫形成情感上的依赖,在遭遇不适时,也难以及时获得丈夫的关心与体贴照顾,甚至在与公婆或其他家庭成员发生矛盾摩擦时,难以获得丈夫的支持和配合。作为嫁到夫家的"外来成员",在纵向家庭关系重于横向夫妻关系的传统家庭中,妇女更容易陷入孤立无助的弱势处境中。

---

① 石朝慧:《浅谈什么是幸福家庭》,载白薇、王庆仁、郑玉琴主编《中国少数民族妇女问题研究》,中央民族大学出版社1996年版,第209页。

② 丁文:《家庭学》,山东人民出版社1997年版,第231页。

3. 家庭暴力

家庭暴力是指发生在家庭成员之间的，以殴打、捆绑、禁闭、残害或者其他手段对家庭成员从身体、精神、性等方面进行伤害和摧残的行为。自人类组成家庭以来，就伴随家庭暴力的发生。家庭暴力的受害者常常是妇女、儿童、老人等家庭弱势人群。家庭暴力是一种具有伤害力的野蛮行为，对受害方会造成身心伤害，还会破环家庭关系，甚至导致家庭解体。

黎族传统家庭关系中，家庭暴力现象也未能幸免，而妇女则是家庭暴力的主要受害人。夫妻暴力的起因众多，较多与家庭经济困难、孩子多照顾难、丈夫对妻子持家不满意等纠纷有关。发生家庭纠纷时，妇女容易沦为家庭暴力的受害方，实际上反映出受害妇女处于弱势地位的不平等夫妻关系。

> LKX（女，1921年出生）：以前丈夫打老婆比较多，如果女人去外面喝酒回家晚了，或者到了吃饭时间还没煮饭，男人就打女人。没有女人打男人的事。挨打的女人只能跑到外面去躲一躲，等男人气消了再回家。也有女人因为丈夫太坏了，把女人打得太狠了，就跑掉不回来的。我也挨过丈夫的打，具体因为什么事不记得了，（次数）比较少。（2016年2月访谈记录）

（二）与丈夫兄弟姐妹的关系

在邢村，绝少可以看到几对夫妻同堂的联合家庭形式，少数家庭因特殊原因如住房条件等限制，会有短暂的联合家庭形式存在期，但很快兄弟家庭间就会分家立户，组建各自的小家庭。这种家庭结构的特点与当地家庭结构的传统有关，也与黎族家庭关系中的伦理禁忌有关。

新中国成立初期，黎族家庭人口较多，子女较多，家庭关系比较复杂。妇女落夫家后，无论是否分家立户组建小家庭，都会面临如何与丈夫大家庭中每个成员和谐相处的问题。从横向家庭关系来看，除了夫妻关系以外，妇女还要学会如何与丈夫的兄弟姐妹和谐相处，需要遵循当地家庭文化中的特殊规范。

1. 与丈夫的弟弟妹妹的关系

妇女与丈夫的弟弟妹妹的相处比较简单随便，作为"嫂子"，妇女会受到丈夫弟弟妹妹的尊敬，但相处不必拘谨，关系熟悉后，与和自己的兄弟姐妹相处一样，可以建立平等友好的家庭关系，可以共同劳动，同桌进食，还可以一起喝酒唱歌，互开玩笑。

2. 与丈夫的哥哥姐姐的关系

黎族妇女与丈夫的哥哥姐姐的关系，不同于与丈夫弟弟妹妹的关系。相比后者，前者有更多约束，用当地的话说，是妇女与丈夫哥哥姐姐相处时，必须互相尊重。妇女与丈夫哥哥姐姐要互相尊重，不能当着彼此的面说脏话粗话，相处时，行为举止不可太随意，通常也不能随便开玩笑。

妇女与丈夫哥哥的相处模式则应遵循更严格的规范。邢村家庭伦理中，历来存在较为严谨的"大哥①与弟妹②"的关系禁忌。哥哥忌坐已婚弟弟的床，忌穿已婚弟弟的衣物，忌用弟妹的斗笠、腰篓，忌与弟妹同桌吃饭和碰撞，路上遇见弟妹要主动让路。③ 无论是否已婚，"大哥"都应和自己的弟妹保持距离，用当地的话说是"大哥必须尊重弟妹"，尊重的方式包括：大哥不能和弟妹同锅吃饭、同桌进餐，大哥与弟妹不能传递、使用对方的私人物品，大哥不能坐弟妹房间的床，不能独自进弟妹卧室取放物品（弟弟在场时可以），大哥不能对弟妹讲脏话，大哥和弟妹之间不能互相随意开玩笑，等等。每个黎族女孩从小就了解这种关系禁忌，结婚后更会自觉遵守这种规范。

当笔者多次探访这种关系规范的由来或合理解释时，大多数村民尤其是男人，通常会笑着解释并强调："这是我们黎族的传统，大哥必须尊重弟妹，弟妹也要尊重大哥。"

---

① 指丈夫的哥哥，包括丈夫亲哥哥以及家族里所有与丈夫同辈且年长于丈夫的男性。
② 指弟弟的妻子，包括亲弟弟的妻子以及家庭里所有同辈分且年龄比自己小的男性的妻子。
③ 文明英、文京：《中国黎族》，宁夏人民出版社2012年版，第270页。

XRY（男，1925年出生）：以前就是兄弟之间都成家后，一定会分家，地主家庭也是这样。因为人多饭不够吃。我从小就知道大哥和弟妹要相互尊重，但不知道为什么，没有违反这个规定的。(2012年2月访谈记录)

LKX（女，1921年出生）：那时家里没有桌子，都是在地上吃，菜都摆在地上。大哥和弟妹不能一个碗里夹菜吃。所以弟妹就盛好饭菜端到另一个地方吃。大哥和弟妹不要离太近。平时也要讲究，弟妹不能拿大哥的东西。大哥最大，弟妹如果坐大哥的床，老天会看到，雷会劈。(2012年2月访谈记录)

XQY（女，1963年出生）：大哥和弟妹要互相尊重，大哥不能坐弟妹的床。姐姐和弟妹之间也要互相尊重，可以一起说话聊天，但不能坐弟妹的床，不能拉手拍肩这些。女人和丈夫弟弟或者妹妹之间就没有什么讲究了，比较随便，可以开玩笑，和兄弟姐妹一样。(2012年2月访谈记录)

大哥与弟妹关系禁忌，一方面使妇女受到丈夫哥哥这个男性群体的普遍"尊重"，使得这种家庭关系变得相对简单，可以避免在和其他家人相处时可能面临的矛盾纠纷。另一方面，双方当事人又因这种关系禁忌的条例涉及日常生活和人情往来的具体层面，双方都必须严格恪守相关禁忌，又使得黎族妇女无法像其他地区的妇女一样，平等自然地与大哥相处，且必须时时注意、处处小心，不得越雷池一步，以免冒犯大哥，或因不当言行受到他人歧视与指责，甚至如有犯忌言行，还会承受招雷劈天谴的精神压力。在这种特殊的关系规范中，妇女到底是享有更高一等的受尊重地位，还是妇女应该特别尊重丈夫兄长，不得有不当言行的特殊约束呢？

（三）妯娌关系

如果一家有两个或两个以上儿子，儿媳就互为妯娌。传统黎族社会中，妯娌关系是一种非常重要而且独具特色的家庭关系。黎族的妯娌关系不仅指亲兄弟的妻子之间的关系,同一血缘家族内,同辈男性的妻子之间都互为妯娌。妇女嫁到丈夫所在家庭后,不仅随之建立了小家庭的夫妻关系、姑嫂关系等各种家庭关系,也加入了一张结点众多、结构复杂的社会关系网络。在这张由不同关系构成的社会关系网络中,妯娌关系看似比其他家庭关系更弱,实际上却是妇女家庭关系中非常特殊的一种社会关系,在妇女的日常生活中发挥重要作用。妯娌关系网发挥的功能,在某些方面甚至超过了婆媳关系、姑嫂关系等其他家庭关系。

传统时期的妯娌之间交往频繁,关系密切,尤其在家族内人情往来活动中,妯娌常常一起参与活动,共同交流生活情感,互相学习手艺技能。新婚的妇女嫁到夫家后,很快加入妯娌团,可以帮助她们尽快适应夫家的新生活,减少孤独无助的迷茫感。妯娌还是妇女互相学习交流酿酒、制陶、织布做衣等传统手艺的"课堂"。妯娌相处时,没有男性的"打扰"和参与,妇女们可以自由畅谈,平等交流,享受无性别差异和性别不平等眼光的纯女人世界。

三 纵向家庭关系中妇女地位存在差异

(一)婆媳关系中媳妇处于弱势

对于妇女来说,重要的纵向家庭关系包括翁媳关系、婆媳关系、母子关系等。翁媳关系是指公公与儿媳妇的关系。黎族家庭伦理中,由于辈分和性别的差异,妇女与公公的关系模式比较简单,彼此互相尊重,交流及相处较为礼貌客气,较少有频繁的直接交往。改革开放前,公公作为长辈,在家庭中拥有更高地位和发言权;作为晚辈的媳妇,缺乏与公公平等对话、共同决策的机会,地位较低。但翁媳之间由于较少涉及具体家庭事务的接触,较少发生情感纠纷或家庭矛盾。

婆媳关系历来受到关注,家庭关系的相关研究多无法避开对婆媳关系的探究。同为女性,婆媳关系及其变迁,可以揭示妇女已婚后不同人生阶段的家庭地位及其变迁轨迹,也可以从侧面反映不同时期妇女家庭地位的变迁趋势。

黎族社会传统时期的婆媳关系与汉族地区婆媳关系有诸多相似之

处，最典型的婆媳关系是年长的婆婆处于婆媳关系中的主导地位，婆婆拥有毋庸置疑的权威地位，媳妇必须听从婆婆教导和安排，少敢反抗或正面冲突。在本章第一节妇女婚姻地位部分已经提到，娃娃亲时期，女孩成年后必须到定亲对象家干工，其主要目的是为未来的婆婆家提供服务，接受婆婆的考验。在干工期间，"媳妇"必须任劳任怨，尽力展现自己勤劳能干的优点，否则会遭到婆婆的不满甚至退亲。从娃娃亲时期的这种风俗就可以看出，婆婆在媳妇面前具有不容置疑的权威地位。

  LKX（女，1921年出生）：以前媳妇都怕婆婆，不敢顶嘴，只要婆婆在世，媳妇就要听婆婆的。所以那时很少婆婆和媳妇吵架，因为媳妇不敢跟婆婆吵。婆婆地位高，因为田地财产都是婆婆的，媳妇没有自己的田地。（2013年8月访谈记录）

  婆媳关系的特点在婆媳共居一室的主干家庭中，有更集中的体现。作为家里的女性，婆婆和媳妇共同承担几乎所有的家务，在家务及大小事务的安排和分配上，媳妇往往需要承担更多、更重的家务劳动，婆婆会通过口头说教和身体力行等方式，教会媳妇如何做一个合格的家庭主妇。在这种关系模式中，媳妇尤其是新婚媳妇，通常处于听从和服从的弱势地位。

  XLF（女，1951年出生）：过去媳妇都要听婆婆的，媳妇顶撞婆婆要被村里人说的。分了家也是婆婆大些，媳妇有事也要问婆婆。（2013年8月访谈记录）

  XYM（女，1958年出生）：我们那时候嫁过来就要天天干家务，早上有时候是半夜起来挑水，把缸挑满，再煮饭、喂猪，什么都干。不干婆婆要骂，干了，干得不好也要骂。孩子小就留在家里婆婆带，自己下地干工，干完工回到家一放下东西，婆婆不是让你马上抱孩子给孩子喂奶，就是叫你马上去挑水煮饭。有什么事没有做就叫你去做。婆婆叫你做什么你就要做什么，是不敢顶嘴的，媳妇必须听公婆的。不过那个时候，婆婆也很辛苦的。家里穷，没有吃的，孩子又多，婆婆也有很多活要干，天天放牛，还要帮媳妇带孩子。婆婆干活累了也爱朝媳妇发脾气，她不敢对别人发脾气，就对着媳妇发脾气。(2013年8月访谈记录)

(二) 亲子关系中妇女地位高于丈夫

1. 妇女在子女社会化过程中发挥更重要作用

家庭是每个人出生后的第一社会化场所，大部分人早期社会化过程都是在家庭中完成的。俗话说，父母是孩子的第一任老师，强调的就是父母及家庭对子女社会化尤其是早期社会化的重要作用。在抚养和教育子女的责任和贡献方面，母亲历来被寄予更高的角色期望，尤其在传统家庭文化中，"贤妻良母""母慈子孝""母子连心"等表达，都强调了母亲是妇女众多角色中非常重要的角色，凸显了母亲在抚养教育子女方面的特殊地位。

在生产力水平极为落后的时期，怀孕生子只能顺其自然，养孩子则以尽量让孩子吃饱穿暖、无病无痛、健康长大为首要心愿。妇女是生育主体，孩子尤其是年幼的孩子，主要依赖母亲的抚养教育完成早期社会化。孩子稍大一些以后，黎族传统性别分工思想就在子女培养中得以体现。男孩在童年时，跟随父亲学习持弓射箭、捕鼠捉鸟、抓鱼、守护山栏。女孩子跟随母亲，从小学就挑水、煮饭、舂米、拔秧、插秧、种山栏稻、除草赶鸟、捻稻（收稻）等农活。[①] 父母对不同性别子女的抚养和教育分工不同，但就孩子早期社会化的大部分内容来看，与作为父亲的丈夫相比，妇女在子女社会化过程中发挥着更不可替代的重要作用。在邢村，父亲角色主要体现在对子女的品行的管教、技能的传授等方面。母亲则几乎全方位抚养、教育子女健康成长，小到子女吃喝拉撒、饮食起居，大到子女长大求学、交友，多是母亲操劳打理。母亲与子女长期相处，亲密接触，事无巨细，往往和孩子形成比较亲密及深厚的感

---

① 陈立浩、于苏光：《中国黎学大观》，海南出版社2012年版，第113页。

情，子女容易对母亲产生更强的情感依赖。

2. 妇女在子女婚姻缔结程序中拥有不可替代的特殊地位

黎族妇女在家庭及家族之间的人情往来和社会交往中发挥特殊作用，她们常常扮演着能说会唱、善于沟通的主角角色。在很多社会交往场合，男人大多隐身幕后或仅作为配角出场，前台表演的永远是妇女。在子女婚姻大事的重要环节中，母亲既是重要把关人，又是具体落实的实践者。男女青年恋爱中谈及婚嫁时，男方的问亲、提亲等程序，都需男方母亲出面，女方的表态人也通常是女方母亲。有时双方父母均在场，一起沟通，但发言表态的常常是双方的母亲，父亲大多属于作陪方，子女婚恋等事务，父亲参与过多被认为是不合适的，久而久之，更奠定了母亲在子女婚恋程序中拥有着不可替代的特殊地位。

> LKX（女，1921年出生）：别人来提亲，主要是妈妈做主，爸爸也会坐下来一起商量。提亲、定日子这些事都是女人去讲，因为女人会讲话，男人不会办这种事。（2013年8月访谈记录）

妇女在家庭关系中的地位，主要表现在妇女在各种家庭关系中能否平等自由地与家庭成员相处，能否得到其他家庭成员同等的威望和尊重。传统时期，黎族妇女在家庭关系中的地位具有多样性，并非处于绝对弱势地位或优势地位，而是有平等、有尊崇也有卑微。在夫妻关系中，丈夫是一家之主，因而享有更高夫妻权力；但妇女在某些事务领域也有独立的决策权和支配权；夫妇双方在各自分工负责的领域，都分别享有支配权；重大事务上，妻子的意见也绝非无足轻重。夫妻感情方面，夫妻之间较少表现个人情感，纵向家庭关系重于夫妻关系，妇女在夫妻关系中难以获得足够的情感依赖与支持。妇女与丈夫兄弟姐妹的关系较为复杂，主要体现在与丈夫哥哥的关系禁忌必须严格遵守，侧面反映出黎族家庭关系中的性别敏感。妯娌关系则是一种特殊的家庭关系，通常超出了小家庭的范围，但因妯娌身份的诸多共性及性别无差别的特点，妇女在这种家庭关系中，能享有高度的交际自由和平等地位。

纵向家庭关系中妇女的双重身份，给妇女带来卑微与尊崇双重地位。在婆媳关系中，婆婆处于绝对权威地位，媳妇只能以一种卑微的低姿态服从婆婆管理。在妇女与子女的亲子关系中，妇女则在子女不同人生阶段都能发挥重要影响力，妇女对子女付出更多的同时，也能获得更多的尊崇和肯定。总体上看，妇女在家庭关系中处于相对弱势地位，妇女在家庭中并未取得与男性相同的自由平等的权利和威望。

第五节 本章小结

作为海南岛世居少数民族，黎族具有悠久又富有地方特色和民族特色的传统文化。黎族妇女的家庭地位也具有一定的地域性特征和民族性特点，与同时期汉族及其他民族妇女的家庭地位有诸多不同。

在婚姻地位中，黎族妇女婚前享有与男子平等的恋爱自由和性自由，黎族社会对男女自由恋爱持包容鼓励的态度。但妇女缺乏独立的婚姻自主权，父母包办婚姻直到改革开放初期还有残余。与初婚自主权很低相比，妇女享有较高的离婚和再婚自由。离婚和再婚过程中，妇女也能得到平等对待和尊重。

在生育行为中，由于生产力水平低以及医疗卫生技术落后，妇女对生育数量、生育时间、生育方式等生育行为缺乏独立的自主决策权，妇女及家庭成员更重视"顺其自然"的生育结果。在怀孕分娩的过程中，妇女的生育健康得不到充分保障，因怀孕分娩导致孕产妇健康受损比例较高。受传统生育观念影响，妇女的生育行为及结果，还直接影响到妇女的家庭地位。子女多、儿子多的家庭中，妇女因生育结果更令家人满意而更容易获得较高的家庭地位；而在妇女生育能力弱或没有生儿子的家庭中，妇女则容易产生内疚心理或受到冷落。

家庭经济地位是妇女家庭地位中非常直观而重要的一个维度，可以通过家庭收入贡献与消费决策权、家务劳动分工等方面具体呈现。黎族妇女积极参与农业生产、经商贸易等经济活动，与男性一样承担养家糊口的责任。同时，妇女必须包揽几乎全部家务劳动，对内、对外都需承担养家责任,在"养家"为基本生活目标的落后时期,妇女为养家做出的贡献超过男性。

在家庭关系中,妇女的家庭地位更微妙和复杂。总体上看,夫妻关系中,丈夫拥有更高地位,但妻子在某些家庭领域也享有独立的权力;在夫妻感情方面,丈夫与父辈家庭关系更密切,夫妻感情相对冷淡,夫妻关系不如亲子关系重要。针对妇女的家庭暴力,是妇女处于弱势地位的直接证据,反映出两性关系本质不平等的事实。纵向家庭关系中,妇女处于双重地位。对长辈,妇女地位卑微,只能恭敬服从;对子女,妇女地位尊贵。妇女在子女成长的阶段,发挥不可替代的重要作用。

第四章

社会转型时期哈黎妇女家庭地位

1978年实行改革开放政策以来，我国经济体制改革步步深入，从传统计划经济体制逐步转变为社会主义市场经济体制。深化经济体制改革，又牵动着社会的各个层面发生一系列的深刻变革。从经济体制、社会结构到人们的生活方式、行为方式、价值观念、心理状态，无不发生重大变化，导致社会的重大变迁。人们称这场社会变迁为"社会转型"，即由农业社会向工业社会转化、由计划商品经济向社会主义市场经济转化。[1] 位于中国最南端的海南省也加入到20世纪这场伟大的改革浪潮中，海南黎族在内的少数民族农村地区，也经历着社会转型带来的重大变迁。虽然黎族村寨长期以来与外界交流相对较少，经济发展水平及科技教育领域等发展相对落后于一些省份的农村地区，导致其改革开放的步伐相对缓慢和滞后，但这场改革给黎族带来的改变和影响超过了其自身漫长发展历史中任何时期的改变。这种改变和影响不仅体现在经济快速发展、村民生活水平大幅提高等物质成果方面，更涉及村民价值观、民族文化等精神领域的巨变。社会的转型也带动家庭发生相应的转型性变化，就是由农业社会的传统家庭向工业社会的现代家庭进行的整体性转变。[2] 社会转型过程中，邢村家庭也发生着转型性改变，传统家庭的诸多特征日渐式微，而现代化浪潮带来的影响，在家庭领域则有更多体现。反映在

---

[1] 丁文：《家庭学》，山东人民出版社1997年版，第316页。
[2] 同上。

婚姻家庭领域，青年婚恋形式、家庭结构等方面发生深刻变化的同时，妇女在家庭中的地位也呈现出不同于改革开放前的新特点。

第一节　妇女婚姻地位：恋爱自由新风　婚姻自主权提高

如前文所述，改革开放前黎族女性享有较高的恋爱自由，恋爱中有比较充分的自主性，男女青年的自由恋爱受到黎族社会的普遍认可和推崇。相比之下，男女青年在选择配偶时则自主权较小，深受父辈包办婚姻的影响和束缚。对于黎族女性而言，父母包办婚姻中，她们不仅较少能自己做主，还比同龄男性承受更多的考验和压力。

进入20世纪80年代以后，随着黎族经济发展以及对外交流的加快，黎族青年的婚恋风俗及仪式发生了一系列变化，在这个过程中，妇女的婚恋自主权有了明显提高。

一　转型时期哈黎女性的恋爱自由

（一）隆闺的消失

曾经陪伴世代黎族青年度过难忘青春的隆闺，在20世纪90年代以后，渐渐退出了历史舞台。尽管黎族各方言区隆闺消失的具体时间不尽相同，但都是受几个共同因素的影响。一是村民住房条件的改善使隆闺的住宿功能逐渐被替代。从20世纪80年代中期开始，邢村村民的经济收入不断提高，居住条件日益改善，一批先富起来的村民率先走出茅草房，盖起了土坯房或砖瓦房。新房更宽敞，结构也更合理，盖房时就为儿女准备了独立的房间，不需要另外给儿女盖隆闺了。进入21世纪以后，当地政府实施的茅草房改造工程加快了茅草房被砖瓦新房取代的进程。2011年笔者第一次到邢村开展田野调查时，正值邢村基本完成茅草房改造。茅草房没有了，自己动手搭建的茅草隆闺房更不会存在了。二是民工潮引起大批未婚青年外出务工，黎族传统恋爱结婚习俗发生显著改变。20世纪80年代末90年代初，受席卷全国的民工潮的影响，邢村大批村民纷纷走出村寨，到城镇务工经商。打工队伍的主力军是未婚男女青年。他们常年在外，只在春节等节假日或农忙季节短暂回乡。青年的人际交往与恋爱对象圈明显扩大，社交与恋爱方式也发生了根本改变。传统的隆闺渐渐失去了保留和搭建的必要了。

邢村最后一批隆闺消失于哪 年，大多数村民难以给出一个具体的答案。调查发现，1970年以前出生的邢村妇女结婚前都住过隆闺，都有过在自己的隆闺里接受男性追求的经历。20世纪70年代中后期出生的妇女则出现分化，一些妇女结婚前住在隆闺或有过在隆闺住宿的短暂经历，另一些妇女则完全没有住过隆闺。20世纪80年代以后出生的妇女都没有住过隆闺。由此笔者推算，邢村隆闺消失的时间大约是20世纪90年代早期和中期（表4.1）。

表4.1　　　　　"是否住过隆闺"部分妇女个案调查

	XQY	XHY	XYG	XYL	LQ	XXH	XXC	LYQ	LAF
出生（年）	1968	1968	1970	1971	1978	1979	1980	1985	1987
住过隆闺	是	是	是	是	是	是	否	否	否

XXH（女，1979年出生）：我有两个妹妹一个弟弟，我上初中的时候，父母给我在外面盖了一间小小的茅草房，晚上我带着两个妹妹住在小房子里。那个时候很多女孩子已经不住那种小房子了。(2013年8月访谈记录)

LAF（女，1987年出生）：我小时候见过那种专门盖给女孩子的小房子，那时候我很小，到姑姑的小房子里玩过，但我自己没有。我初中毕业就直接出去打工了。(2013年8月访谈记录)

（二）新时期的自由恋爱

隆闺逐步消失后，每晚玩隆闺的热闹场景退出了邢村的历史舞台。未婚男女大多和家人一起住进了砖瓦房或新式楼房，更多的青年尤其是女青年，离开村寨外出打工。居住和生活环境的变化直接带来了青年恋爱场所和恋爱方式的变化。

1. 男性恋爱出现紧张局面

隆闺时期，黎族青年的自由恋爱都发生在同村及邻近村寨，女孩的专属——隆闺是青年谈情说爱乃至婚前性行为的重要场所。隆闺消失，对黎族青年恋爱和择偶方式产生了深远影响。

一方面，黎族青年谈情说爱的时间和场所发生转移，形式上似乎更多样。青年谈情说爱的时间从不再主要限于晚上，谈情说爱的方式也从隆闺内对歌、吹弹、说笑等传统方式，过渡到一起到附近集镇逛街购物、打游戏、吃饭、看电影等更丰富的现代方式。还有很多未婚青年是在纷纷外出打工后开始自由恋爱，他们的恋爱场所，转移到了共同打工的城镇。

> XXC（女，1980年出生）：我初中毕业以后就出去打工，去过很多地方，最远去过北京，在饭店当服务员。在北京两年我都没有回过家，太远了。后来家里人叫我回来，说太远了不方便。我就回到三亚打工，还是在酒店当服务员。回到三亚时遇到现在的老公，他在三亚做工，搞建筑装潢。其实我们是一个村的，以前也是同学，早就认识，但以前没有谈恋爱。在三亚打工的时候他开始追求我，我比较了解他，觉得他比较可靠，就答应跟他交往。（2013年8月访谈记录）

另一方面却给黎族青年尤其是留守村寨的男青年恋爱带来了困扰。隆闺渐渐拆掉，女孩纷纷外出，男青年寻找意中人的机会日渐减少。尽管依然享有较高的恋爱自由权利，长辈及村民依然不会干涉或议论未婚男女婚前自由社交和恋爱，但大批未婚女性的离村，使邢村男性婚恋遭遇了前所未有的紧张甚至危机局面。男性婚姻遭挤压，后文会展开论述。

2. 女性恋爱对象范围得以扩大

隆闺时期的黎族女性，只能每晚在隆闺中静静地等待男孩的到来，然后才能从中选择恋爱对象。无论从黎族婚恋的传统习俗还是当时居住和交通的客观条件来看,黎族女性恋爱的对象都是同村或附近村寨的黎族男青年,男女青年恋爱对象的范围比较小,女性只能在非常有限的通婚圈内选择社交和恋爱对象。

从20世纪90年代中后期开始,大批未婚青年(女性是主流)外出打工,未外出的女性也随家人搬进了结构更合理的砖瓦房,隆闺随之消失。外出务工为黎族女性打开了一扇了解和接触外界的大门,不仅给她们带来了新的职业、更高的收入和全新的生活方式,更直接扩大了她们的社交和婚恋对象的范围。在与不同地区、不同民族、不同职业的人交往的过程中,黎族女性依然享有较高的社交和恋爱自由,不会受到长辈和村民的干涉与反对,甚至能收获更多的赞许和羡慕。几年前,邢村七队一个女孩在浙江打工期间,与一位澳大利亚籍男性相识相恋,最终结为夫妻。这件当地史上从未有过的跨国婚姻,是村民津津乐道的谈资。

> LXQ(女,1993年出生):我初中一毕业就跟着小姨出去打工,那个时候还不满16岁。开始是在海口打工,后来到浙江做了好几年。在浙江打工的时候有个广东男孩追求我,他比我大七八岁,在浙江做陶瓷生意。我们是一起吃饭喝酒时认识的。他和这边的黎族男人不一样,很会照顾人,我们谈了两年。后来他家里出了点事,生意破产加上他爸去世,他就回广东了,我们就分手了。在外面打工时和姐妹们经常谈找对象的事,大家自然都是想嫁给有钱的老板,或者条件好点的汉族人,以后就不用种田干工。嫁给大老板的很少,但嫁到条件好点的地方的人还是有。(2016年2月访谈记录)

二 后娃娃亲时期妇女初婚决定权

(一)最后的娃娃亲

从20世纪80年代末90年代初期开始,邢村父母替年幼的子女定娃娃亲的现象渐渐走下历史舞台。曾经的娃娃亲约束力继续下降,父母对子女婚姻干预日益减少，很多娃娃亲形同虚设，失去现实意义。20 世纪 80 年代中后期，随着年轻女孩外出打工的增多，维系娃娃亲的"到男方家干工"环节被悄然中断乃至无声消失，娃娃亲名存实亡（表 4.2）。

表 4.2　　　　　　　　　定娃娃亲时间个案信息

	XF	LQ	XJ	XXH	XXC	XYH	XCH
性别	男	女	男	女	女	男	女
出生（年）	1975	1978	1979	1979	1980	1982	1982
定娃娃亲	是	是	否	是	是	否	是
定亲年龄	七岁	七岁	—	五六岁	六七岁	—	六岁

XHJ（女，1948 年出生）：我有一个女儿三个儿子。老大是女儿，1970 年生，老二 1972 年生，老三 1975 年生，老四 1979 年生。我给四个孩子都定了娃娃亲，定娃娃亲都是双方母亲商量好就可以，当然也会跟孩子父亲商量。我三个儿子定的娃娃亲，都没有叫定亲的女孩到家里干工，因为那时候那些女孩读完书都出去打工了，不可能叫她们来干工了。我女儿也没有到她定亲那家去干工。定的娃娃亲也不存在退亲，只要女孩不去男孩家干工，两家不来往就算了。（2013 年 8 月访谈记录）

XYM（女，1958 年出生）：我 1979 年生大儿子，1982 年生二儿子，1984 年生老三，是女儿。我的孩子都没有定过娃娃亲，时代不同了，娃娃亲没什么用了。那个时候村里也有人给孩子定亲，但是我们没给孩子定。（2013 年 8 月访谈记录）

XXC（女，1980 年出生）：我六七岁的时候定过娃娃亲，是五队的，那时也不懂什么，是大人做主的。我初中毕业后，定亲那家几个小妹来叫我过去干工，我去干了一个星期。在上学的时候别人不会叫的。后来我出去打工了，很少回家，人家一看不在家就不会再叫了，就跟他们没有来往了。后来父母都不给孩子定亲了，定了亲自己女儿还要去跟别人干工，很辛苦。（2013 年 8 月访谈记录）

第四章　社会转型时期哈黎妇女家庭地位

　　娃娃亲的消失与民工潮影响下大批未婚女孩外出打工有直接联系，也与村民思想观念的转变有关。娃娃亲历来是父母包办的代名词，虽然当地娃娃亲没有强制约束力，但也曾给经历过的青年男女带来不少困扰，也曾阻碍青年追求自由爱情的脚步。改革开放的脚步不仅极大地解放了农村的生产力，推动了经济发展，更改变着村民的思想观念。父母包办的娃娃亲，渐渐被看作封建落后的旧思想，慢慢遭到淘汰。

　　也有一些父母尤其是男孩的父母，为了儿子成年后成家顺利，在娃娃亲彻底消失前紧紧抓住了这根"救命稻草"，借助传统的力量，促成了最后一批娃娃亲婚姻。

　　XXZ（女，1959年出生）：我大儿子是1979年生的，儿媳1982年生的，是邢村四队人。儿子九岁那年我给他们定的亲，那时儿媳六岁。那个时候很多人不给孩子定娃娃亲了，我觉得趁儿子小，给他定个亲还是保险一些。有一天我和（儿）媳妇她妈在路上碰到了，问了她女儿的年龄，感觉跟我大儿子年龄很合适，我就说把你女儿定给我家儿子吧，她说好。我就找个晚上，带点饼干糯米酒什么的去她家提亲，她妈同意了。然后我就选个好日子，叫这边两个姑娘晚上去接媳妇和她的姐妹过来吃糯米饭，吃过糯米饭就算是我家媳妇，别人就不会再跟她定亲了。定亲以后两家平时没什么特别交往。媳妇初中毕业以后就出去打工了。我儿子也在外面打工，但跟媳妇不在一个地方。我特别想要这个（儿）媳妇，就经常打听她什么时候回来。她一回来，我就提一点东西去接她到我家来吃饭。以前是农忙的时候才接定亲的媳妇过来干工，这个时候就不能死守老规矩了。只要听说她回村了，我都去接她到我家玩，没有碰到农忙就不用干工，接过来吃顿饭再回去。如果她不同意和我儿子的亲事，她就不会同意到我家来玩，她来就是不反对。我儿子也很听话，我叫他不要找别的女孩，找个外村的路远，去趟外家还要坐车，费钱。一个村的很近，走路就去了。我对他说，一个村的，哪天你没有菜吃了就去外家吃，多方便。儿子就没有找别的女

· 119 ·

朋友。后来他们就在一起了。媳妇怀孕以后,我就直接把媳妇接到家里,就算正式嫁过来了。对大儿子的这门亲事我们都很满意,娃娃亲成亲的不多,现在看到这么多男人找不到老婆,我觉得我给儿子定娃娃亲是对的。后来的孩子都不定娃娃亲,找对象就完全靠自己了,父母想帮也帮不上啊!(2013年8月访谈记录)

1988年XXZ给九岁儿子定娃娃亲,并成功促成了儿子的婚姻,令她备感欣慰和骄傲,也让一些儿子大龄却依然单身的家长们羡慕不已。这是在邢村了解的最后的娃娃亲,但这时的娃娃亲中,女性的地位已经悄然发生了逆转。传统娃娃亲时期,女孩不得不小心谨慎,低姿态到未来婆家干工接受考验,辛苦又"卑微"。XXZ的儿媳妇不仅不用连续多日到未来婆婆家干工遭辛苦,还得到未来婆婆亲自带礼物上门接过去玩、吃饭的尊贵待遇。可谓此一时彼一时,最后的娃娃亲中,作为婚姻当事人的女性,已然以翻身的姿态给它画上了句号。

(二)妇女初婚决定权明显提升

娃娃亲消失后,父母对子女择偶及结婚的干预和影响迅速下降,黎族青年自由恋爱的传统得以延续,恋爱与婚姻的联系更为紧密,女性对自己恋爱及婚姻选择的决定权明显上升,自己的婚事自己选,逐渐成为黎族女性婚姻自主权的主要体现。

1. 结婚对象的选择:女性比男性更能自主择偶

择偶是缔结婚姻的前提,是优胜劣汰自然法则在人类种族优化中的某种体现,也是妇女婚姻地位的重要内容。顾名思义,择偶是人们在缔结婚姻之前有条件地选择配偶,即根据不同历史时期的社会准则,有条件地寻找最佳或合适的对象,结为伴侣,组建家庭。[①] 择偶是社会学和人类学长期关注的现象,是婚姻缔结程序中重要而有趣的环节。择偶自主权是婚姻自主权的重要组成部分,婚姻关系中的妇女,婚前能否自主选择配偶,是妇女婚姻地位的主要体现。

---

① 沙吉才:《当代中国妇女家庭地位研究》,天津人民出版社1995年版,第58页。

第四章 社会转型时期哈黎妇女家庭地位

社会学理论家们将择偶制度分为两大类型，一是指定性择偶，二是自由市场性择偶，两者分别代表着传统与现代两种不同的择偶类型。所谓指定性择偶，主要受命于父母家长，这种择偶范围较窄，但往往都有其一套规则与社交网络。这种择偶方式当事人双方很少有自主权，尤其是妇女，完全是处于被动依附的关系中，毫无独立地位可言。所谓自由市场性择偶，实质是将择偶过程纳入市场体系。这里并不是金钱的交易，但却是双方价值的对比，其资本可以是年龄、外貌、学识、才能或者是某一特长，当然也包括家庭的地位与财产等。这是择偶方式的一个发展，是一种进步现象。随着择偶市场的扩大，将更有利于人们的择偶自主权的实现和人口素质的普遍提高。同时，这也是妇女婚姻地位趋向平等的一种表现。[1]

传统时期，自由恋爱的传统并没有带给黎族青年自由择偶的权利。男女双方经自由恋爱想结为夫妻，最终必须获得父母的支持和认可才能实现。更多的婚姻当事人则必须服从父母包办的娃娃亲，或被动接受父母选择认可的其他结婚对象。

娃娃亲消失后，随着人们婚姻观念的改变和家庭代际关系的变化，青年获得越来越大的独立性和越来越多的婚姻自主权。在择偶婚恋领域，黎族女性则获得了更多的自主择偶权利和机会。一方面，来自父母的约束和干预减少，男女青年可以选择自由恋爱的对象结婚。另一方面，随着黎族女孩纷纷走出村寨，奔赴各地城镇各行各业打工，她们有更多机会认识、选择其他地区、其他民族的男性作为配偶。

> XHJ（女，1948年出生）：我们以前是父母包办，孩子必须听父母的。那时候，父母一般最看中男方家的经济条件，有没有田地，日子好不好过，也要看人品。如果女儿看中了一个小伙子，长得帅，两人感情好，但是家里很穷，日子不好过，父母就不会同意。如果家庭条件好，但是男方人品不好，父母也不会很同意。那

---

[1] 沙吉才：《当代中国妇女家庭地位研究》，天津人民出版社1995年版，第66页。

时候太穷了,父母就很看重这些条件。女儿不同意,也要逼着她同意。现在孩子的婚事都是自己做主,父母不怎么管,只要孩子自己同意,父母一般不反对,反对也没有用。现在大家经济条件都好了,没有多少人家穷得过不下去,女儿看中了,两个人感情好就可以了。我女儿(1970年生)在琼海打工的时候,嫁给了当地的一个汉族人,她自己做主的,我们也没有反对,虽然觉得有点远,但是也管不了啊!她在那里过得好不好都是自己的选择,也不会怨我们!(2013年8月访谈记录)

2. 结婚时间的确定:结婚年龄普遍推迟,但妇女容易遭遇被动选择

(1)妇女初婚年龄普遍推迟

国外大量事实证明,妇女婚姻地位与初婚年龄呈正向关系,即妇女婚姻地位低下的国家,其初婚年龄偏小。女性早婚率被认为能在一定程度上反映女性婚姻选择的受制约性和非自主性。一般而言,早婚女性婚姻自主性较差。[1] 据 W. 古德《家庭》一书中记载,按照印度教的规定,所有女孩都必须在青春期以前结婚。在1891年,妇女的平均初婚年龄是12岁半,直至20世纪30年代,从未上升过。到1941年为14.7岁。直到70年代,平均的初婚年龄才提高到18岁。在这种制度下,妇女地位极低,她们的婚姻只是长辈们手中的筹码,小小年纪就被交换出去了。[2] 中国近代对婚姻双方年龄的规定呈现出逐步推迟的趋势。新中国成立前的《中华民国民法》规定,男满18岁,女满16岁始可结婚。1950年,《中华人民共和国婚姻法》规定男20岁,女18岁结婚;1980年新《婚姻法》对此作出调整,为男22岁,女20岁。最低初婚年龄的规定表明了政府和社会对婚姻当事人选择结婚年龄的法律要求,婚姻

---

[1] 和建花:《2005—2010年家庭领域性别平等与妇女发展评估报告》,载谭琳《2008—2012年:中国性别平等与妇女发展报告》,社会科学文献出版社2013年版,第478页。

[2] 沙吉才:《当代中国妇女家庭地位研究》,天津人民出版社1995年版,第75页。

当事人实际初婚年龄图（图四）[1]，更能反映新中国成立以来妇女初婚年龄的变动趋势。

平均初婚年龄的上升是妇女地位提高的重要标志之一，因为初婚年龄的大小与自主婚姻密切相关。改革开放前邢村女性结婚年龄较早，早婚早育现象比较普遍。当女性身体及心理发育未完全成熟时，让她们自己做主选择配偶完成婚事，也不一定能充分反映女性真正长远的婚姻需求。在义务教育逐步推行后，邢村少年儿童在校求学时间明显增加，青年文化程度也整体提高，黎族青年初婚年龄逐步推迟，但早于法定结婚年龄的早婚并未消失。

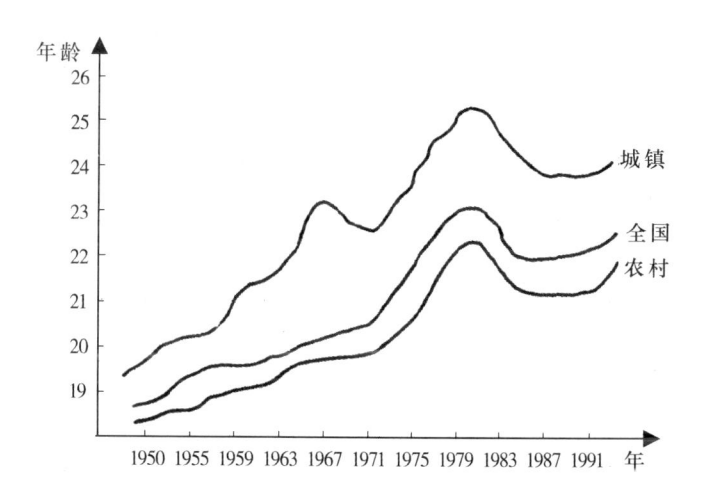

图四 1949—1992年妇女平均初婚年龄变动图

从图四和下表可见，除少数夫妻结婚年龄偏低外，其他新婚夫妇结婚年龄均超过法律规定最低年龄要求，丈夫平均初婚年龄为26.5岁，妻子平均初婚年龄为24.5岁，普遍推迟。有些新婚夫妇的初婚年龄还远远超过这个最低要求。同时，从新婚夫妇年龄差分布来看，新时期夫妇年龄差呈现出多样化的特点，大多是丈夫比妻子年长几岁的传统年龄差模式，但也有妻子年长丈夫数岁的"女大男小"模式。同一年结婚

---

[1] 沙吉才：《当代中国妇女家庭地位研究》，天津人民出版社1995年版，第72页。

的新娘之间的年龄差则高达 25 岁，早婚晚婚并存，成为邢村妇女结婚年龄选择的新形势。对几位晚婚妇女做进一步了解发现，晚婚与她们常年在外打工经历有密切关系（表 4.3）。

表 4.3　　　　　　　邢村 2012 年初婚夫妇年龄登记

编号	丈夫年龄（岁）	妻子年龄（岁）	夫妻年龄差（岁）	编号	丈夫年龄（岁）	妻子年龄（岁）	夫妻年龄差（岁）
1	23	17	6	11	37	27	10
2	17	20	-3	12	23	22	1
3	25	23	2	13	27	23	4
4	32	29	3	14	22	21	1
5	34	42	-8	15	23	22	1
6	32	27	5	16	24	19	5
7	29	30	-1	17	18	17	1
8	29	26	3	18	30	28	2
9	27	27	0	19	29	26	3
10	23	20	3				
均值					26.5	24.5	2

LZH（女，1977 年出生，30 岁结婚）：我初中毕业以后就跟着别人出去打工，去过很多地方。在海南岛内待过很多地方，还去过北京三年，上海三年，都是在大饭店当服务员，见过很多。在海南打工都是小饭店，没有北京、上海打工的酒店大。十几年在外面到处跑，也不固定地方，一直没有找到合适的人，也不想凑合。到 30 岁时还没结婚，其实我自己也不是很急，因为在外面见到很多人那么大都没有结婚。2007 年我回家过年，他（现在的老公）到我家找我爸办事，看到我就要了我的电话，后来总约我出去玩，开始追我。开始我家里不同意，说他没工作，条件不怎么好。我对他感觉还不错，就跟父母说我年纪也到了，只要以后好好过日子就祝福我吧。他们就没有强烈反对。第二年我就结婚了，嫁到这里。我结婚比较晚，不过也有比我更晚的。（2016 年 2 月访谈记录）

(2) 女性对结婚时间的选择遭遇被动

新时期，邢村女性在选择配偶方面的自主权有了明显提高，但在结婚具体时间的安排上却依然较为被动，甚至会面临无奈。黎族青年婚前性行为较为普遍，也被父辈及村民广泛接受，但由于性知识缺乏或恋爱中双方羞于更多沟通等原因，很多恋爱中的男女青年未能及时有效进行避孕。加之近些年"奉子成婚"风俗的盛行（第二节生育地位中将对此作更多阐述，此处不展开），从而导致未婚先孕现象非常普遍。女方怀孕后，男女双方通常就会紧锣密鼓地启动婚姻缔结程序。大量观察发现，近年来，邢村男女结婚时间通常都在女方怀孕数月后、分娩前确定，对于本无近期结婚计划及对结婚对象尚在考察选择过程中的青年尤其是女青年来说，怀孕时间即确定结婚时间的做法，在一定程度上削弱了她们的婚姻自主权，至少削弱了婚姻当事人对结婚时间的自主决策权（表4.4）。

表4.4   "是否未婚先孕"个案信息

	XQY	XHY	XYG	XSY	XYL	LXF	XXC	LAF	LYQ	LXQ
结婚（年）	1987	1990	1990	1990	1998	2007	2009	2011	2011	2013
未婚先孕	否	否	是	否	否	否	是	是	是	是

LXQ（女，1993年出生）：如果当时不是意外怀孕了，我肯定不会那么早结婚，说不定也不会嫁给他。我好后悔那么早结婚，一点都不自由。（2013年8月访谈记录）

LAF（女，1987年出生）：我初中毕业后外出打工。在珠海打工和朋友一起喝酒时，认识现在老公的，是他先追我的，都是男孩追求女孩，女孩哪好意思主动呀。那个时候我不想那么早结婚，想多打几年工再结婚，可是老公是想早点结婚的。那个时候也不懂避孕，没有采取什么避孕措施，自然而然就怀孕了。当时我和他不在一个地方打工。那阵子我自己感觉不舒服，有时觉得累，没劲，例假也没有按时来，就去医院看，检查是怀孕了。当时有点害怕，先打电话给阿妈，阿妈肯定要说几句的，说你出去打工就好好打工，现在结婚太早了。也只是这样说一说，并没有反对，嫁不嫁随我。我又打电话告诉老公怀孕的事，他很高兴。然后我们都辞职回家准备结婚的事。我结婚的时候已经怀孕快四个月，肚子还不太显大，但是行动还是有些不方便，结婚的很多事都让他们做。（2011年8月访谈记录）

（三）婚姻决策中父母辈的影响依然存在

随着婚姻当事人婚姻自主权逐渐提升，父辈在子女婚事中的权力逐步下降，但是这种代际之间的让渡并非是年轻人对父辈的取而代之，父辈在子女婚姻决策和安排过程中，依然在发挥多种影响。

1. 结婚对象选择：父母干预少但有期望

父辈对子女婚姻安排决策最大的让渡是不再包办子女的结婚对象，子女可以比较自由地选择自己看中的对象结婚，这个转变过程并非一日之功，也绝非来势汹汹。当然也不可能是彻底让渡，父辈依然会以提出期望或谈心交流等形式，潜在影响子女的择偶观和最终选择。

> LAF（女，1987年出生）：老妈一直叫我找个附近的人嫁，不要嫁远了不方便。我家里还有一个弟弟，姊妹不多，我肯定会听老妈的意见，所以没想过嫁给外地人。打工时也认识外地的汉族男孩。我们黎族男人跟汉族的肯定有区别，黎族男孩比较爱喝酒，家庭责任感也差一点。当然也要看人，有些黎族男人也好些。打工的时候也没有那么高的标准，标准太高了就没人要（笑）。（2011年8月访谈记录）

2. 中西结合的结婚仪式：两代人分工合作共同决策

结婚不仅是双方当事人两个人的结合过程，更需经历丰富而生动的婚姻程序，围绕婚姻的缔结，双方当事人及家庭需要付出各种努力。婚姻程度的安排与决策，也在一定程度上间接地反映了各方所处地位。传统娃娃亲时期的婚姻缔结过程，几乎全程由双方父母甚至双方家族成员决策，参与承办。随着城乡交流的深入以及电视等大众传媒影响的扩大，新时期黎族青年的婚姻过程与仪式发生了巨大变化，呈现出传统与现代结合及中西结合的新特点。黎族传统婚姻程序几乎全程由父辈操办，当事人较少发表意见，新式婚姻程序则出现一种有趣的新旧结合。作为黎族结婚最重要标志的"接新娘吃糯米饭"依然保留下来，当然，具体形式已经发生了明显变化。婚前的问亲、提亲、定日子这些传统婚俗，也依然保留或部分保留下来。传统黎族婚姻仪式由双方父辈（通常是母亲）出面操办，而办结婚证、拍婚纱照、迎亲等新仪式，则由婚姻当事人双方共同决策。作为新式婚礼现场焦点人物的新娘，在新式婚姻仪式的选择中更有发言权。

下文以2011年笔者全程参与的一场婚礼过程为例，介绍新时期黎族婚俗变迁以及婚礼重要环节主要决策人的身份。

新娘：LAF，1987年出生，临近乡镇三柏村人

新郎：XG，邢村二队人

婚礼的程序及仪式：两人在外打工期间相识相恋，新娘怀孕后双方辞去工作，回到村寨。得知未来儿媳怀孕的消息，新郎母亲选了一个吉日，在家族的姐妹（妯娌）们的陪同下，带着礼物（糯米酒等）到新娘家提亲。由于男女双方完全确立了恋爱关系，因为女方已怀孕，所以这次提亲有一项实质性话题，需要双方父母协商达成一致，即彩礼金额。通常由女方母亲或亲戚提出，男方家长代表表态。如能当场达成一致，不久以后的第二次提亲则直接交付彩礼给女方。LAF家当时提出要一万元彩礼，男方代表协商后，双方最后达成一致意见——8000元。当天，女方家杀猪买菜，招待前来提亲的男方长辈。

不到一个月，男方母亲再次与众姐妹一起，带着更丰盛的礼物和彩礼到女方家提亲，这次新郎和新郎父亲也一起前往。双方家长协商确定结婚的具体日期。通常先由新郎父母提出日期，若没有特殊情况，就以新郎家提出的为正式结婚日期。

与此同时，新郎和新娘也有很多准备工作要完成，比如到县城找影楼，拍婚纱照；置办新婚衣服首饰等个人物品；安排伴郎、伴娘等。LAF当时和丈夫到乐东县城，在一家湖北老板开办的婚纱店拍摄了一组婚纱照，套餐价1288元。做了两本相册，有两张放大尺寸精装裱的婚纱照，还包含结婚当天新娘穿的一套白色婚纱、一套红色礼服以及化妆盘发，两位伴娘各一套伴娘礼服及化妆，新郎和两位伴郎各一套衬衣西服套装。当天清晨，化妆师从乐东上门提供化妆服务。婚纱、化妆等服务的重点对象是新娘及伴娘，所以，主要由新娘做主，选择婚纱服务套餐和款式等细节，新郎通常负责付钱和配合新娘（图五）。

图五　邢村青年结婚仪式

三　婚姻变更中妇女的自主权

改革开放前，邢村妇女和男子一样享有较高的离婚和再婚自由，当地社会也对妇女离婚和再婚视为平常，邢村离婚和再婚现象比较常见，离婚和再婚妇女不会受到歧视。改革开放以后，人们的婚姻观念发生了改变，对待离婚和再婚的看法也发生了转变。

(一) 妇女离婚：从自由走向规范

20世纪八九十年代，随着隆闺的消失，"不落夫家"婚俗也渐渐成为邢村村民的另一个历史记忆。"不落夫家"消失后，黎族村民结婚后居住方式是典型的从夫居，结婚后，妻子就正式"落夫家"。结婚仪式越来越正式，结婚仪式带来的婚前、婚后生活分水岭也越来越明显。受同时期一系列因素的综合影响，黎村妇女离婚现象出现变化，"想嫁就嫁，想走就走"式的结婚、离婚自由，受到了多方的约束（图六）。

新中国成立后颁布的《婚姻法》第三十一条规定："男女双方自愿离婚的，准予离婚。双方必须到婚姻登记机关申请离婚。婚姻登记机关查明双方确实是自愿并对子女和财产问题已有适当处理时，发给离婚证。"其后陆续出台了围绕结婚、离婚的一系列法律政策制度，从法律及政策层面对婚姻生育行为进行规范。处于祖国最南端的海南黎族村寨，全面落实这些制度和政策的步伐相对滞后，初期执行力度也较小，结婚、离婚办证登记并未得到全面落实。到20世纪90年代以后，随着一系列社会福利政策如孕产妇免费体检、农村养老保险等的陆续出台，邢村村民的婚育行为进一步得到规范，结婚要办结婚证，生孩子要办准生证，离婚需办离婚证，这些规定无形中固化了夫妻关系，稳定了家庭生活。"想嫁就嫁，想走就走"式的结婚、离婚自由不复重现。

孙绍先和欧阳洁在《黎族女性文化专题研究》一书中谈到新时期

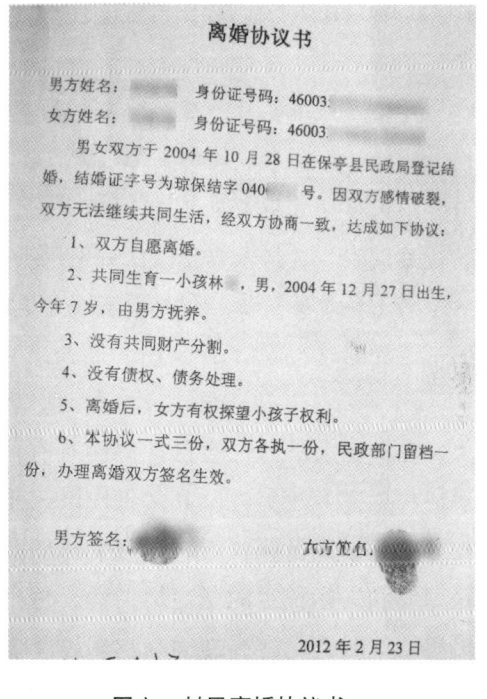

图六 村民离婚协议书

黎族农村离婚现象时指出，和那一段（解放前后）时间相比，今天的离婚现象大为减少，这主要是"玩隆闺""不落夫家"习俗消失后，父系小家庭变得相对稳固，加之自由恋爱占绝大多数，夫妻关系较为和谐的缘故。① 与20世纪50年代相比，如今邢村的离婚率也有明显下降，大多数妇女的婚姻经历更加简单，曾经那种"一个女人离婚两次三次都正常"的现象，已经非常罕见。

  XHJ（女，1948年出生）：以前没有办结婚证，要离婚也办不了离婚证。离婚时还是请两边兄弟还有村干部一起来谈，办不了离婚证，还是要写个离婚协议，双方按手印，就算生效了。除了有协议以外，还有现场的人可以作证。以后双方就可以再婚了。离了婚的夫妻如果将来要复婚，就请村干部一起见证，撕掉离婚协议书就可以了。这样做也是怕以后闹纠纷，也应该有个规矩，这些规矩在村里还是管用的，到外面就没用了。如果女人改嫁要嫁到外面，还是要到民政部门办证登记。（2013年8月访谈记录）

  在不少大龄男性遭遇择偶困难有可能终生"光棍"的新形势下，邢村村民尤其是男性及其父母比以往任何时候更盼望家庭稳定，娶到媳妇组建家庭已属福气，没有特殊理由他们往往不会提出离婚，反而是家庭和婚姻稳定的坚定拥护者。相比之下，妇女似乎比男子更有提出离婚的底气。在男性面临越来越严峻婚姻挤压的情况下，离婚或丧偶妇女再嫁也有不少选择机会，于是，离婚的提出者大多是妻子。但妇女主动提出离婚也面临诸多考虑，除了为子女健康成长和财产等实际问题要谨慎考虑外，很多妇女在生育两个或三个孩子后都做了结扎手术，这时再离婚改嫁，也会面临因生育能力和机会缺失而失去再婚市场的风险。

---

① 孙邵先、欧阳洁：《黎族女性文化专题研究》，南方出版社、海南出版社2008年版，第147页。

受种种现实问题制约,黎族妇女尽管看似比男子拥有更高的离婚、再婚自主权,但从离婚带来的弊端和风险考虑,妇女也会谨慎地对待离婚问题。妇女离婚自主权从传统自由走向进一步规范,从传统自由走向进一步理性选择。

> XGX(男,1966年出生):现在女人地位提高了,丈夫都不敢大声吼老婆,怕老婆一气之下跑掉不回来了。村里有的夫妻吵架后,老婆就跑了,到外面打工,有的过一段时间气消了就回家,也有的女人出去就不回家了。(2016年2月访谈记录)

(二)离婚后妇女权益保障

按照黎族传统习惯法,主动提出离婚的一方通常要放弃一些财产要求。如今离婚家庭中提出离婚的大多是妇女,同时,从夫居的居住方式也使得离婚后妇女通常要离开原来的家庭,回到娘家生活或改嫁他人,耕地、农资等财产是不太可能分给妇女的,所以,妇女常常在财产分割方面处于弱势地位,特别是固定资产分割方面。由于很多家庭都是妇女掌管家庭收入和消费,家庭共同存款可以协商后在夫妻间进行分割,但妇女通常只能分得份额更少的部分。

由于离婚后丈夫再婚更难等原因,夫妻离婚时,子女大多留给丈夫家庭继续抚养,离婚妇女较少带孩子改嫁他人。

第二节 妇女生育地位:自主权提高但仍受传统生育观束缚

一 海南省计划生育政策演变

海南少数民族地区计划生育政策的出台和实施稍晚于内陆地区。1988年4月海南建省之前隶属于广东省。1983年9月以前,海南对少数民族生育没有明确规定,也不提生育控制指标,但提倡计划生育。1983年9月28日,海南黎族苗族自治州人民政府出台《印发〈海南黎族苗族自治州关于少数民族计划生育的暂行规定〉的通知》，要求少数民族也要按照党中央、国务院的指示，提倡晚婚、晚育、少生、优生，做到有计划生育。通知规定："农村的黎、苗、回少数民族人民群众，一对夫妇允许生两个孩子，某些群众确有实际困难，要求生三个孩子的，经县以上计划生育部门批准，可以有计划地安排，但不论哪一种情况，都不能生四个孩子。"海南建省后，1989年10月9日颁布实施了《海南省计划生育条例》，新条例保持了生育政策的稳定性、连续性。《海南省计划生育条例》规定，按城镇、农村和少数民族农村人口实行一、二、三孩生育政策，即国家干部、职工、城镇居民，除特殊情况外，一对夫妻只生育一个孩子；农村人口，一对夫妻可生育两个孩子；少数民族聚居地区（含汉族地区的民族乡、村）的少数民族农村人口，一对夫妻可以生育三个孩子。[①] 1995年修订的《海南省计划生育条例》第十一条规定："少数民族聚居地区（含汉族地区的民族乡、村）的少数民族农村人口，一对夫妻可以生育两个子女，确有特殊情况，经乡、镇人民政府审查，报市、县、自治县以上计划生育行政管理部门批准，可以生育第三个子女。不得生育第四个子女或计划外生育第三个子女。"2003年10月22日海南省第三届人大常委会第5次会议通过的《海南省人口与计划生育条例》第十八条规定："少数民族聚居地区的农村居民，夫妻双方或者一方是少数民族的（不含人口在一千万以上的少数民族），可以生育两个子女；生育两个子女都是女孩的，由夫妻双方提出申请，经所在地乡镇人民政府审查，报人口和计划生育行政部门批准，可以再生育一个子女。"[②]

自海南建省以来，当地计划生育政策条例几经调整，但针对少数民族农村居民的生育政策一直比较稳定，被邢村群众俗称"两胎半"政策，即一对夫妻最多只能生育两个子女，如果头两胎都是女儿，可以申请生育第三个子女。

[①] 海南省地方史志办公室编：《海南省志》（第三卷），南海出版公司1994年版。
[②] 海南省人民政府网（http://www.hainan.gov.cn/data/law/2007/09/438/）。

二 计划生育政策时期妇女的生育自主权

20世纪80年代海南全面实施计划生育政策以来,首先改变的是黎族村民的生育行为,妇女生育数量明显减少。同时,当地传统生育文化也逐渐受到影响,早生、多生的生育观念有所弱化,妇女的生育自主权逐步被唤醒,进而明显提高。从生育时间及间隔的把握、生育数量的选择到生育方式的选择,黎族妇女有越来越多的机会实践个人对生育行为的决策,妇女生育健康意识和保健水平更是有了大幅提高。

(一)生育时间:未婚先孕普遍,生育间隔有差异

《中华人民共和国妇女权益保护法》第四十七条规定:"妇女有按照国家有关规定生育子女的权利,也有不生育子女的自由。"该规定具有划时代的意义,首次在法律上确立了妇女的生育权。夫妻生育行为决策中首先要面临的问题是"生不生"。受黎族传统生殖崇拜文化影响,黎族村民非常重视生育行为,即使几十年中人们的生育观念发生了很大变化,但重视生育、强调生育的观念从未发生动摇,生育依然是婚姻最重要的目的之一。所以,"生不生"从来都没有讨论的必要,邢村男女的答案是结婚肯定要生孩子。

1. 初胎生育时间

育龄夫妇真正要思考的第一个生育问题是"何时生"。当大都市很多新婚夫妇围绕着是否应多享受二人世界再生孩子或者是否应多挣钱先打好物质基础再考虑生孩子的问题而展开热烈讨论时,邢村村民用"未婚先孕""奉子成婚"的实际行动给这个问题做出了回答。

黎族传统玩隆闺习俗期间,住进隆闺的女孩有自由独立的与异性交往的机会,只要不违反家族通婚禁忌的男女交往和恋爱,父母都不会干涉,包括男女青年的性行为。因此,改革开放前,黎族女性结婚年龄及生育年龄通常较早。在隆闺时期,未婚女子所生的孩子不会受到家庭和社会的歧视。妇女初胎怀孕常常是恋人在恋爱期间自愿发生性行为后顺其自然发生的,而不是生育双方商量决定或一方明确选择的结果,但在这个过程中,女性享有较大的决定权。对处于恋爱中的女性来说,有同

意和拒绝与恋人发生性行为的权利,男性通常比较尊重女性的意愿。然而,由于避孕技术和避孕意识的缺乏,隆闺时期妇女对生育时间的选择又显得非常被动,她们有较大的自由权可以选择是否与恋人发生性行为,但她们很难将性与生育行为做出分别决策。

新时期的调查发现,历来重视生育的黎族村民依然将生育与婚姻紧紧联系在一起,"未婚先孕""奉子成婚"是邢村及周边村寨青年婚恋中的普遍现象。恋爱中的男女青年关系稳定后何时迈入婚姻殿堂,在很大程度上取决于女方何时怀孕。当女方怀孕后,男方家庭就会开始着手做结婚准备。对于避孕知识和意识比较缺乏的年轻女性来说,一旦在恋爱中与恋人开始了未婚同居生活,就随时有可能怀孕,继而奉子成婚。第一节提到的个案LAF,打工期间不懂避孕知识,和恋人恋爱期间意外怀孕后,匆匆辞去工作,回家举办了婚礼。尽管她表示,原本计划多打工几年再结婚,但恋爱时怀孕了,就顺其自然提前结婚了。像她这样"奉子成婚"的现象,在邢村非常普遍。

访问对象:LYQ,女,黎族,1986年出生,2011年从乐东县万冲镇嫁到邢村

访谈记录:

问:你结婚的时候怀孕了吗?

答:怀了,这边都是怀孕以后再结婚。

问:一直都是这样吗?

答:以前也不是这样的。有些老人说有些女孩在外面打工很多年,回来结婚以后不能生孩子。其实哪有这些事,是谣言。但是后面的人听了就担心,就要女孩子先怀孕再结婚。

问:那你们结婚前怀孕有没有什么担心?

答:也有。因为都是没有计划那么早就结婚的,都在打工,突然怀孕的,没有什么准备,所以有点担心。

问:谈恋爱时没有避孕吗?

答:没有,不习惯那些,男朋友不主动(避孕)女孩子也不

好意思提啊。怀上了就结婚，自然的。

问：会不会担心男人不负责任，不跟你结婚？

答：没有这个担心。女人说怀孕了男人都高兴得很，马上回家办婚事。

对于正值婚龄育龄阶段的成年女性，恋爱关系稳定状态下怀孕、结婚生子这种"自然而然"的结果，受到普遍接受和认可，逐渐成为当地常态。"何时生"让位于"何时怀"，在这种过程中，未婚女性的性知识尤其是避孕知识及避孕意识起到关键作用。另外，在男女恋爱同居期间，女性是否敢于坚持避孕主张也很重要。在邢村也遇到少数十七八岁尚未成年的"少女妈妈"，尽管没有达到法定最低婚龄，但早恋中因不懂避孕或未能坚持避孕主张导致早孕，结果只能匆匆迈入婚姻殿堂。对她们来说，过早怀孕、结婚并非她们本人及父母的主观选择，甚至多了一份匆忙和无奈，在何时生问题上，她们显然放弃了自主决定权。

LXQ（女，1993年出生）：我好几年一直在外面打工。有一年过年回来时认识了现在的老公，他拼命追求我，我开始不同意。过完年继续出去打工，他天天给我打电话，也到我打工的地方看过我，后来我就答应跟他交往了。我去年（2012）8月在海口打工，感冒了好几天不舒服，自己买了药吃也不见好，就去医院看病。我告诉医生感冒了，例假也不正常，医生给我检查，说我怀孕了。我当时觉得很意外，也很烦。我马上打电话告诉他，他还在电话里怪我，因为我们本来计划过两年再结婚的。（问：你们有没有采取避孕措施呢？答：有啊，但是不知道怎么就怀上了，应该是避孕没弄好，我们都没弄明白。）我只好辞了工作，他去海口接我回来，五个月后我们就办了婚事，我其实挺后悔这么早生孩子的。（2013年8月访谈记录）

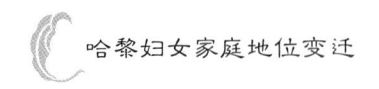

2. 生育间隔

根据当地的计划生育政策，邢村村民至少可以生两胎。如果说初胎生育时间对很多妇女来说有些被动的话，在何时生第二胎或第三胎的问题上，除了一段时期受生育间隔政策的影响外，妇女通常有更多的决定权。妇女们除了会跟自己的丈夫以及家人商量何时生老二，还会与村里其他妇女闲聊时讨论这个话题，对她们来说，这是个不能逃避但又确实影响自己生活状态的一个问题。

关于生育间隔时间，邢村妇女们有两种截然不同的看法。一种看法认为，应该趁着自己和丈夫还年轻，身体好，分娩后恢复快，尽早生第二胎或第三胎。这种二胎的生育时间，在当地"顺其自然"的做法非常普遍。

> LXF（女，1977年出生）：2008年10月生老大，2010年7月生的老二，都是在三平卫生院生的。生了老大以后没有避孕，什么时候怀老二就什么时候生。有的人很快就怀上老二了，我是过了两年怀老二的，顺其自然的。（2016年2月访谈记录）
>
> XXC（女，1980年出生，育有三个女儿）：我的三个孩子生得比较密，都是顺其自然地怀上的。生了以后都没有避孕，也有妇女干部和村里医生上门宣传避孕，但我们没有避孕，想着什么时候怀就什么时候生。晚生有晚生的好，早生也有早生的好，反正总是要生的。我们有时候看孩子忙不过来也会抱怨，但早累晚累都要累，过几年就好了。（2016年2月访谈记录）

另一种看法认为，应该适当延长生育间隔，等大孩子上了幼儿园甚至上了小学以后，再生第二胎，这样不会太累。持这种看法的妇女，会充分考虑自己和家庭的实际情况，合理安排自己的生育间隔时间。在这个过程中，妇女比丈夫拥有更多的决定权。

> XYL（女，1971年出生）：我公公以前是志仲镇（乐东县另一

乡镇）的干部，现在退休了还住在那里。我和老公结婚以后，一直跟着公婆住在志仲，我在市场卖菜。在志仲时生了老大，那时正做生意（卖菜），很忙，生了以后我就不想马上再生了，就去上了环。老公和家人都没说什么，是我自己做主的。老大八岁的时候，别人说年纪大了该生老二了，我就去医院取了环。怀第二胎后，我和老公就搬回村里住，在三平卫生院生了老二。（2016年2月访谈记录）

LXQ（女，1993年出生）：老大是意外，提前来的，当时什么都不懂，也没有准备好。养孩子太累了，生了孩子什么都做不了，也不能出去打工。你看我身材都走样了，太胖了。等给他断奶了我就要减肥，太胖了出去都不好找工作。我想至少再过四五年再生老二，等这孩子断奶了我还是要出去打工，要先出去打几年工，赚点钱再说，家里收入太少怎么养活孩子啊！老公也没意见，孩子他也不怎么管，这事肯定听我的。我没有跟公婆商量，以后再说。（2013年8月访谈记录）

（二）生育数量选择

乐东县对计划生育真正重视并且落实始于1971年。从1983年起，计划生育开始走上了经常化和制度化的轨道。[1] 村干部介绍，邢村计划生育政策正式实施是1983年。在政策实施初期，很多年长的村民持有不理解和抵触心理，他们觉得两三个孩子太少。但迫于政策及相应惩罚措施的严厉，大多数村民不得不接受政策的规定。也有部分文化水平较高的村民较快接受了少生优生的生育观念，尤其是深受多孕多生痛苦的妇女，在生育子女数量方面有更强的选择意识。

XHJ（女，1948年出生）：六七十年代，都认为生多最好。我生了四个，还算少的，有的人生了七八个。我1979年生了老四以后，不想再生了，生多了负担重，孩子又爱生病，我和老公商量好

---

[1] 本书编写组：《黎族田野调查》，海南省民族学会编印2006年版，第197页。

了再不生了,我去县医院上了环。我应该是村里第一个上环的,那个时候这里的计划生育抓得不严,只是提倡少生,但是没有规定,想生几个还可以生几个。上了环可以在家休息五天,不扣工分。我公公婆婆就在家骂我"你天天待在家里,不去干工,不生孩子",他们嫌我生少了。我是铁了心不想生太多,就让他们骂。(2013年8月访谈记录)

XHJ在计划生育政策严格执行前,主动采取节育措施停止生育,引起了公婆的不理解和不满,两代人生育观念的差异表露无遗。XHJ当年是邢村妇女主任,上了四年小学,能认会写,当时是邢村少有的有文化的妇女,负责计划生育和避孕知识宣传,比其他妇女更早了解避孕知识,也更早受到少生优生生育观的影响,因此成为邢村第一个主动上环的妇女。主动上环,实则是邢村妇女在生育数量决策上发挥妇女生育自主权的突出体现,具有重要意义。

计划生育政策正式实施以来,邢村出生人口明显下降。政策实施以后,绝大多数家庭的子女数都在政策规定的数量范围内,违反政策的超生现象属少数现象。随着社会经济的发展,黎族村寨与外界交流越来越多,青年一辈受教育程度整体提高,家长对下一代的教育和成长更加关注,并给予更高期望,村民的生育观念也随之改变,他们对计划生育政策的认可度大大提高。

在计划生育政策稳定执行的背景下,黎族妇女包括他们的丈夫,对生育子女的数量似乎无须做太多商量和选择,至少生两个孩子是绝大多数妇女和他们家庭的默契共识。年长的村民认为,在不违反政策的情况下生两个孩子是最低要求,不能再少了。一些年轻妇女更愿意主动接受计生政策的规定,在她们看来,孩子太多,女人更受罪;而且养孩子成本太高,家庭负担重。

当问道"你想生几个孩子"时,邢村妇女和丈夫们高度一致的回答是能生几个就生几个,生够政策允许的最大数量。调研中,邢村除了一户是母亲身体原因导致只有一个女孩外,笔者没有找到第二个办理独生子女证的家庭。

在生育数量问题上,由于政策规定的最大数量没超过黎族妇女及其丈夫的理想子女数,所以,夫妻之间很少会讨论该生几个孩子,妇女在这个问题上,也没有明确的决策意识和决策权力。

(三) 子女性别影响生育数量决策

在受到汉族重男轻女思想影响之前的黎族社会,对生育子女没有明显的性别偏好,无论男孩还是女孩,都是所在家族的重要成员。无论男女,终生都属于其出生所在家族的成员,妇女出嫁后,也与娘家家族保持密切关系,一个人的生老病死都与其出生家族有不可分割的紧密联系。随着中原汉族和其他少数民族人口陆续来到海南岛,汉族文化渐渐对黎族传统文化产生多方面的影响,其中就包括汉族男尊女卑、重男轻女的性别观念。在受汉族文化影响较多的黎族地区,慢慢滋长了儿子才能传宗接代的性别偏好倾向。黎族妇女的生育意愿也因此受到影响,从生男生女都一样的自然生育观念,转变为妇女有责任为家庭及家族生男孩或多生男孩。但与重男轻女思想根深蒂固的汉族地区相比,黎族生育文化中后来滋长的重男轻女思想相对较弱,表现为一种重男不轻女的性别观念。

1. 儿女双全是理想结构

邢村村民普遍认为,有儿有女是最理想的子女性别结构,如果不能实现有儿有女的圆满结局,至少有一个儿子是他们的"最低"期盼。XYG说:"在我们这里一定要生一个儿子,没有儿子就没有传宗接代人。"在计划生育政策实施前,多生通常能提高生男孩的概率,能通过子女数量更好地平衡生男生女的比例。计划生育政策对生育数量有了明确规定,至少生一个男孩成了绝大多数家庭的心声。这种生育期望对当地妇女的生育行为和决策产生着直接影响。如果第一胎生了儿子,按照政策可以也只能再生一个孩子,怀第二个孩子时,妇女和家人都持有顺其自然的心态,无论是男是女都满意。如果第一胎生了女儿,怀第二胎时,妇女和家人会非常迫切地期望第二胎是儿子,这时妇女会有较大的心理压力,担心第二胎还是女儿。

XHJ（女，1948年出生）：儿子女儿一样好，儿子一定要有一个，如果都是儿子还是想要个女儿。家里应该由男人做主，如果没有儿子，老了谁做主呢？如果有儿子，老伴去世了可以有儿子做主。(2016年2月访谈记录)

XQY（女，1963年出生，1985年生大儿子，1989年生二女儿，1991年生三女儿）：我老大生的是儿子，后面怀孕就不担心了，是男是女都好。因为老二是女儿，所以我怀老三时还是希望是儿子的，三个孩子的话最好是两男一女嘛。如果没有政策管，我还会生第四个的，两男两女更好嘛。儿子大了可以帮忙干工，我们老了可以给我们养老。(2016年2月访谈记录)

LAF（女，1987年出生，2012年生老大，2013年8月接受访谈时怀着第二胎）：老大是个儿子，老二就希望是个女儿了，一儿一女最好。老公应该也希望是个女儿，他有时候跟老大说："妈妈肚子里有个妹妹。"顺其自然吧，我没有什么压力。

LXQ（女，1993年出生，2013年生一个儿子）：我好担心要是老二还是儿子怎么办呢？儿子长大了娶媳妇都难！(2016年2月访谈记录)

2. 纯女户超生妇女的抗衡与无奈

头两胎生了至少一个男孩的妇女，都顺利地完成了家庭的生育期望，根据政策，她们在现有的婚姻关系中不能再生育了。头两胎都是女儿的妇女和家庭，根据政策，可以申请生第三胎，这时，生男孩的全部希望都寄托在第三胎上。如果第三胎仍然生了女儿，根据政策，这些家庭已经不能再生育了。三个女儿的家庭（俗称纯女户）的妇女，比传统时期面临着更大的必须生儿子的压力。而自然条件下，孩子的性别是无法人为选择和决定的。在各地明令禁止并严厉惩罚对孕妇胎儿性别进行鉴定的情况下，多生孩子以增加生儿子的机会，成为少数纯女户家庭的无奈之举。

XQS（男，1961年出生，村干部）：三队有一家纯女户，生了三个女儿，这个家庭压力就比较大。没有儿子，他们肯定要躲起来接着生。其实现在养孩子负担重，都不想生太多了，但他们没有儿子，肯定还要生的。我们干部就不好做工作了，不去找他们吧，违反了国家政策；去抓他们吧，老百姓都要骂我们：人家没有儿子你们还要去抓？老百姓都同情他们。一队还有一个四女户，也会接着生的。生多了，家庭也会变得困难，大家同情他们，但是没有办法。（2016年2月访谈记录）

纯女户家庭的育龄妇女普遍面临多方面的压力。从很多妇女本人的意愿来说，超生要想尽办法，偷偷摸摸安全度过孕期，直到下一个孩子安全出生，不但终究还是要接受数额不小的罚款，更难的是，下一个孩子有可能是男孩，但同样有可能还是女孩，如果超生再生一个女儿又该怎么办？丈夫家庭及家族对男孩的坚定期待和当地儿子养老送终的风俗给妇女带来难以逃避的压力，在是否应该冒着超生罚款的风险和压力继续生育的问题上，妇女很难自作主张停止生育，这时，她们的生育自主权显得非常苍白无力（表4.5）。

表4.5　　　　　邢村部分纯女户妇女与子女信息

母亲姓名	母亲出生（年）	子女	老大	老二	老三	老四	老五
XQL	1976	性别	女	女	女	女	女
		出生年月	1999.1	2002.3	2007.9	2009.12	2012.5
LCX	1978	性别	女	女	女	女	
		出生年月	2004.9	2006.10	2009.4	2012.3	
XXC	1980	性别	女	女	女		
		出生年月	2009.11	2011.6	2013.3		

访谈对象：XXC，女，1980年出生，有三个女儿（分别是5岁、3岁和3个月）

访谈时间：2013 年 8 月

访谈记录：

问：现在有三个女孩，会不会考虑生第四个？

一开始她快速回答：我们觉得男孩女孩一样，女儿更听话。生了儿子，如果听话是好，如果不听话，学着吸毒那更糟糕。女儿比较好养，听话，长大了挣钱也会帮家里。

问：现在有没有心理压力呢？

答：压力大啊！我们这里都要生个儿子，没有儿子老了没有人照顾，女儿都要出嫁，就算嫁得近可以经常来看父母，也不能天天住在一起照顾父母。

问：愿不愿意招女婿上门呢？

答：（有人上门）那当然好呀，可是谁愿意上门呢？男孩家里也有老人需要他照顾，没有人会当上门女婿的。

问：你们有没有生老四的想法呢？

答：等老三大一点，再考虑生的问题。生完老三，妇女干部就催着我去上了环，叫我结扎那肯定是不同意的，先上环，以后再说。主要是（超生的孩子）担心上不了户口。办户口要花一笔钱，跟罚款差不多，要花几千块钱，村里有人办过。

纯女户妇女比有儿子的妇女要承受更多的心理焦虑和现实压力，"生几个孩子最好"这样的问题对她们而言，无法回答也没有意义。她们的答案是"生到一个男孩就不生"，她们的希望永远放在下一胎身上，也只能企盼而实际无法人为改变生育结果。尽管纯女户数量很少，但纯女户妇女的无奈和迷茫，正是转型时期黎族妇女生育自主权深受传统生育观束缚的典型体现。

（四）生育方式及避孕方式

1. 生育方式更有利于妇女健康

在社会经济发展水平较低，医疗条件比较缺乏的年代，邢村妇女都在家中完成分娩，家人请当地有经验的接生婆或赤脚医生到家中为产妇

第四章　社会转型时期哈黎妇女家庭地位

接生，并对新生儿和产妇做简单护理。三队 LKX 老人年轻时，是当地有名的接生婆，曾携家带口到崖城等地为汉族妇女接生。40 多岁时，她全家回到邢村，继续为邢村产妇接生。黎族传统接生方法凝聚着黎族妇女的传统智慧，为黎族人口生育和繁衍做出了不可磨灭的贡献。由于卫生条件和医疗技术的相对缺乏，传统接生方法也存在诸多风险，产妇和新生儿身体健康不能得到很好的保障。

计划生育政策实施以后，医疗技术和发展水平也有了明显发展，改进妇女分娩方式、提高产妇和新生儿健康保障的措施纷纷出台。邢村附近的三平卫生院 1958 年成立，不仅极大地方便了当地群众求医问诊，更从根本上逐渐替代邢村妇女在家分娩的传统做法。从 20 世纪 80 年代后期开始，越来越多的邢村妇女选择到三平卫生院分娩，到 90 年代中期以后，在家分娩的传统生育方式悄然退出历史舞台。全村妇女都主动选择到医院生孩子。孩子出生后，产妇和婴儿可以得到医生的专业护理，出现不适时也方便随时就诊，产妇和婴儿健康得到更好保障。随着家庭经济条件的改善和妇女健康意识的不断提高，越来越多的妇女尤其是年轻妇女，主动选择到离邢村 7 千米的县城医院分娩（图七）。

图七　年轻妇女与孩子

LAF（女，1987 年出生，接受访谈时正怀着第二胎）：我老大是在三平卫生院生的，怀老大的时候去乐东人民医院做过几次检查，感觉还是县里的医院条件好些。老二我就想到县医院生，不去三平卫生院了。在三平卫生院生，早上生下午就可以回家，晚上生就第二天回家，他们病房少，也不是很干净，都不想在那里住。到县里生就要住三天院再回家，打针、换药护理得比较好，住得也舒服些。现在条件好点的都想到县里生。我老公听我的，女人生孩子那么辛苦，现在条件好点，就应该照顾好点嘛！再说我生了老二也不能再生了，多花点钱也是应该的。（2013年8月访谈记录）

2. 妇女避孕知情选择权有所提高

1994年9月，"国际人口与发展大会"（ICPD）颁布了《国际人口与发展大会行动纲领》，宣传生殖健康（reproductive health），推广知情选择。知情选择包含两个方面，即生育的知情选择与避孕节育知情选择，前者是指育龄夫妇和个人能自由和负责任地决定其生育数量和生育间隔，后者是指男子和妇女有权获得有关的信息，并获得所需的安全有效的避孕节育方法。包括我国在内的194个成员国庄严承诺执行该行动纲领。世界上大多数计划生育项目都遵循生育以及避孕、节育知情选择的原则，我国推行的是避孕知情选择。[1] 避孕知情选择的试行，促进了人们对妇女避孕权利的关注，部分育龄人群开始根据自身的需要，自主选择避孕措施。2001年9月颁布的《计划生育技术服务管理条例》中指出："公民享有避孕方法的知情选择权。"同年12月出台的《中华人民共和国人口与计划生育法》明确规定："国家创造条件，保障公民知情选择安全、有效、适宜的避孕节育措施。"首次以法律的形式明确了避孕知情选择的重要地位。[2] 2002年起，国家开始在全国范围内推进避孕知情选择，赋予育龄人群自主决定避孕措施的权利。随着社会经济的不断发展及育龄夫妇生殖健康意识的不断提高，我国育龄人群的避孕方法构成也发生着变化，采取绝育手术避孕的人群逐渐减少，采用短效自控型避孕措施的人数不断增加。农村育龄夫妇的避孕方法也相应发生着变化，从只能服从国家强制避孕办法转变为有更多自愿选择。

---

[1] 高尔生、肖绍博、武俊青等：《避孕节育优质服务与知情选择——孕节育咨询指导手册》，中国人口出版社2002年版。

[2] 王存同：《中国计划生育下的避孕节育：1970—2010》，《学海》2011年第2期。

第四章　社会转型时期哈黎妇女家庭地位

避孕是实行生育决策的调节机制。当决定暂不生育或不再生育，为实现这一决定就要采取避孕措施。这是夫妻双方的共同义务和权利，特别是妇女在生育方面的一项重要权利。由于过去缺乏生育和避孕知识与技术，妇女很少享受到这种权利，致使长期遭受多孕多育的痛苦。[1] 现代避孕技术的使用与推广，使性与生育相分离，使生育成为可选择的行为，提高了妇女生育决策权。

邢村每个生产小队有一名妇女队长，该村村委会有一名妇女主任、一名计生干事。她们通过口头宣传和集中开会等形式，向村民宣传避孕器具的领取、使用等方法。村民可以通过计生干事，免费领取避孕套等避孕器具以及相关宣传材料，育龄夫妇有了更多避孕选择途径，妇女的避孕意识和知情权有了一定提高。部分妇女在必要时，会自愿主动采取避孕措施，合理安排自己的生育行为。妇女自愿、自主行使避孕权利，正是妇女生育决策权之大和妇女生育地位之高的表现之一。[2]

> LQ（女，1978年出生，接受访谈时正怀着第二胎）：2005年11月我生第一个孩子，是个女儿。女儿满了周岁以后我就去医院上了环。我想等大女儿养大些再生老二，现在养孩子要花很多精力，我想把女儿好好培养一下。生密了肯定顾不过来。我们家什么事都听我的，我在外面打工懂得多，老公听我的，他自己没读什么书，出去打工都找不到事做，所以他也同意要好好培养孩子。去医院上环的时候我没有告诉公婆（与公婆未分家），也没问他们意见。后来过了很长时间他们问我怎么还没怀老二，我才告诉他们，他们可能有些意见吧，不过也没多说什么。（2013年8月访谈记录）

相比改革开放前，邢村妇女掌握了更多避孕知识和更高的避孕知情权。但由于相关知识仍不够丰富，以及对早期国家强制避孕措施从被动

---

[1] 沙吉才：《当代中国妇女家庭地位研究》，天津人民出版社1995年版，第125页。
[2] 同上书，第131页。

· 145 ·

接受到集体习惯，邢村育龄妇女在避孕方法上并没有充分发挥她们的知情权和自由选择权。大多数育龄妇女在生育间隔期采取上环（宫内节育器）的方法避孕。政策取消生育间隔要求后，很多妇女并未采取任何避孕措施，结果有些妇女很快就怀上第二胎，让自己"原本想过几年再生第二胎"的计划被打乱，原因之一是妇女和丈夫对短期避孕方法了解不够，避孕意识不强。新时期有更多更有利于减少伤害的避孕方法，但很多妇女对新方法缺乏了解，或受习惯影响排斥尝试新方法，影响到生育自主权的发挥，未能将生育行为带来的健康伤害降到更低。

> LZH（女，1977年出生）：我2009年生了一个男孩，刚生下来挺好的。一岁多生病走了，不知道得了什么病，当时好伤心。2011年生了现在的大儿子，生了以后没有避孕，没想过要怎么避孕。听说可以上环，但是上环也好麻烦，以后想生又要到医院把环取出来，我不想这么麻烦。没想到2012年又怀了一胎，但那个时候我们承包了30亩地种香蕉，每天都很忙，不想生，就去做了人工流产，休息了一段时间。2015年生了老二，是个女儿，女儿出生三个月以后，我就去结扎了。听说生孩子两三个月就要去结扎，时间长了怕又怀上。（2016年2月访谈记录）

访问邢村妇女干部得知，该村村委会有免费避孕套以及女性口服避孕药品，随时可以领，但因宣传不够以及很多夫妻不愿使用等原因，领取的人非常少。很多妇女对这些短效避孕方法缺乏足够了解，接纳度很低。结果她们在生育间隔期内可自由选择的避孕方式变得非常单一，继而未能充分享受避孕知情权。

> LXF（女，1977年出生，村委会计生干事）：村委会有免费的避孕套和避孕膜可以领，我也会对村民做宣传。但是领的人很少，大家都不用。反正如果生了男孩就只能生两个，所以大部分的人生了老大以后都不避孕，什么时候怀孕就什么时候生老二，生完了两个就直接

去上环或者结扎,也不需要避孕套。政策取消了间隔期,就随便她(育龄妇女)生,生了两个就去结扎。(2013年8月访谈记录)

LAF(女,1987年出生,接受访谈时正怀着第二胎):我本来是想等老大三四岁,上幼儿园的时候再生老二,那样老大就不用天天照顾。没想到老大刚一岁,我就怀上老二了。那个时候忙着天天种茄子,没有时间去上环,结果就怀上了。两个孩子隔得太近,不太好,我现在大肚子带老大很累,那也没办法。别的地方听说有发避孕套,这边没听说。要避孕就只能去上环,什么时候想生再去把环取出来,也很麻烦。反正只能生两胎,早点生也好,总是要累的。(2013年8月访谈记录)

LYQ(女,1986年出生,接受访谈时正怀着第二胎):生了老大以后没有避孕,也想过等他大一点再生老二的,但是老大一岁时我又怀孕了,自然怀上的,这不是自己定的,也不是自己想什么时候生就什么时候怀。怀几个月的时候去检查,说第二胎是一对双胞胎,真没想到。三个孩子当然好啊,别人都说我赚了一个,不过生得太密真的好累啊。(2013年8月访谈记录)

3. 避孕的性别差异:妇女是避孕主体

避孕技术的发明和推广,为育龄妇女获得更多生育自由提供了大力支持,使妇女不再经受非自愿的多孕多育的束缚,使妇女获得了更多自由发展的机会。目前被认为有效的避孕措施有近百种,包括男性避孕措施和女性避孕措施。无论是短效避孕措施还是长效避孕措施,都不可避免地会给采取避孕措施的一方带来不便甚至健康损失。第三次中国妇女社会地位调查统计结果显示,2010年全国计划生育承担者中,女性比例最高的五个省份中,海南省排名第三位,女性承担计划生育的比例高达94.9%[1]。调查发现,邢村家庭采取避孕措施的主体几乎都是妇女,

---

[1] 和建花:《2005—2010年家庭领域性别平等与妇女发展评估报告》,载谭琳《2008—2012年:中国性别平等与妇女发展报告》,社会科学文献出版社2013年版,第485页。

很少有例外。夫妻双方在采用避孕措施问题上存在着明显的性别差异。一方面，妇女作为生育活动的主体，要承受怀孕、分娩等一系列生理上的痛苦和不便。一次又一次地怀孕、生育无疑会给女性的身体带来危害，并影响其自身的发展。她们不想多生育，会主动、自愿采用必要的避孕措施。相反，男性由于种种想法也愿意让女性采用，而自己免用避孕措施。① 另一方面，这也从一个侧面折射出在生育避孕问题上，妇女处于更弱势地位。沙吉才在分析我国各地家庭避孕主体主要是妇女这一普遍现象时指出，我国家庭在考虑采用避孕措施时，仍把男性的健康放在首位，在不得不采取避孕措施时，理所当然的避孕方法仍是女方。由此可见，我国传统的重男轻女观念的影响依然存在，是造成采用避孕措施的性别差的根本原因。②

在邢村，除短期避孕时极少数夫妻采用过男用避孕套进行避孕外，绝大多数夫妻采用的避孕方法都是妻子上环或结扎，避孕措施都由女方采取。结扎手术会给接受手术者的身体带来一定痛苦和损伤。计划生育初期，邢村曾经有男人接受结扎手术，结果据村民说，对男人身体造成了损伤，影响男人参加体力劳动。出于对丈夫身体健康和体力劳动力维护的优先考虑，妇女不得不主动或被动地接受结扎手术。

> XHJ（女，1948年出生）：1971年就可以结扎或者放环，但是只是提倡并不要求。我1979年生了老四以后就去县医院放环了。1983年计划生育达到高潮，不管生三个、四个、五个，都要去结扎。1983年是要求男人去结扎，不要女人。全党动员，全村组织，村里很多男人都怕，怕痛，怕干不了工，跑出去躲，跑了也要追回来。1984年开始就是女人结扎，男人要干工，怕伤了身体。（2016年2月访谈记录）
>
> XQY（女，1963年出生）：我1991年生了老三以后就叫去结

---

① 沙吉才：《当代中国妇女家庭地位研究》，天津人民出版社1995年版，第129页。
② 同上。

扎了。结扎很痛，我现在干重活时腰痛脚痛，都是结扎落下的病。女人太苦了，生孩子是女人，结扎也是女人。村里以前有个妇女去结扎的时候手术没做好，在家里躺了好几年起不了床，家里给她治病花光了钱，最后也没救过来。（2013 年 8 月访谈记录）

XYG（女，1970 年出生）：1991 年生了老大以后没有避孕。也想过几年再生老二，但那时很少有人避孕，根本不了解，也不好意思找别人问。第二年又怀了，1992 年生了老二，生了老二以后就不敢大意了，去二平卫生院上了环。上环之前我很害怕，怕会很痛，是自己一个人去的，没人陪我。上了环三年以后又想再生一个，又去医院把环取出来，1995 年生了老三。生了老三之后四个月，我就去结扎了。有的人才生了一个月，就被干部拉去结扎，那是计划生育的要求，怕你不结扎又要生。我是自己不想再生了，一个孩子太少了，四个太多了，两个、三个就很好。结扎那天我记得清清楚楚：我和老妈还有我老公一起去乐东县的医院做结扎手术，孩子好小还没断奶，必须跟着我，晚上都挤在病房住。我动完手术，我老公就跑出去看电影，到夜里十一点多才回病房，我妈带着四个月大的孩子睡着了，我想喝口水都喝不到，躺在病床上哭也没人看到。当个女人就是比男人多受罪。（2013 年 8 月访谈记录）

2012 年度采取节育措施的有 19 人，都是女性，有四人未婚，其余已婚。未婚妇女节育采取人流或引产措施。15 名已婚妇女中，7 人做了结扎手术，5 人采取放环避孕措施，采取人流和引产措施的妇女有 3 人。从 2013 年 10 月到 2015 年 9 月，邢村共有 20 人采取节育措施，都是女性。其中 5 人是自然流产或人工流产，3 人结扎，11 人放环，还有一位四女户妇女采取皮下埋植避孕剂措施。无论是自愿还是无奈，避孕成为妇女义不容辞的责任，男性则仿佛可以置身事外。避孕主体的"一边倒"除了避孕技术存在性别差异外，就与妇女在避孕方式选择中的被动弱势地位有关了（表 4.6）。

表4.6　　　　　2012年邢村育龄妇女节育措施登记

编号	节育妇女年龄（岁）	婚姻状况	现有子女 男	现有子女 女	避孕节育措施
1	17	未婚	0	0	人流
2	32	已婚	0	0	人流
3	29	已婚	1	2	放环
4	31	已婚	1	2	女扎
5	20	未婚	0	0	人流
6	25	已婚	1	1	女扎
7	26	已婚	0	0	引产
8	18	未婚	0	0	引产
9	25	已婚	2	0	女扎
10	32	已婚	0	0	人流
11	18	未婚	0	0	人流
12	32	已婚	1	1	放环
13	28	已婚	1	2	女扎
14	35	已婚	2	1	女扎
15	27	已婚	2	1	女扎
16	32	已婚	2	0	女扎
17	27	已婚	1	1	放环
18	35	已婚	0	5	放环
19	37	已婚	2	0	放环

海南省人民政府妇女儿童工作委员会于2011年启动的《海南省妇女儿童发展规划（2011—2020年）》，明确提出新时期进一步促进男女平等的思路：强化男女共同承担避孕节育的责任意识，推广男性避孕节育产品，动员男性主动采取节育措施，提高男性避孕方法的使用比重。[①]男女共同承担避孕责任将有利于提高妇女的生育地位，有利于改

[①] 刘锦：《海南省妇女儿童发展规划（2011—2020年）解读》，海南出版社2013年版，第18页。

变妇女在生育及避孕中的传统角色。

三 妇女生育健康保障权明显提高

女性由于生理的特殊性，更容易引发健康问题。女性健康地位是女性地位的一个重要方面，是相对于男性特别是丈夫而言的比较概念。从女性健康地位的变化，不仅可以看到女性家庭地位、社会地位的变迁，还可以折射出社会文明和进步的程度。我国的少数民族多处于交通、信息不发达的农村地区，因而女性的健康地位就应该格外受到关注。[1] 妇女的健康状况与其生育行为有直接关联，怀孕、分娩、避孕每个环节都存在健康受损风险，妇女如果在特殊生育时期不能得到充分的医疗和保健保障，或者对生育健康缺乏足够的重视，可能导致健康状况下降甚至危及生命等严重后果。相关研究结果显示，不同人群妇女的健康状况存在差异，不同地区的妇女健康状况也存在明显差异。根据第二期中国妇女社会地位调查结果，自感健康男女之间差异具有显著性（$P<0.005$），从好到差的排列顺序是：城市男性、农村男性、城市女性、农村女性。[2] 海南农村妇女的健康状况与很多其他地区妇女相比，处于较为落后地位。2010年妇科病检查后五名的省份是海南妇女病检查率为34.8%，广西33.4%，云南30.0%，福建22.3%，吉林14.8%。[3]

新中国成立后，黎族社会经济发展水平不断提高，医疗技术不断改善，邢村妇女的生育健康状况有了逐步改善，因生育致病致贫现象明显减少，但这个过程并非一帆风顺，也不是一蹴而就的。中老年妇女中，因生育致病的人并非个别；生育过程中未得到合理有效治疗和

---

[1] 郑璐、郑瑶：《在社会变迁视角下对少数民族女性的社会地位研究》，《华章》2012年第3期。

[2] 姜秀花：《中国妇女的健康状况》，载谭琳主编《1995—2005年：中国性别平等与妇女发展报告》，社会科学文献出版社2006年版，第87页。

[3] 姜秀花：《2005—2010年健康领域性别平等与妇女发展评估报告》，载谭琳主编《2008—2012年：中国性别平等与妇女发展报告》，社会科学文献出版社2013年版，第407页。

护理，给孕产妇身体健康留下长期隐患的现象客观存在。邢村五队"道婆"LJL因病成为道婆的经历，虽然不具有普遍意义，但她因生育致病的经历却具有典型性。

> LJL（女，1966年出生）：20岁结婚，和老公是自由恋爱，结婚时已经怀孕两个月，当年生了老大，后来又生了两个儿子。老大和老二都是在三平卫生院生的。生老三时肚子很痛，来不及也不想去医院生，就请村里阿婆来家里接生的。生老三不到一年开始发病，也不知道是怎么得的病，就是浑身不舒服，主要是肚子痛。去三亚、海口的医院都看过，有的医院说是附件炎，也有的医院说是肠胃炎，打针吃药一两年不见效。那个时候感觉人都快死了，家务活都不能干，发病那年老大才五六岁，最小的孩子我也不能照顾，老公当时骑摩托车载客，早出晚归。没办法，我自己照顾自己都难，管不了孩子。后来就请道婆来家里搞令兴，前前后后搞了六七年，吃药打针也没有停，吃过的药可以用车装。请过一个本地的道婆，请过一个抱隆（附近村寨）的、一个千家（附近镇）的都没搞好，后来请来一个白沙的道婆，她当时五十多岁，她来给我搞了两三次，就收我做徒弟，把方法都教给我。我现在也不想搞这个，后悔了，但老公和阿婆都说你搞这个是命中注定的，你要是不搞你就会死。从二十几岁到三十几岁那十年都被病痛缠身，我不知道生病跟生老三有没有关系，也不知道是不是师傅把我治好的。现在肚子有时也痛，不过现在可以干活。（2013年8月访谈记录）

受传统宗教思想和生育观念影响，妇女生育致病现象一度未能得到合理解释和重视，甚至被披上神秘色彩，不利于妇女生育健康得到有力保障。值得庆幸的是，随着年轻村民受教育水平的提高，科学的生育知识得到进一步普及，年轻村民的生育健康意识有了明显提高，妇女在生育的特殊时期，也能得到丈夫和家人更多的尊重和照顾，因生育致病的现象明显减少，妇女的生育健康保障权正逐步提高。

(一)生育健康政策给妇女带来福音

妇女生育健康状况的整体改善，首先得益于几十年来多项生育健康福利政策的大力实施。20 世纪 80 年代，为了推进计划生育政策顺利实施，各地纷纷采取各项推动育龄夫妇进行短效或长效避孕的强硬措施，如集体组织育龄夫妇免费实施妇女上环或结扎等手术，手术后发放一定营养品给予照顾。此后针对育龄妇女的免费体检、免费节育手术，医生和妇女干部不定期上门回访和体检，进一步形成更人性化的生育保健制度，推动了妇女生育健康地位的改善。农村医院诊所的硬件建设和医疗技术不断提高，新农合得到大力推广，进一步保障了农村孕产妇的就医条件。从海南省相关部门公布的统计数据可以看出，尽管海南省孕产妇健康状况仍存在不尽如人意之处，仍有较长的路要走，但近几十年来取得的进步也是有目共睹的，整体上反映了海南孕产妇健康状况的逐步改善。1990 年海南省孕产妇死亡率为 66.88/10 万，2000 年为 44.28/10 万，下降 33.79%。孕产妇死因依次为：产科出血、妊高症、妊娠并发症，产科出血是孕产妇死亡的主要原因。[①] 2005 年海南省孕产妇死亡率为 40.75/10 万。[②] 全省孕产妇住院分娩率呈逐年上升趋势，2000 年住院分娩率为 83.13%，比 1990 年高 4.22 个百分点。[③] 2001 年全省城市住院分娩率为 85.01%，农村住院分娩率达到 77.96%；2005 年全省城市住院分娩率为 90.27%，农村住院分娩率达到 85.03%。[④]

截至 2013 年，海南省孕产妇系统管理率为 81.77%，孕产妇产前检查率为 94.37%，比上年提高 0.3 个百分点；孕产妇住院分娩率达 99.78%，其中农村孕产妇住院分娩率也高达 99.6%；孕产妇艾滋病、

[①] 蔡展能：《海南儿童人口的现状与发展分析》，载海南省第五次人口普查办公室编《海南人口问题研究 上册——第五次人口普查论文集》，2002 年版，第 198 页。

[②] 海南省统计局、海南省 1% 人口抽样调查领导小组办公室编：《海南人口与社会发展研究》，2007 年版，第 274 页。

[③] 蔡展能：《海南儿童人口的现状与发展分析》，载海南省第五次人口普查办公室编《海南人口问题研究 上册——第五次人口普查论文集》，2002 年版，第 198 页。

[④] 海南省统计局、海南省 1% 人口抽样调查领导小组办公室编：《海南人口与社会发展研究》，2007 年版，第 274 页。

梅毒和乙肝检测率分别为89.27%、90.03%、96.72%，比上年分别提高了2.3个、2.77个、0.83个百分点；孕产妇死亡率为21.35/10万，比去年降低1.1个十万分点。① 截至2015年，海南省孕产妇系统管理率达到86.7%，农村孕产妇住院分娩率达到99.83%，孕产妇死亡率降为10.16/10万。②

该村村委会有一位妇女主任和一位计生专干，主管全村育龄妇女生育保健和节育组织工作。另外，每个生产小队都有一位妇女队长，辅助计生专干完成相关工作。妇女主任和妇女队长都是本村务农妇女，她们非常了解全村妇女的家庭子女及健康状况，能及时登记汇报和回访育龄妇女的婚育，包括生育健康异动情况。

> LXF（女，1977年出生，邢村计生专干）：现在所有妇女怀孕的时候就要进行登记，要办证，我要给她们做一些怀孕分娩方面的宣传，叫她们经常去医院做孕检，要补充哪些保健品，比如叶酸。全村村民基本都买了新农合，妇女生孩子大部分费用可以报销。孩子出生以后，我要进行新增人口登记，还会跟村卫生室的医生对产妇进行回访，了解产妇和婴儿健康情况，向她们宣传产后护理知识，有不舒服随时可以叫村医生上门检查。我还要联系车子，带那些要做节育手术的妇女去县医院做手术，只要不违反计划生育政策，节育手术都是免费的，还发补品。（2013年8月访谈记录）

（二）妇女生育健康意识空前提高

改革开放前，由于生活条件和医疗技术落后，黎族妇女和家人的生育健康意识也比较缺乏。对于怀孕生子，村民更多地依靠一代代传

---

① 《妇儿携手共奋进 今年花胜去年红——海南省2013年妇女儿童发展监测统计报告》，海南省人民政府网站（http://www.hainan.gov.cn/hn/zwgk/tjdc/hntj/dcfx/201409/t20140915_1389750.html）2014年9月15日发布。
② 吴庆婷：《2015年海南省妇女发展规划中期监测统计分析报告》，海南省统计局网站，2016年8月19日（http://www.stats.hainan.gov.cn/tjsj/tjfx/jdfx/201608/t20160819_2096113.html）。

第四章　社会转型时期哈黎妇女家庭地位

下来的经验和常识进行认知和应对，缺乏足够的科学认知。传统观念也将妇女怀孕生子看作是自然而然的行为，对妇女在怀孕生子过程中遭遇病痛甚至健康风险当作不可避免或无法改变的事实，妇女在经受生育疼痛或疾病时只能默默忍受，风险也只能选择面对和接受。受传统观念影响，在妇女怀孕生子期间，丈夫和家人对妇女的关心和尊重也不足，孕产期过度劳累和未得到充分护理和休息，容易给妇女身心健康带来隐患。

在大力实施各项提高孕产妇生育健康福利政策的过程中，妇女的生育健康有了更大保障，同时，妇女和家人的生育健康意识得以逐步提高，其中媒体和妇女干部的广泛宣传以及妇女受教育水平的提高，也发挥着功不可没的积极作用。邢村妇女住院分娩率近年来已达到100%，在家分娩成为历史。孕妇主动参加孕检比例大幅提高，而且越来越多的孕妇倾向于到县城的大医院进行孕检和分娩。妇女孕产期间，得到丈夫和家人更多的"特殊照顾"，如减轻劳动强度、加强营养和休息以及来自丈夫的尊重和情感关怀。

> XXC（女，1980年出生）：我的身体一直很好，怀老大时开始有点咳嗽，去看医生，告诉医生我怀孕了，常咳嗽，医生说是正常的。怀第一个孩子时我俩没有经验，对肚子里的孩子特别重视和小心。我经常去三平卫生院检查，老公还陪我到乐东去做过三次B超。B超的费用是自己出，其他检查和生孩子费用自己先垫，后来拿新农合的去报销了。老人说不需要做那么多检查，没有不舒服就行，但我们觉得多做检查放心些，希望生个健康聪明的孩子。怀老二和老三时，我自己就有经验了，没有做过那么多检查，老二老三都只做过一次B超，照了正常就放心了。怀三个孩子的时候，我都要下地干工。阿公身体不好不能干工，只有老公和阿婆两个人。老公要割胶，怕他干不过来，太累，我就大着肚子去帮他。不过老公也不让我干重活累活，总叫我休息。
> （2013年8月访谈记录）

LAF（女，1987年出生，接受访谈时正怀第二胎）：我怀老大的时候到三平卫生院做过几次检查，后来也是在那里生的。这次怀老二我就去乐东做检查，乐东的医生检查项目多，检查也仔细些。我去做过两次B超，想看看孩子长得好不好。怀孕的时候会加强一点营养，有时候老公去乐东办事，就叫他买点肉回来，买只鸡回来炖汤喝。你不跟他讲，他是不懂要买什么的。生老大是在三平卫生院生的，老公家里都说在三平生近些，方便些，是我想去乐东生，乐东医院大些，更放心。在三平生了第二天就可以回家，在乐东医生是不准回家的，至少也要住三天再让你回家。要给孩子消毒，大人要打三天针消炎。现在村里很少有人去三平卫生院生孩子了，大部分去乐东生。在乐东生花钱多些，但是条件好些，我生老二准备到乐东生，老公听我的。（2013年8月访谈记录）

计划生育政策的大力实施直接推动了农村避孕新技术的普及，避孕新技术使生育成为可供选择的行为。黎族妇女生育自主权显著提高，尤其是生育间隔、生育方式和避孕方式的选择中，妇女有更高发言权和决策权。但受传统生育观念影响，未婚先孕现象普遍存在，很多妇女在初胎生育时间决策中较为被动，纯女户妇女多生、超生压力大，影响到妇女生育自主权的发挥。计划生育政策实施以来，各地陆续出台各种促进妇女生育健康的相关政策，妇女生育健康状况有了明显改善，妇女在孕产期间能得到更好的医疗护理，因生育致病、致贫现象明显减少。同时，邢村妇女及家人的生育健康意识也日益提高，住院分娩率达到百分之百，孕产检查比例大幅提高，妇女孕产期间受到家人更多的关心和照顾。

第三节　家庭经济地位：经济自主权提高性别分工出现松动

家庭是家庭成员赖以维系物质生活和享受情感呵护与依赖的重要港湾。不管是中国还是西方，家庭都首先是作为一个经济单位，一个生产、繁殖单位而存在的，它保证了人类生存、繁衍和发展的基本需要。① 家庭成员在家庭中满足衣食住行等基本生存需求；在家庭成员的共同努力下，实现消费、娱乐、安全、成就等各种更高层次的物质和心理需求。家庭收入状况直接关系到家庭成员基本需求及更高需求的实现程度。夫妻双方对家庭收入的贡献，是双方家庭经济地位的直接体现。传统汉族地区家庭收入主要来自丈夫在外劳作，妇女对丈夫有很强的依赖性，经济上妇女处于典型的从属地位。改革开放前，妇女与男子一起参与户外经济活动，妇女与男子一起撑起养家重任，妇女不依附于丈夫，拥有比较独立的经济地位。但改革开放前社会生产力发展水平低，家庭收入来源窄，收入水平低，家庭消费水平更低，在以解决家人温饱养家糊口为重要经济目标的时期，妇女在家庭内外经济活动中，更多地扮演着劳动者、持家人角色，妇女可支配的家庭收入少，可享用的个人消费更少，在家庭收入管理与支配及家庭消费决策等家庭经济活动中，妇女的经济自主权难以得到充分体现和发挥。

改革开放以后，中国农村经济社会发生了翻天覆地的变化，农民物质生活不断改善。邢村于20世纪80年代初期开始实施家庭联产承包责任制，分到户的包括村集体的水田、旱田、旱地和部分村前村后的山林地。分田到户后，村民种田积极性空前提高，经营范围也不断扩大，家庭收入来源呈现多样化趋势。种植的农作物品种不断丰富，除了稻谷、甘蔗等传统农作物外，香蕉、橡胶、龙眼、木瓜、槟榔等经济作物种植面积大幅提高，尤其是香蕉和橡胶，逐渐取代水稻等传统作物，成为很多家庭的主要收入来源。20世纪90年代以后，就近或进城务工经商队伍不断壮大，务工经商带来的非农收入明显增加了家庭收入总量。经过几十年的快速发展，除少数因病致贫等特殊情况仍处于贫困状态的家庭外，其他家庭都脱离了贫困，解决了温饱，生活水平明显提高，部分家庭还迈入发家致富的先富梯队中。

在不断提高家庭收入争取发家致富的经济改革大潮中，黎族妇女是

---

① 杨善华：《家庭社会学》，高等教育出版社2006年版，第3页。

一个特色鲜明、贡献突出的群体。她们在新时期家庭增收致富过程中，表现出让人惊叹的活力；在家庭经济管理和消费决策中，发扬着黎族妇女精明能干、持家有道的优良传统。与改革开放前相比，新时期黎族妇女在家庭经济活动中有了更大的用武之地，对家庭经济做出的贡献更不容忽视，妇女对家庭事务和消费管理有更大的自主权。黎族传统严苛的劳动性别分工出现松动，妇女与丈夫共同养家持家、共挑家庭经济事务重担的局面开始出现。

一 妇女对家庭收入的贡献

黎族妇女历来是农业生产劳动的重要参与者，在家庭收入来源更广泛、收入水平不断提高的新时期，妇女的家庭经济地位不仅没有丝毫削弱，反而在更多方面得到巩固。妇女对家庭经济的贡献，体现在收入贡献、家庭财产管理、家务劳动承担等诸多方面，在有些方面，妇女与男性共同撑起家庭经济大伞；而在某些领域，则几乎是妇女一人撑起家庭整棵大树。

（一）农业种植

1. 水稻种植——男女分工合作

水稻是新中国成立后逐渐取代黎族传统山栏稻的新耕种品种，一直是邢村家庭的基础农作物。分田到户后，每家都分到一定面积的水田和旱田，主要用来种水稻。稻谷曾是邢村家庭最重要的收入来源。随着当地农业产业结构的调整，水稻种植面积逐步减少，用于销售增收的稻谷数量较少。尽管稻谷不再是邢村家庭增收的重要来源，但稻谷能提供全家全年粮食必需，因而依然受到村民的高度重视。

传统时期的水稻种植由男女合作完成，但存在比较严格的劳动性别分工，例如男人犁田，女人插秧，互不帮忙。严格的性别分工一方面使得夫妻双方各有其职，必须各负其责，哪一方都不能推脱或逃避必要的生产劳动。另一方面也使夫妻之间不能更灵活地共同劳动和互相帮助。某些特殊时候比如妇女身体状况欠佳时，因丈夫不能帮忙或代劳，不得不带病劳动或超负荷劳动，实则增加了一方的负担和压力。妇女面临这种需要丈夫帮助甚至代劳的特殊时候更为多见,更需要劳动分工的弹性空间。随着人们思想观念的改变和生活方式的改变,如今,邢村村民在水稻等农作物种植中的性别分工,已在无形中出现松动(图八、图九)。

图八　男人在犁田

图九　女人在拔秧、挑秧

XQY（女，1963年出生）：以前大集体的时候，男人们就负责犁田，犁田完了就回去了，女人们负责插秧，男人和女人干不同的工。现在分田到户了，各家干各家的，就有变化了。以前挑秧、插秧都是女人干，几亩田要好多天才能插完，现在很多男人犁田完了也会帮着女人插秧，路好走的话也不用女人挑秧了，男人开拖拉机帮着把秧送到田边，女人就轻松不少，农活也干得快些。（2016年2月访谈记录）

LXF（女，1977年出生）：我们没有和公婆分家，小叔子、小姑子没成家，也和我们一起住。我们家人多，干活快。犁田是我公公、我老公和小叔三个人换着干，谁有空就谁去犁，反正用拖拉机犁田也比以前快。插秧人也多，我和婆婆是插秧主力，我们插得快些，我老公和小叔也会帮忙插秧，大家一起干，比别家干得快。男人不插秧是以前的事，现在我们不讲究这些，我们女人当然觉得好啊！不过也有些家的男人还是不想插秧，犁完田就回家，女人就很累。（2016年2月访谈记录）

2. 橡胶种植——男性主力，妇女协助

20世纪80年代中期，受附近农场带动，邢村个别有眼光的村民从农场带回橡胶树种，种在自家山林地里。由于橡胶树种植周期较长，加之村民对橡胶种植及其前景缺乏了解，直到90年代中后期橡胶市场行情看涨时，很多村民才纷纷大规模开始种植橡胶。2010年以后，橡胶种植面积已经成为邢村家庭财富的一个分水岭，大有"得橡胶者得天下"的势头。很多家庭苦于自己橡胶地太少，增收能力有限，只能羡慕橡胶种植多的家庭。橡胶种植技术与传统水稻种植差别很大，尤其是割胶技术，更是必须遵循橡胶的生长特点。割胶最好是在凌晨进行，收胶则在几小时后进行。由于种橡胶的山林地通常离村庄较远，出于安全和方便考虑，种橡胶的家庭渐渐形成了橡胶种植的分工模式：半夜或凌晨割胶都由男人承担；白天收胶负责人则比较灵活，丈夫和妻子轮流或共同完成；也可以带着有劳动能力的孩子帮忙。后期的制作胶片、卖胶等工作，也常常是夫妻双方合作完成。在橡胶种植方面，男人发挥着不可替代的主力作用，妇女的参与也同样不可忽视。

> XHJ（女，1948年出生）：割胶都是靠男人，也有女人一起去的，我大媳妇就经常和大儿子一起去割胶，但女人不好单独去，割胶都是半夜去，女人怕走夜路。（2013年8月访谈记录）
>
> XXC丈夫（男，1982年出生）：我家人多，地也多一些，家里有400株橡胶树，有三百株开割了，橡胶是家里的主要收入来源。但是今年橡胶掉了价，赚不到钱，听说是出口受到影响。以前行情好的时候，一天可以卖好几百块，现在差多了。今年又多雨，下雨天就不能割，几天不割，出胶就少了。橡胶产量减少了，行情也差了，今年家里的收入差多了。橡胶都是我半夜去割，上午再去收胶，孩子多，老婆主要在家带孩子。忙的时候她就把孩子丢给老人看，和我一起收胶、卖胶。家里还种了几亩甘蔗，到年底可以卖。过几个月，还要种青瓜、茄子，有人来收。种甘蔗和蔬菜都是我和老婆一起干，一家人不分谁干，谁有空就多干些。我们孩子小，老婆要带孩子，我就干多一点。家里的收入都靠这些种植业，割胶需要男人，我走不开，就没有出去打工。（2013年8月访谈记录）

近两年，受国际行情的影响，橡胶价格低迷，邢村橡胶种植大受影响，胶农收入锐减，橡胶种植面积大面积减少，曾经红红火火割胶、收胶、卖胶的场景看不到了。邢村经济结构再次出现大调整，甘蔗、玉米、反季节蔬菜等经济作物的种植面积不断增加，成为家庭收入新的增长点。反季节蔬菜种植销售的主力军是邢村妇女，妇女在农业种植和增收方面发挥重要作用。

(二) 家庭副业、手工业

黎族的副业主要是家庭养殖业，包括养牛、养猪、养狗和其他家禽。副业、手工业带来的家庭收入相对较少，收入增长空间也比较狭小。但在供给家庭所需、充实家庭实物消费方面,副业、手工业所做的贡献是不容忽视的。无论是劳动性别分工严格的传统时期,还是分工日益松动的转型时期,邢村家庭副业、手工业几乎一直是妇女的天下,从事家庭副业、手工业劳动的几乎都是妇女。

1. 家庭养殖

邢村几乎所有家庭都有家禽养殖,养殖的家禽主要是猪、鸡,个别农户养牛。邢村村民猪肉消费非常大。除了逢年过节会杀猪食用外,更大的消费则用于人情往来和一些宗教仪式中。按黎族风俗,老人去世后,家族里出嫁的女儿都必须回娘家参加葬礼,出嫁女儿参加葬礼应带活猪(也有送羊的)送给丧礼主家,丧礼主家邻里帮忙现场宰杀,用于丧礼客人食用。此外,举办婚礼、乔迁礼等重大喜事需宴请亲朋好友时,也需要提前养猪或买猪做好储备。在一些宗教仪式如驱鬼祭鬼活动中,有时需要杀猪祭祀。无论从自家需要考虑还是兼顾养猪卖钱的增收机会,大多数邢村家庭都有规模不等的猪养殖经营。规模小的养一两头,规模大的可达十多头。

养猪的农户大多在自家房前屋后搭有简易猪圈或院子,有圈养也有散养的,猪饲料很少购买,主要靠主人种植或从野外采摘再加工喂食。黎族养羊、养牛、养猪等都属于妇女工种,所以有"女养男宰"之说。[①] 家禽养殖看似简单,实际上需要大量体力和时间付出,漫长烦琐的养殖过程全程由妇女承担,男人只在卖猪、杀猪的"丰收"环节才会出场。养殖过程中最重要的环节是喂食。猪的主食是番薯叶、番薯、木薯和长在村旁、路边、田中的野菜野草;蒸酒过后剩下的酒糟,也用来喂猪。[②] 蕉农卖不出去的香蕉和香蕉叶,也可以用来喂猪;看相不太好或卖不出去的茄子等蔬菜,也可以喂猪。这些植物成为猪饲料之前,必须经过两道加工工序,首先要剁碎,接着煮沸,才能喂给猪吃。清晨在邢村散步,几乎每天都可以看到妇女在家门口或院子里剁猪菜的忙碌

[①] 陈立浩、于苏光:《中国黎学大观》,海南出版社2012年版,第55页。

[②] 同上。

第四章 社会转型时期哈黎妇女家庭地位

身影，有节奏的剁菜刀声伴随着妇女一起一伏挥动的手臂，令笔者印象深刻。她们早早起床，除了准备全家的饭菜，还要准备全天的猪菜。白天则分三到四次按时给猪喂食（图一〇）。

图一〇　妇女在剁猪菜

XHY（女，1968年出生）：我会养猪，多的时候同时养十几头。我农闲的时候经常去市场一家酿酒厂帮忙，她们就把酿酒多的酒糟送给我，我挑回家喂猪。还要喂猪食，采的野菜、香蕉叶剁碎，再煮熟。我每天一大早起来生火，煮一大锅猪食可以喂一天。我养猪喂得多，不像有的人舍不得多喂，我每天喂四五次，有时候在外面干工，我也要抽空回来喂猪再去干工。很多人都来要（买）我的猪，只要猪不得病，养猪收入还可以。(2013年8月访谈记录)

2. 制陶、酿酒

黎族自古以来就懂得制陶，早在宋代就有了黎族妇女制陶的记载。从出土文物考察，黎族妇女至少在汉代以前就掌握了基本的制陶工艺。[①] 黎族社会两性劳动分工极为严格，女子是唯一掌握纺织、制陶等手工工艺的人。[②] 制陶属于妇女的工种，有"女制陶男莫近"的习俗。制陶时，取土也多是妇女自己来挖掘，后挑运回家，有些家庭的男子也帮助妇女挖运陶土。[③] 妇女制作陶器主要为满足家用，制作的陶器多为厨房餐具和存放物品的容器，较少用于买卖。

在家庭收入和消费大幅提高、市场经济高度发达、商品异常丰富的今天，制陶已经成为历史，家用的各种容器餐具都可以方便从市场购买。如今掌握制陶手艺的妇女也越来越少。从家庭生活需求满足的角度来看，制陶这种传统工艺的衰落有其历史的必然性。

制陶、纺织等传统妇女工种慢慢退出了历史舞台，另一个妇女工种的手工艺——酿酒却仍有鲜活的生命力，在继续"发光发热"。黎族男女都喜欢饮酒，饮酒是黎族社会沟通情感、恋爱婚姻、伐木建房、出猎进山、探亲待客、节日庆典、丧葬吊祭、辟邪驱鬼，甚至是化敌为友等场合中离不开的东西。[④] 解放前，村民用山上种的山栏稻酿出的山栏酒被比喻为"琼液"。种植水稻后，每户一定会留一块水田用来种植糯米稻种，收割的糯米稻谷，专门用来自酿糯米酒。

酿酒属于妇女工种，黎族妇女成年后，都会学习如何酿制糯米酒。结婚后，婆婆通常也会教儿媳妇酿酒，母亲或婆婆一代代传给女儿或媳妇。会酿酒是家庭主妇必须掌握的一门手艺（图一一）。酿酒有复杂的工序，忙不过来时，妇女可以请孩子或其他女性帮忙，但男人完全不会参与。笔者在参观邢村一家制作糯米发酵饼（酿糯米酒需要的一种发

[①] 孙邵先、欧阳洁：《黎族女性文化专题研究》，南方出版社、海南出版社2008年版，第159页。
[②] 同上书，第135页。
[③] 陈立浩、于苏光：《中国黎学大观》，海南出版社2012年版，第103页。
[④] 孙邵先、欧阳洁：《黎族女性文化专题研究》，南方出版社、海南出版社2008年版，第159页。

酵饼）工厂时，发现在场的所有工作人员都是妇女。因正值暑假，还有几位未成年的女学生在帮忙。从笔者与她们的一段对话可以看出，酿酒及酿酒相关工种依然是妇女的"专属"（图一二）。

图一一　妇女在家酿糯米酒

图一二　糯米发酵饼作坊一角

笔者问：为什么做这个工作的都是女人呢？

妇女甲答：这是女人干的活啊。

笔者问：男人不能接触这个吗？

妇女甲答：也不是。

妇女乙答：男人手硬不灵活，做的饼不好看，不圆。

笔者问：那如果有男孩要来帮忙，你们会同意吗？

一个小女孩笑着说：男孩来就是捣乱。（听了这话，在场的女人都笑了）

物质生活水平不断提高后，家庭饮酒量也不断增加，妇女酿酒的频率和数量也超过经济困难时期。平日通常一两个月酿一次酒，遇上要请客吃饭办喜事，则会提前多酿做足准备。春节前妇女们会非常忙碌，准备年货的重头戏之一就是酿酒。春节期间与亲朋好友互相拜年串门，酒是招待客人的必备良品，每家每户的妇女都会提前酿制足够的糯米酒，供春节期间饮用。

自酿糯米酒虽然一般不会出售，主要用于满足自家需求，尽管不会直接增加家庭收入，但每家全年多达上百斤的糯米酒，是黎族家庭日常生活的重要消费品。妇女用自己独特的手艺和辛勤的劳动，成为全家饮酒者的义务"生产供应商"，减免了家庭饮酒者买酒的较大成本，为减少开支做出了贡献。大部分家庭酿酒主要满足自家饮酒和人情往来需要，少数特别有经济头脑的妇女也会抓住一些时机，销售自酿糯米酒，增加直接收入。

XHY（女，1968年出生）：我每年过年的时候都要酿很多糯米酒，卖给别人，能卖两三千块钱。都是他（丈夫）在外面吃饭认识的城里人，别人觉得村里自己酿的酒正宗，就问我家有没有，他就向别人推销我酿的酒，别人就找他订，回来告诉我别人要多少，我就自家准备，酿好了那些人开车自己来买。过年前一个月左右开始酿，有时候一天要酿好多次。卖给别人的和自己家喝的一样，都是好质量的酒。有时候味道差一点的酒,我宁愿留着自己喝,也不会卖给别人。只有质量好、味道好,别人以后才会再来找我买。(2013年8月访谈记录)

(三)经商

邢村拥有优越的地理位置条件,不仅交通出行非常方便,给村民带来更多商业机会的优势,是乐东县新一轮行政区划改革前,三平乡驻地就位于邢村一队、二队附近。尽管改革后三平乡被撤并搬迁到别处,但老三平乡的一些机构原址仍在使用,如邮局、农村信用合作社、派出所等,老三平乡的经济辐射优势依然在发挥作用。近些年,老三平驻地重新进行规划,修建了干净整洁的道路,道路两侧布满了大大小小的店铺,分别租售给附近村民做生意。市场上人气最旺的要数菜场,重建后的老三平菜场有120个摊位,可以按日、按月或按年出租,出租、转租及管理形式非常灵活,为附近村民买菜、卖菜提供了便利。邢村离老三平市场最近,在市场做生意最方便,邢村不少村民常年在老三平市场做生意,以开小卖部、开饭店和卖菜为主要经商模式。

市场的日益繁荣进一步提高了黎族村民的经商意识,一些有经济头脑的村民纷纷以自己擅长的方式参与经商。有些家庭夫妻两人一起做生意,致富有道,收入可观。例如有的男人负责杀猪,然后把猪肉交给女人到市场卖;有些男人上山去找野生小动物(河鱼、河蟹、蜗牛、蝗虫等),再交给女人去摆摊卖。在商品售卖环节,最显眼的生意人是黎族妇女。在老三平菜场走一走,不难发现,除了有几家卖肉的摊主是男人外,其他菜贩摊主几乎是清一色的妇女。当地村民普遍认可女人比男人更合适做买卖,因为女人更会说(善于表达和沟通),黎族女人也以风风火火的实际行动,进一步巩固了人们对于女人更会做生意的看法,一些经商成功因商致富的妇女榜样,更为黎族妇女勤劳能干、善于经营的形象增添了色彩(图一三)。

图一三　邢村妇女在市场卖菜

邢村开店历史最早、饭店规模最大的"乐帅农家乐"的老板是邢村二队的LH。她从20世纪90年代初期在老三平市场租下一间小门店开小卖部开始，几十年在老三平市场打拼，先后开过小卖部、小饭店。2011年，她在公路边开了一间远近闻名的集餐饮、娱乐于一体的乐帅农家乐。儿子成家后，她带领儿子、媳妇一起经营，成为远近闻名的女强人。LH是新时期邢村黎族农村妇女的突出代表。

LH（女，1965年出生）：原来阿婆不同意我和老公结婚，觉得我又小又不识字，我娘家有七个姊妹，我是老大，没上过学。我19岁时生了老大。那时候老公在三平市场卖肉，我卖鱼，赚了点钱，我就开始搞快餐，在路边开了一间小饭店。老公开始不同意，说怕没人吃亏本，我坚决要开，那个时候附近村都没有饭店，我们又在路边，生意很快做起来了。我又在三平市场买了一个小门面，开了小商店，卖水果和百货，请了一个人当售货员。2011年12月，投资70多万元在村委会旁边的空地上开了这家农家乐。这些年做生意都是我拿主意，跑出跑进都是我。老公开始不同意我折腾，后来看赚了钱就不管我了。他还是干老本行——杀猪卖肉，我的生意他不管也不帮，他也帮不了。（2012年2月访谈记录）

第四章 社会转型时期哈黎妇女家庭地位

我们第一次到邢村田野调查期间,在村干部的安排下,住在邢村三队一对中年夫妇家中,他们刚盖了新楼房,有空余房间腾出来给我们住。除了种植几亩水稻和橡胶外,房东家的主要收入来源于妻子 XYL 卖菜的收入。房东女主人是位非常勤劳能干的黎族妇女,早年间在志仲镇菜市场卖菜。全家搬回邢村后,她在和丈夫一起兼顾农业生产的同时,独自一人在附近的三平市场卖菜,除了农忙插秧季节和重要的人情往来必须参加外,她全年风雨无阻往返于乐东蔬菜大市场、三平菜市场和家之间。她忙碌的身影给笔者留下了深刻的印象,也让笔者对勤劳能干的黎族妇女肃然起敬。

XYL(女,1971 年出生):我每天早上五点多钟起床,先煮好饭菜留给老公和孩子起来吃,再走到路口,坐巴士到乐东的集贸市场进货。什么菜好卖就进什么货,最近我主要卖田鸡、蜗牛这些。乐东集贸市场很大,很多人在田里抓的泥鳅、田鸡什么的都拿到那里卖。野生的田鸡一斤要四十元,养殖的田鸡只要十几元一斤,我分得出来。有时候我还看看有没有其他菜可以进回来卖。比如豆角,如果乐东市场卖三块一斤,三平市场也卖三块一斤,我就不能进货,因为进回来赚不到钱。什么菜在乐东的价格比三平的价格低,就可以进一点回来卖。每天进的货都不一样,不同季节进的货也不一样,要看具体情况。每天早上到了乐东,我先随便买点馒头吃早餐,再去菜场进货。进完货我再坐"疯踩"[①] 到路口,坐巴士到市场门口下车。下车以后,自己一点一点把菜扛到摊位上摆着卖。有时候进的货也很重。多重都是我一个人搬,老公从来不去帮我,别人家的有老公会帮着搬一下。进货回来一般八点多钟,上午就守着摊卖。中午我要接女儿回家,儿子上初中自己回,我要做饭给两个孩子吃,吃完再送女儿去幼儿园,再接着去市场卖菜。中午回家时,菜就放在摊位上盖着,有时候也叫旁边的人看一看。一般卖到下午六七点回家。早点卖完就早点回家,有

---

① 当地一种重要载客交通工具,类似三轮摩托车。

时候卖不完就带回家养着,第二天再卖。七八点回到家,有时候老公在家煮了饭回家就可以吃,如果他没煮饭我回家还要煮饭。吃完晚饭我还要洗衣服,老公有时候洗一下,大多数是我晚上洗。忙完一般十点半睡觉。每天都很忙。农忙的那几天就不去进菜卖。老公主要负责割胶、收胶,农忙时负责犁田,插秧他都不管,他犁完田就回家玩,从来不帮着我插秧,卖菜这些他更不管。有时候太累了也想叫他去菜场帮忙,他总是不好意思去卖,没办法。(2013年8月访谈记录)

和妻子XYL相比,丈夫就轻松许多。种橡胶的那几年,他主要负责割胶、收胶,每天也忙忙碌碌。近几年橡胶行情低迷后,他家橡胶完全停割了,橡胶收入处于颗粒无收的状况。妻子每天照样忙着辛苦卖菜,丈夫则主要在家休息玩耍,偶尔帮忙做一点家务,常常看到他四处喝酒、买彩票、闲逛的身影。邢村一位村干部告诉笔者,像他这样让老婆养家、自己在家闲着的男人以前不少,现在也不多了。但邢村历来没有丈夫在外奔波忙碌而妻子在家闲玩的情况,妇女无论在外面干工还是在家里养鸡、养猪、做家务都很忙碌。在黎族农村,妇女鲜有游手好闲者,但无所事事的男子却不少。

市场经济时期,很多黎族妇女纷纷参与到非农业经营活动中,经济收入可观,夫妻双方对家庭的经济贡献更有了可比性。第三次到邢村田野调查期间,笔者住在邢村村干部XGX家。在前两次调查期间,笔者已经与XGX夫妇建立了比较熟悉亲切的关系,所以第三次笔者到邢村时,他们夫妇热情邀请笔者住在他家。XGX大女儿在浙江打工多年,很少回家,二女儿和小儿子都在乐东中学读高中,周末回家。平日只有夫妻两人在家。但我住在他家的20多天时间里,由于XGX村务工作多及应酬多等缘故,男主人常常整天不在家,每天忙里忙外风风火火的女主人XHY,既是赚钱能手又是持家好手,新盖的楼房以及装修的豪华程度在邢村数一数二,算得上邢村的富裕之家。前文曾提到XHY很会养猪,顺利的时候每年可以养两批,一批十几头,收入不少。实际上XHY还曾是个成功的"商人"。

第四章 社会转型时期哈黎妇女家庭地位

XHY（女，1968年出生）：家里的钱主要是我赚的，他当干部工资也不多，有时候还不能按时发。我们村比较穷，没什么集体经济，村干部只能拿死工资。自己的工资够他喝酒、唱歌就剩不了多少了。我前几年做生意，在村里收稻谷、番薯去镇上卖，赚差价。那时价格便宜，我在村里收四毛一斤的稻谷，卖到镇上五毛，赚一毛。我每家每户上门去收，请村里的大拖拉机帮我拖，我自己扛上车，拖到抱由镇去卖，量大的时候也到别的镇卖。那个时候粮管所不让我收，他们也收四毛一斤，但是我和村里人熟悉，而且我是上门收，我也不欠账，一手交粮一手交钱，大家都愿意卖给我。我抢了粮管所的生意，他们有一次抓到我罚了我三千元。我还是继续收，他们不可能天天抓我。我收的稻谷有一部分我到碾米厂脱壳以后卖大米，米糠和碎米渣我留着喂猪，我的猪养得好。现在粮食生意不好做，我就不收稻谷卖了。我到三平市场的一家酿酒厂帮忙，也不叫打工，我和老板娘关系好，有空就去帮忙，没空就不去，很自由。我不要工资，我要她们酿酒剩的酒糟，挑回家喂猪，酒糟喂的猪长得快，我的猪比别人养得好，养猪收入比别人高。我做生意赚了不少钱。老公都不知道，我的存折也不给他看，怕他知道有钱要拿去花了。（2013年8月访谈记录）

对有些家庭来说，妇女主导经营的商业收入超过了家庭其他收入，成为家庭最重要的收入来源，对这些家庭来说，妇女是最辛苦、最忙碌的身兼数职者，也是家庭收入的最大贡献者。在有些家庭中，妇女和丈夫一起参加农业生产，共同经营家庭生意，夫妻双方齐心协力，分工合作，为家庭收入贡献着同等重要的力量。也有一些家庭特别是子女年幼需要母亲更多照顾的家庭中，妇女将主要精力放在抚养子女身上，对家庭收入的直接贡献相对较小。

（四）外出务工——妇女多选择就近短期务工

受民工潮影响，20世纪90年代以后，部分邢村村民加入外出打工的行列，外出务工收入成为很多家庭收入增长的重要组成部分。邢村外出务工群体呈现出较明显的婚姻差异和性别差异。未婚务工人口中，女性

· 171 ·

明显多于男性，未婚青年多远离家乡，奔赴外县甚至外省务工。已婚务工人群则以男性为主，务工地点也以县城及周边地区为主。已婚妇女外出务工不太普遍，大多数妇女留守在家，务农和照顾家庭；有余力的妇女，大多也选择就近做小生意或打零工。打零工的妇女大多在乐东县城或老三平市场附近的饭店、商店、加工作坊当服务员或生产工人，当日往返方便，工资结算也很灵活。打零工收入通常不太高，但也能补贴家用。在全年最农闲的季节，也有一些妇女结伴前往三亚附近的崖城打工，那里有大型农场，大面积种植蔬菜等农作物，常年需要农业工人。邢村有些妇女在农闲时去崖城打短工，多则几个月，短则不足一月。

XXZ（女，1959年出生）：插秧搞完了就没什么事了，我今天去乐东找事做，还没找到，明天再去找。女人去外面好找事，到饭店当服务员端个盘子、洗个碗谁不会？我们也不要求有多高工资，赚一点是一点，总有点收入。我以前也跟几个姐妹去崖城种过菜，那边规模很大，要很多人，只要勤快不偷懒都会要。但是男人不太好找工作，有些事男人干不好，别人也怕男人喝酒偷懒。我们黎族女人什么都肯干，也能干，赚钱机会多。（2013年8月访谈记录）

近些年结婚的年轻妇女大多在婚前有在外务工的经历，结婚生子后，因孩子需要照顾、家庭需要打理等现实考虑，大多留守村寨，较少外出。但城市就业机会更多，工资更高，这就使得一些年轻妇女不愿放弃外出务工的想法，一旦机会合适，还会继续外出务工来增加家庭收入。

LXQ（女，1993年出生）：我初中毕业以后就到城里打工。去过很多城市，当过服务员，后来几年一直在美容院给别人做美容护理。原来打工赚的钱都给家里（娘家）盖了房，到我结婚的时候，手上一点钱都没有了。结婚以后就没去打工了，因为怀了孩子。现在在家带孩子，完全没有收入。我想今年过完年就出去打工，那时候孩子有十个多月了。结婚前我在上海打工几年，没去过北京，再出去我就想去北京打工。我不想在附近打工，在乐东一个月赚一千多块钱，太少了。我也想换个工作，不再做美容了。我跟老公说了，他说"去就去吧"。在家哪有钱？还是想趁着年轻出去赚点钱，把孩子留在家里给阿婆带，肯定不是那么放心，那也没办法，我这手艺只有到大城市才赚得到钱。（2013年8月访谈记录）

与以农业种植为主要收入来源的改革开放前相比，改革开放以后，邢村家庭收入来源更广泛，家庭收入水平明显提高。家庭收入的普遍提高，主要得益于夫妻双方共同努力、辛勤劳动，更与黎族妇女的勤劳和智慧分不开。新时期的黎族妇女不仅与丈夫一起肩负养家糊口的责任，还同丈夫一起，为发家致富积极参与各项经济活动，活跃在家庭内外多种经济舞台上。

二 家庭收入管理模式

邢村妇女对家庭生计的贡献丝毫不亚于丈夫，从一个方面反映出黎族妇女在家庭经济活动中享有与丈夫平等的地位，妇女在经济上享有较高的独立性，不必依赖丈夫。妇女家庭经济地位的另一个表现是妇女对家庭收入的管理权和消费决策权。新中国成立初期，家庭可支配收入低，妇女对家庭收入的管理和决策，主要体现在精打细算维持家用等基本家庭消费方面；丈夫对农业、经商和子女教育等"大事"开支掌握主导地位，家庭收入管理模式也比较单一，意义不够突出。家庭可支配收入大为改善以后，邢村家庭收入管理模式出现了新的特点，有夫妻共同管理、丈夫管理、妻子管理等多种模式。收入管理模式与夫妻双方的理财和消费观念、理财能力等因素有关，与双方的家庭经济地位更有直接关系。家庭收入管理模式与家庭结构也有关联，核心家庭与主干家庭的收入管理模式存在着差别。

（一）核心家庭收入管理模式

核心家庭是指夫妻与未婚子女共同生活的两代人家庭。核心家庭是邢村家庭的普遍结构形式，丈夫和妻子是核心家庭的主要劳动力。核心家庭收入管理模式可以反映丈夫与妻子在收入管理方面的权利和地位。

1. 夫妻共同管理型

在夫妻较为年轻的核心家庭中,夫妻共同管理家庭收入模式比较多见。家庭存款或现金交由一方保管或存放在双方都可以自由取用的地方,丈夫和妻子都清楚家庭收入和存款变动情况,都可以独立平等支配家庭收入。这是一种男女平等的收入管理模式,夫妻双方彼此信任度高,即使双方消费水平有差异,但在收入管理方面比较透明、平等。

LAF(女,1987年出生):我两个孩子小,我主要在家带孩子、做家务。农忙时我也出去干工,但我家田地少,农活不多。我家收入主要靠老公赚,他会干工。他赚的钱会交给我保管,但他知道我放在什么地方,他要用钱就自己拿,跟我说一声就行,我一般不管,他不抽烟、不唱歌、不会瞎花钱。我在家买米、买油、给孩子交学费都要用钱,我手上用钱比他多,要用钱就自己拿,小钱不用跟他说,大开支跟他说一下就可以。(2016年2月访谈记录)

LQ(女,1977年出生):我结婚前一直在外面打工,挣的钱都给娘家了,结婚的时候自己留了一点带过来用。生了孩子以后我在家待了几年没出去,家里主要靠老公割胶。那几年收入还不错,每天卖胶都能拿到现钱,好的时候一天好几百,看着也高兴。我和老公一起去卖胶,钱给我管着,女人细心一些嘛,不过我也不藏着,多的攒起来拿到银行存着,存折密码老公都知道,他也知道存折放在哪里。平时留一些钱零用,就放在抽屉里,谁用谁自己拿。我老公不乱花钱,这里的男人个个爱喝酒,花钱多,我老公就不爱喝酒,跟别的男人不一样,全村也找不到几个他这样的。我们家的钱就是我们两个一起管、一起花。(2013年8月访谈记录)

2. 妇女独揽经济大权型

与夫妻共同管理家庭收入不同的是,邢村还有很多家庭的收入全部或大部分由妻子管理,妻子独揽家庭收入管理大权的现象非常普遍,丈夫几乎不参与家庭收入管理,甚至有些丈夫对自家收入状况缺乏必要的知情权。原因之一是黎族有妇女持家传统，丈夫几乎不过问家里的柴米油盐这些"小事"，家庭收入由妇女管理，便于妇女操持安排家庭消费，维系日常生活。原因之二则是一些妇女害怕丈夫会乱花钱，掏空家底，因而牢牢抓住家庭经济管理大权并刻意向丈夫隐瞒家庭收入实情。花钱大手大脚的丈夫，实际上也认可妻子更会管钱、更会持家的事实，故而放手让妻子掌管家庭财政大权，自己乐得当"甩手掌柜"。

> XYG（女，1970年出生）：这里都是女人管钱，男人管不了钱，你给他一千他就花一千。我家里具体有多少钱老公是不知道的，我也不会告诉他实话，他问我也会少说，怕他总想花钱。家里赚的钱都交给我管，他自己杀猪卖肉的钱留一小半自己花，交一大半给我，他也没意见。如果有亲戚找我借，我跟他说也可以，不跟他说也可以，反正他也不知道家里的钱。（2013年8月访谈记录）
>
> XHY（女，1968年出生）：我家的钱大部分都是我赚的，他当村干部只有一点死工资，他的工资他自己留着喝酒应酬，我也不要。但是家里的钱都是我管，我从来不告诉老公家里有多少钱，他确实不知道。我盖这间楼房前后花了30多万元，都是我自己存下来的，房子盖好了他才知道我这些年存了这么多钱。（2013年8月访谈记录）

妇女独揽经济管理权现象，在邢村有很多典型案例，也常常被妇女们津津乐道。夫妻共同管理收入模式较多出现在丈夫没有严重不良消费习惯且夫妻双方互信度很高的家庭，还有少数家庭则是丈夫独享家庭经济管理权模式，在这类家庭中，往往妇女文化程度较低或被认为不如丈夫"精明能干"。随着年轻村民受教育程度逐步提高以及受外界信息的影响，邢村家庭的收入管理模式开始朝着更加灵活多元的方向发展。

（二）主干家庭收入管理模式

在几代人共同生活的大家庭中，家庭收入的管理与支配呈现出明显的新旧结合的特点。传统时期的大家庭中，父辈拥有绝对权威地位，尤其是在经济收入管理和支配方面，父辈掌握家庭经济主导权，晚辈夫妻通常没有独立的经济地位。家庭联产责任制实施以后，耕地成为家庭最重要的共同财产。在农业收入是家庭最重要的收入来源时期，农业生产、收割、销售都由更有经验和权威的父辈掌握主导权，家庭收入也由父辈统一管理和支出。随着非农收入特别是经商收入和打工收入在家庭总收入中所占比例越来越高，大家庭中的收入管理模式发生了质的变化。全家人共有的耕地（主要是粮食种植用地）依然由父辈掌握主导地位，粮食生产收割等共同劳动在父辈的安排下，全家人参与共同劳动，收割的粮食等食物供全家人食用；少数田地多一些的大家庭粮食有结余的，由父辈负责销售，销售收入用于补贴全家人改善饮食或日常生活消费。改变最大的是非农收入的管理模式。在走访的多个两代人都有劳动能力的大家庭中，笔者看到一个共同现象，公婆与儿子、媳妇非农收入完全分开，而且界限明确。主要体现在晚辈夫妇享有独立的非农经营权利和独立的收入管理支配权。晚辈和父辈之间不存在紧密的经济依赖关系，作为晚辈的年轻妇女，在大家庭中依然能保持经济的独立性。

访谈对象：LXF，女，1977年出生

访谈时间：2013年8月

家庭人口：公婆、自己小家庭四人、小叔子、小姑子共8人，未分家

粮食种植：

全家有十几亩田，种水稻。农忙的时候，全家都去干工。小姑子常年在外打工，农忙也不回来，就少她一个。阿公犁田，我和老公还有小叔子和阿婆四个人插秧，我老公和小叔子也可以换着犁田，犁田还是男人干，插秧现在男人、女人都干，人多干得快。稻谷收回来卖多少钱我们不管也不问，这笔钱归婆婆拿，因为种稻也要花钱买肥料、买种子，全家人也要吃粮食，也没多少结余。平时拔草施肥谁有空谁干，公婆干得多些，不过种粮食这些都没有分。

橡胶收入：

我们结婚前，公婆种了400棵橡胶树。我嫁过来以后，我把家

第四章 社会转型时期哈黎妇女家庭地位

里一处地势比较高的地种了 100 多棵橡胶苗，那块地是我们家的，比较偏，以前一直荒着。问婆婆同意以后，我找人开荒挖坑，种橡胶苗，开荒以后那块地就是我和老公的。婆婆种的 400 棵橡胶是她和公公的，他们割胶他们卖，收入归他们，他们还有小儿子小女儿没有成家嘛，肯定要攒钱。我开荒的那块地平时都是我去管理，开割以后就由我们割胶卖，这个收入归我们。

种瓜菜收入：

以前冬天水田都荒着，这几年大家都种反季节瓜菜，会种的人收入比养鸡、养猪赚钱。我也用一块田种瓜菜卖，收入还可以。那块地是我们家的，也没分给我，家里田多，婆婆种不了那么多，我就拿来种瓜菜，阿婆没意见，空着也是浪费。到农忙的时候，那块地还是种全家的稻谷。后来阿婆也种了一块田的瓜菜，我和阿婆各种各的，分开种，分开收。

养猪收入：

刚结婚的时候我和阿婆一起养猪，家里养了好多头，每天找猪菜、煮猪菜都是我和阿婆一起干，那个时候只有一个猪圈。去年我在阿婆的猪圈旁边搭了一个猪圈，我和阿婆养猪就分开了。我和阿婆各养各的，找猪菜、煮猪菜、喂猪都是分开的。有时候我找的猪菜多，也会分点给阿婆，她有时候也帮我带一点。阿婆养的猪赚的钱归她，我养的猪赚的钱归我，这样也挺好的。小叔子和小姑子都没成家，所以没有分家。他们自己打工，自己存钱，和我们没有经济往来，都是各管各的钱。

LXF 家的收入管理模式在邢村土干家庭中非常普遍，即使没分家仍一起生活，但两代人在经济收入来源和管理上保持了高度的独立性，无论是年长的婆婆还是年轻的媳妇，都有独立的经济收入来源和收入管理权，经济地位相对平等。在年长的父辈基本丧失劳动能力的主干家庭中，家庭收入主要来源于晚辈夫妇的经营，晚辈夫妇自然而然拥有收入管理权。

· 177 ·

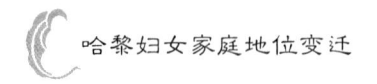

三 妇女消费决策权

家庭收入是全家人日常生活的基本保障，收入管理水平高低也影响到家庭生活水平及家庭财富状况。收入管理主要体现在家庭消费安排和财富积累等方面。很多妇女反对丈夫管钱的重要原因，是担心丈夫乱花钱；而丈夫同意妻子管钱也有个直接原因，是黎族女人大多勤俭节约，消费有度。黎族妇女管理家庭收入重财富积累，也会合理控制自己与家人消费。

由于妇女有很高的家庭收入管理权，大多数妇女有较高的消费决策权。对于那些独揽收入管理大权的妻子来说，则享有更自由独立的消费决策权。

（一）家庭日常消费

柴米油盐、穿衣吃饭等家庭日常生活消费是每个家庭消费结构中必不可少的组成部分，这些消费通常涉及金额不大，但消费频率较高，关系到全家人日常生活水平和质量。传统自给自足时期，大多数家庭日常用品多由妇女自己动手，自产自用。包括吃的粮食蔬菜、穿的衣服、棉被、用的容器腰篓（腰篓一般是男性编织）等。生活水平提高后，市场空前繁荣，吃的自己种、穿的自己织的情况成为历史，家庭日常消费大多需要通过市场购买。邢村妇女对家庭日常开支享有绝对的决策权，吃穿用，缺什么买什么，妇女可以完全自己做主，不需与丈夫商量，丈夫较少参与日常消费决策。

> XQY（女，1963年出生）：我们大部分家庭都是老婆管钱，因为女人操持家庭，家里缺什么要买什么都是女人知道。我家里，卖了粮食卖了猪，钱都是给我保管，他当村干部的工资从不交给我，他说应酬多，开销大，需要钱。看见家里缺什么他也会买回来，买菜买用品谁有空谁就买，不用商量。我和他手上都有钱，买家里用的东西谁都可以做主。大笔开销两人要商量，比如孩子上学、买电器这些。（2016年2月访谈记录）
>
> XYG（女，1970年出生）：吃穿这些都是妇女管，以前条件

差，缺吃少穿也都是女人想办法，男人不管。现在女人手上都有钱，家里差什么就自己去买，花钱不多，跟丈夫说不说都可以。（2016 年 2 月访谈记录）

（二）家庭重大消费

女性在家庭中的决策权，主要反映妇女在家庭中就有关家庭的一些重大事务拥有的决定权的状况。家庭重大事务包括购买大件商品、购买农具、买房盖房、从事生产或经营的类型、孩子升学就业和婚姻、投资或借钱、赡养老人等方面。[①]

家庭重大消费常常涉及金额较大，怎么消费，对家庭生活质量及财富积累会产生较大影响。相比日常开支，重大消费决策权更能反映家庭成员的经济地位。

1. 家庭重大消费种类多样化

经济困难时期，邢村家庭重大消费种类较少，涉及金额也相对较小，主要包括购买农具、生产资料、看病等基本生产生活方面。如今家庭重大消费涉及金额更大，种类更多。除了基本生产生活维系方面的大件消费外，还包括很多享受型和发展型大额开支，如盖新房、买车（摩托车、拖拉机）、子女上学（课后培优等）、人情消费（请客送礼等）、购买家电等耐用品等。重大消费种类多样化的同时，重大消费决策显得更为重要，更能凸显家庭成员在家庭经济管理中的发言权和决策权。

2. 家庭重大消费决策模式与家庭收入管理模式关系密切

家庭收入水平直接影响到家庭大额开支水平，收入管理模式则直接影响到重大消费决策模式。前文提到邢村家庭收入管理模式包括夫妻共同管理模式和妻子独揽大权模式，也有少数家庭是丈夫独揽收入管理大权模式。在夫妻共同管理家庭收入的家庭，遇有重大消费，也常常由夫妻双方共同决策，即使主要由一方购买，也通常会事先征求配偶的意见。

---

① 万江红、魏丹：《社会性别视角下闽西农村女性家庭地位分析》，《中华女子学院学报》2009 年第 1 期。

在丈夫管理家庭收入的家庭，遇有重大消费，丈夫会视情况决定是否需要征求妻子意见。与生产投资等经济活动有关的常常不会与妻子协商，但涉及子女教育及婚姻大事的大额开支，通常需要征求妻子意见；妇女在子女教育和婚恋消费中，决策权更大。而在妇女独揽家庭收入大权的家庭中，则出现了不同的情况。在一些家庭中，妇女独揽经济大权，但家庭大额开支通常会与丈夫商量，听取丈夫意见，很多大额开支还需要丈夫出面购买。在这些家庭中，丈夫享有家庭重大消费的知情权和发言权。

XHJ（女，1948年出生）：我家是我管钱，花钱要看怎么花。花小钱女人可以自己安排，家里买点平常用的东西，跟男人说一下，他也不会说的，不跟他说也没事。花大钱还是要男人决定。我家买电视机和拖拉机这些东西，我不懂，是老伴去选，我跟着一起去，他选好了我付钱。有时候买东西我没空，我也会把钱交给他，让他自己去买。我家盖房子是老伴先提出来的，他当时跟我说想盖新房，问我有没有钱，有多少钱，我告诉他。他说钱够盖间房，我就把钱拿出来给他，他和两个儿子一起跑前跑后盖的这间房，两个儿子都会盖房，我不懂就不管。（2016年2月访谈记录）

XZL（男，1969年出生）：我每天都在外面跑生意，家里都是老婆管，她不懂外面。家里投资做生意这些都是我做主，她不懂。我赚的钱我管，我也给她一个银行卡，她要用钱她自己可以取，我银行卡密码她也知道。她的个人开销我不管，花几十几百的小钱不用跟我商量，几千上万的大钱要和我商量。别人要借钱，这些都要跟我商量。（2016年2月访谈记录）

而在另外一些家庭中，重大消费常常也由妇女独立决策，丈夫不仅对家庭收入缺乏知情权，重大消费也失去事先协商和知情权。在这些家庭中，收入管理与消费管理几乎全部掌握在妇女手中，丈夫不参与似乎也不"关心"家庭经济收支，自己有消费需求，要向妻子索取或要求。

XHY（女，1968年出生）：我们原来一直住土砖房，后来我说孩子大了住不下，提出要盖新房。他赌气地问："你有钱盖新房吗？"我说有。我把这些年存的钱都拿出来盖了这间楼房，他开始一直不相信我家有这么多钱，楼房盖好了他才知道是真的。盖这个楼房完全是我自己做主自己负责的。我找了一个亲戚来替我设计，他说一定给我设计一个没人比的房子。他用电脑画出一个设计图纸给我看，说盖那样的房子要20万元，问我有没有，我说有20万元，就按照他的设计盖。没想到后来花了30多万元，他说你看你的装修多高档，肯定要多花钱。我带老公一起去买装修材料、买家具时，老公总说我看中的东西太贵了，说我们在农村不要搞得那么排场，什么装窗帘，做橱柜，买冰箱他都反对，说太花钱。我不管他同不同意，就自己买了，反正钱在我手上，买不买得起我心里有底。我家这个大餐桌是我和女儿一起去乐东挑选的，花了3700块，客厅的吊顶灯花了4000多块。买回来他总说我买贵了。他说你别把钱都花光了，到时儿子考大学没钱读。我跟他说，你放心，只要孩子考得上大学，我就有能力供他上。（2016年2月访谈记录）

像XHY这样的家庭中，妇女创造了更多家庭财富，并牢牢掌握了家庭收入管理权和消费决策权，丈夫则对家庭收入和消费缺少同等的知情权和支配权，在收入和消费管理与决策方面，存在明显女高男低的性别不平等局面。

（三）家庭成员个人消费

1. 妇女个人消费有独立决策权

家庭收入提高后，妇女个人开支逐渐增加，除基本生存消费外，娱乐消费、享受型消费也得以提高，包括添置衣服、化妆美容、唱歌跳舞、看病保健等。

尽管大多数妇女有权掌管家庭收入，继而有较高的消费决策权。但她们继承了勤俭持家的传统，个人消费涉及金额较低，跟家庭其他消费相比，妇女个人消费比例较低，在家庭消费结构中不具有重要影响。妇

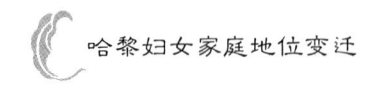

女对个人消费享有独立的决策权,不需征求丈夫意见。

> XQY(女,1963年出生):我自己要花钱,就自己上街去买,买衣服买鞋子、剪头发烫头发什么的,都自己做主,不用问丈夫,有时都不跟他说。我们买的都便宜,我好多衣服都是二三十块一件,比不了有钱人,贵的舍不得买。(2016年2月访谈记录)

2. 妇女对其他家庭成员个人消费的决策管理

子女未成年时,除了吃穿等日常生活开支外,交友娱乐等个人消费通常都由母亲决策和管理。子女要钱花都必须找母亲要,是否给钱,给多少,最终由母亲决定。子女成年后,自己有收入时,就会慢慢获得个人收入和开支管理决策权,母亲不会太多干预。

当地男性个人消费比妇女更大,除了穿衣理发等这些个人基本消费外,更多花在嚼食槟榔、请客喝酒、唱歌跳舞,甚至买彩票、赌博等社交和娱乐活动上。其中请客喝酒、买彩票和赌博开支较大,尤其是买彩票和赌博行为存在风险,控制力不强的人,可能沉迷其中不能自拔。当地的人际交往风俗中,男性普遍讲义气,爱面子,请客吃饭、喝酒唱歌看似是正常的人情往来消费,但如果过于频繁或规模太大,则是一笔不小的开支。为了控制丈夫个人开支太高影响家庭经济状况,很多管钱的妻子会在"合理"的范围内给丈夫留零花钱,超额开支则会严格控制。

> XYG(女,1970年出生):我家卖粮食、卖橡胶的钱我管,小卖部进货、卖货,账都是我管。他每天杀一头猪,卖一半给菜场的老板,留一半自己卖。卖猪肉的钱每天交一大半给我,留一小半他自己花。要是把卖猪肉的钱都收上来,他肯定就不去卖猪肉了。手上没有钱花,他肯定要天天找我要,也麻烦。我就留一小半给他喝酒,怎么花我不管,不够花找我要,我一般不给,钱再多也花得完啊,不能随他。(2016年2月访谈记录)
>
> LAF(女,1987年出生):我们家的钱也不说谁管,家里赚的

钱交给我收着,多的我们存着,少一点的就放在家里抽屉里,谁要用就自己去拿,自己花点小钱也不用两个人商量。我老公开销不大,他不赌博,不买彩票,喝酒也不太厉害,所以我也不用管着他,要是像有的男人有多少钱花多少,那女人肯定得管严点。(2016年2月访谈记录)

调查发现,男人个人开支相对合理的家庭中,妻子对丈夫个人开支的数额及消费方式干预较少,双方都有比较大的决策自己个人开支的空间。而男人个人开支较大或者超出家庭经济水平能承受的合理范围的家庭中,妻子对家庭收入的管理更严格,对丈夫个人开支管理也更严格。较高的个人消费需求与较严格的开支管理之间存在矛盾,也容易因此引发妻子的唠叨和丈夫的不满,由此造成家庭冲突、甚至冲突升级到家庭暴力等严重后果。

四 家务劳动性别分工

一般认为,夫妻家务劳动承担多少与家庭权力有关,家务劳动承担多的一方,在家庭中处于相对无权的地位。[①] 夫妻双方家务劳动义务的不对称,反映了家庭中两性权利的不平等。改革开放前,黎族妇女几乎包揽了家里所有的家务劳动,无论出于黎族传统性别分工禁忌的限制还是女劳男逸传统的影响,男子几乎不分担家务劳动,妇女家务劳动负担繁重。随着黎族家庭生产方式的变革,同时受外来文化的逐步影响,黎族传统的性别分工观念日益受到冲击,家务劳动分工也出现松动,做家务劳动不再是妇女的"专利"。

(一)"女劳男逸"传统出现改观

历史上很多南方少数民族地区都有"女劳男逸"的传统,与汉族地区"男主外女主内"分工模式有很大反差。受"女劳男逸"传统的

---

① 骆桂花:《甘青宁回族女性传统社会与文化变迁研究》,博士学位论文,兰州大学,2006年。

深远影响，妻子忙碌、丈夫清闲的画面，在邢村仍具有普遍性，尤其在中老年夫妇家庭中表现更为明显。

> XHY（女，1968年出生，丈夫是村干部）：他（指老公）经常在外面玩，出去也不说去哪里，什么时候回来都不说。总说有应酬，要工作，谁知道。反正经常醉醺醺地回来，常常半夜才回家。有时候家里有事打电话叫他回来也叫不动，他会说他很忙。前阵子晒稻谷，突然下雨，孩子们在学校，没人帮我，我打电话叫他回来帮收稻谷，他不回来。我一个人挑也挑不完，谷子好多，我家里有拖拉机可是我也不会开，我只好一点点往家里挑，但是来不及，谷子大半都淋湿了，我气得哭。稻谷被雨淋了就不好吃，还容易生虫子。笔者问当时有没有亲戚或者邻居可以帮忙，她说："哪好意思总请别人帮忙，别人会说你又不是寡妇，自己也有丈夫，怎么总叫我们帮忙？真有人会这么说。别人这样说也有道理，怎么能总叫别人帮。我对他也没多少指望了。"（2013年8月访谈记录）

XHY的丈夫是村委会干部，平时有不少村务工作要开展，接待等应酬相对较多。但在妻子眼中，很多时候丈夫并非真正忙于公务而顾不了家庭，其实是想把家里农活和家务都丢给她，自己找借口在外面玩耍。如果说XHY丈夫是村干部、身份还有一定特殊性的话，前文提到的靠辛苦卖菜赚钱的XYL家，"女劳男逸"模式就更典型了。

> 访谈对象：XYL，女，黎族，1970年出生，育有一儿一女
> 访谈时间：2013年8月
> 访谈记录：
> 问：为什么我发现市场卖菜的大多是女人，男人很少呢？
> 答：是啊，男人都不敢卖，不好意思卖，都是女人卖菜。
> 问：你老公有没有去帮你卖过菜？
> 答：没有，他有时候去那里玩，但是从来不卖菜，他不喜欢

卖菜。

问：他是觉得男人卖菜不好意思吗？

答：他是这么想的，没办法。

问：你每天进菜、搬菜、卖菜很辛苦，有没有叫老公帮一下？

答：以前我叫他去帮我搬一下或者替我卖一会儿，他不去。我每天干不完的活，他闲得很就是不帮。有时候我也抱怨，我说我这么累，你不心疼啊？说了他也不帮，他习惯了。

问：你每天卖菜，农活主要是谁干呢？

答：农活也是我干。插秧、割谷都是我干，农忙那几天，我就不卖菜，回家干农活。

问：你老公会插秧吗？

答：他只犁田，犁完他就回家玩，不帮忙插秧，他不会插秧也不想干。以前我和阿婆两人插秧，现在阿婆年纪大了，就我一个人插秧。今年我也教着老大学着做一点。插秧我一个人干很慢，要十几天才能搞完。

问：我记得我上次来的时候，你老公每天晚上要去割胶。

答：现在我们的橡胶树老了，不出胶水了，老树就砍掉卖了，又种了橡胶树苗，还很小。他现在也没有胶割了，没有事做。

尽管"女劳男逸"模式在邢村仍能找到典型案例，但这种传统性别分工模式已出现明显改观。快速发展的市场经济进一步激发了村民赚钱致富的"进取心"，"女劳男逸"现象正在改变。大多数妇女仍活跃在家内、家外各种事务中，"女劳"依旧，明显变化的是"男逸"现象日益减少。男性不仅参与越来越多的经济活动，家务劳动也渐渐出现了男性的身影。尽管在很多家庭里里外外的事务中，妇女通常比男子更忙碌，也经常看到三五成群的男子在路边饭店喝酒聊天，显得更悠闲自在，但跟过去相比，这种"一忙一闲"的反差在逐步缩小，男子开始参与越来越多的经济活动以及家务劳动，妇女的劳动负担也得到分担。

XQS（男，1961年出生，村干部）：XYL的老公以前还忙着割胶，有点事干；现在胶不割了，什么事都没有。他老婆每天在市场卖菜，他也从来不去帮忙，去了也是看一看就走。他每天就喝酒聊天，到处串门，老婆也管不了他，一直这样懒。碰到他这样的老公，老婆就很辛苦，大家都同情他老婆，但这是他们家的事，别人也不好说什么。不过像他这样什么都不想干的男人越来越少了，大家都在想着赚钱。别人盖楼房你不想盖？别人天天买肉吃你不想吃？大家都比着赚钱，男人女人都要找工干才能多赚钱。现在的男人如果还这样懒，就不好找老婆。（2013年8月访谈记录）

XXC老公（男，1981年出生）：以前农忙完了就没什么事做，女人在家里要做家务、带孩子，男人就没什么事，凑到一起喝喝酒、聊聊天打发时间。现在不同了，只要想做事总有事做，农忙的时候搞农业，不忙了可以做小工搞装修，一天一百多元比种田强。还有的人会做生意，赚得更多。现在不忙着赚钱到处玩，别人也看不起，没有钱天天玩，老婆要骂，老人也要骂。（2013年8月访谈记录）

（二）妇女家务劳动负担仍较繁重

1. 新时期黎族家庭家务劳动的类型及特点

黎族家庭的家务劳动种类杂，内容多，既与全家人的日常生活密切关联，也与当地传统家庭文化和生活方式息息相关。邢村家庭家务劳动大体可分为三类：饮食起居类家务劳动、迎来送往家务劳动和家庭副业附加劳动。饮食起居类家务劳动包括做饭洗碗、洗衣、打扫整理、种菜摘菜买菜、买米买油等，这类家务劳动不但琐碎、耗时，还需日复一日重复进行，而且通常都是要定时完成。迎来送往家务劳动包括酿酒、做糯米饼、买菜做饭招待来客、给客人准备礼品，等等。黎族村民热情好客，人情往来活动特别频繁，尤其是节假日期间，很多家庭几乎每天都有来客，或者需要外出做客，迎来送往相关家务劳动既包括提前准备、平时储备的物资制作劳动，也包括客人突然来临、应急买菜做饭等临时劳动。家庭副业附加劳动主要指喂猪、喂鸡、清扫猪圈等相关副业的劳动。邢村几乎每个家庭都养猪、养鸡,找猪菜、煮猪菜、喂猪则是这些家庭每日不能忽略的家务劳动。

跟新中国成立初期相比,由于市场交易日益繁荣,新式家用品的日益普及,有些家务劳动完全消失了,如挑水、织布做衣、挑土制陶、脱壳碾米等。有些家务劳动强度减弱或频率降低了,如电饭煲煮饭取代了传统柴火煮饭,更省时省力;很多家庭配置了煤气灶或电磁炉,代替黎族传统烧柴火的三石灶,炒菜煮汤更快捷轻松。少数家庭购买了洗衣机,洗衣更轻松。另外,人情往来方面的家务劳动则有增加趋势。每年自酿糯米酒的重量少则几十斤,多则几百斤,遇喜事多的年份,还需制作数量不少的糯米饼。平日来客多,则可能经常要买菜做饭招待客人。家禽养殖数量较多的家庭,每日喂养家禽的劳动量更大。另外,新时期大多数邢村家庭住房得到改善,住房面积更大,结构更复杂,家庭卫生清洗方面的家务劳动量,也大过传统茅草屋时期。

2. 繁重家务劳动对妇女的束缚

无论是日常饮食起居类家务劳动,还是人情往来相关家务劳动或者家庭副业附加家务劳动,因为都属于家务事,是内事,历来都自然而然"承包"给了家中的妇女。家务劳动琐碎繁重,却又不能产生直接经济价值,纯粹是"吃力不讨好"的活,付出再多也被认为理所当然,付出不够则容易被家庭其他成员批评数落。大多数邢村妇女在家务劳动中依然扮演着这样的角色,家务劳动对妇女的束缚依然客观存在,从家务劳动的性别分工和承担方面来看,妇女依然处于付出更多、承受更多的弱势地位。

(1) 繁重家务劳动占据了妇女大量空闲时间

时间是影响个人发展的重要社会资源。家务劳动时间的性别差异,能够在很大程度上反映家庭中的性别平等。[①] 第三期中国妇女社会地位调查统计结果显示,2010 年全国各省已婚男女闲暇时间之比排名中,海南省以 79.3∶100 的低比值处于全国倒数第二(排名第一的重庆市,

---

① 和建花:《2005—2010 年家庭领域性别平等与妇女发展评估报告》,载谭琳《2008—2012 年:中国性别平等与妇女发展报告》,社会科学文献出版社 2013 年版,第 486 页。

已婚男女闲暇时间之比为 102.8∶100）。数值越低，说明女性的闲暇时间相对于男性的差距越大。①

虽然市场繁荣的新时期，农村各种家电渐渐普及，采用电饭煲、煤气灶等节省劳力的现代设备后，减轻了部分家务劳动的强度，但新增家务劳动也客观存在。有些家务劳动还对妇女提出了更高要求，如家庭卫生、饮食结构等。总体上看，妇女用于家务劳动上的平均时间并没有明显下降。与城市家庭相比，邢村家庭生活明显还处于较落后水平，家务劳动社会化程度还很低，绝大多数家务仍需要妇女自己动手料理。时间资源对每个人来说都是公平的，但是，如何支配时间，精力投向何处却存在着明显的性别差异，而且由此影响到夫妻地位。② 与丈夫相比，黎族妇女要耗费成倍的时间从事家务劳动，繁重的家务劳动占据了妇女大量空闲时间，从早忙到晚是一些邢村妇女每日生活的写照。

> XHY（女，1968 年出生）：我一般六点起床，先煮一大锅猪菜。猪圈旁边有一个专门煮猪菜的灶，用木柴生火煮，平时有空儿的时候多劈些柴备着。一边煮猪菜一边在厨房煮饭菜，我家有煤气灶、电磁炉，用电饭煲煮粥，电磁炉炒菜，比以前方便多了。煮好了猪菜就喂猪、喂鸭、喂鸡。再洗衣服、晒衣服，吃了早饭就出去干工。不忙的时候去酿酒厂帮忙。半晌午要回来喂猪。你看那头小猪躺在地上不怎么动，它病了，猪病了我就自己给它打针。我养了很多年猪，小病我就自己给它打针；要是还不好，还是要请医生来看。别人养猪喂三顿或者两顿，我一天给它喂四顿，长得快，一般五个月可以长到一百斤左右，就可以卖了。下午我要去找猪菜，自己种了地瓜叶专门喂猪，还经常到别人种菜的地里看一看，别人不要的茄子、香蕉，都可以挑回来喂猪。（2016 年 2 月访谈记录）

---

① 和建花：《2005—2010 年家庭领域性别平等与妇女发展评估报告》，载谭琳《2008—2012 年：中国性别平等与妇女发展报告》，社会科学文献出版社 2013 年版，第 488 页。

② 沙吉才：《当代中国妇女家庭地位研究》，天津人民出版社 1995 年版，第 259 页。

第四章 社会转型时期哈黎妇女家庭地位

（2）繁重家务劳动限制妇女自身发展

恩格斯早在100多年前就指出："妇女的解放，只有在妇女可以大量地、社会规模地参加生产，而家务劳动只占她们极少的工夫的时候，才有可能。"[①] 与很多其他农村地区相比，邢村已婚妇女外出务工比例很低，少数外出务工的妇女也主要选择县城附近短期打临工。很多妇女婚前长期在城市务工，结婚后纷纷留在村寨，无论是从事农业还是做生意，都要方便照顾家庭。照顾家庭兼顾家务，让已婚妇女很难同男子一样，"潇洒"地外出工作和积极参加各种村寨活动。

XQY（女，1963年出生）：每天都有很多事要做，就是不忙的时候也不能长时间不归家呀。有一年农忙过后，我和村里几个姐妹到崖城那边打工，在农场种菜、摘菜，那边土地多，女人去好找工作。干得挺好的，工资也不拖欠。干了两个月就回来了，老公叫我回来了不要再去了，说我出去打工，家都不像个家了，家务活他倒是会做，天天做他也不乐意呀，说这些还是要女人干。我现在负责村马路边的卫生，每个月有几百块钱。每天一大早我起来煮饭、煮猪菜，就去做卫生。干两个小时卫生，再回家吃早饭，喂猪、喂鸡、打扫卫生，每天早上都很忙。现在这个工作家里很满意，工作就在家门口，方便，不影响照顾家里。（2016年2月访谈记录）

LP（女，1982年出生）：我以前在琼海一家酒店当服务员，干了很多年，也学会了一些手艺，会做包子、点心。结婚以后我就辞职回来了，再也出不去了。两个孩子都小，需要人照顾，家里事又多，哪里走得开。我以前想过到县里租个门面卖点心，老公说："你去做生意，家里怎么办？"我就想等过几年孩子大些再看行不行，现在只能守着家。（2016年2月访谈记录）

[①] 恩格斯：《家庭、私有制和国家的起源》，载《马克思恩格斯全集》第21卷，人民出版社1965年版，第185页。

(三) 家务劳动性别分工开始出现松动

前文所述新时期黎族"女劳男逸"传统出现明显改观，男子更多地参与到各种经济活动和事务中。反映在家务劳动性别分工中，也出现松动，家务劳动性别分工界限开始变得模糊。男子开始参与部分家务劳动，如做饭、喂猪、打扫卫生等，家务劳动分工出现了更有利于性别平等的趋势（图一四）。

图一四 做家务的男人

笔者在邢村调研期间，有两次住在村长家中，亲眼看到村长常常买菜做菜，砍柴、喂猪也常常帮忙。笔者曾笑问："村里像你这样帮忙做家务的老公不多吧？"村长笑着说："有两三个吧。男人一般不做家务事，我已经习惯了。"村长妻子笑着说："他当村干部经常在外面吃饭，回来就觉得家里的饭菜不好吃，他就自己学着做。孩子都说他做的菜跟餐馆炒的菜一样好吃，他就更喜欢做了。来了客人，现在都是他炒菜，说我做的拿不出手。"（2016年2月访谈记录）

　　XZL（男，1969年出生）：以前挑水、挑秧、挑谷子、碾米、拔秧、插秧都是女人干的活，男人不做。现在这些活都有男人干，男人干的活比以前多，挑谷、插秧男人都干，拔秧也有男人干。有的男人也做家务活，你看我们村长每天早上起很早，煮饭、喂猪、买菜、做菜他都做，他是模范丈夫。（2016年2月访谈记录）

邢村另一位模范丈夫也给笔者留下了深刻印象，就是邢村二队 LQ 的丈夫。第一次调研期间，在一场婚宴上笔者与 LQ 相识，她婚前长期在外务工，知识面很广，非常健谈，笔者与她第一次见面就相谈甚欢。第二次调查期间，笔者特意上门再访 LQ，当时她和丈夫都在家休息。她热情地接受了我的访问。笔者注意到在我们交谈时，她丈夫一声不响地骑上摩托车出门了，不到半小时，他就提着几个塑料袋回家了，然后一直在厨房忙碌。不到一个小时的时间，他又一声不吭地出门了。LQ 会意地说，她老公看家里来了客人（笔者），特意去买了菜，做好了饭菜招待我，建议我们边吃边聊。笔者大为惊讶，又非常感动。LQ 说："我老公特别好，他不像别的男人爱喝酒，到处玩，别人以前叫他去他经常不去，现在也没人叫他了。他在家里什么都做，做饭比我做得好。他小学没有毕业，文化程度不高，我初中毕业就在外面工作了好多年，教孩子就由我负责，他让我一心把孩子带好，家务活他抢着做。姐妹们都说我好福气。"

性别意识理论认为，家务劳动的分配，实际上是对性别关系的一种符号性表现。夫妻双方在劳动力市场和家庭中所花费的时间是根植于性别意识中的。近些年来，一些社会学家提出了"实践性别"（doing gender）这一理论，认为个体行为是受他人期望影响的，因此，男性和女性往往会做一些与他们自身性别期望相符的行为来获得别人的认同，而这就是"实践性别"。根据性别意识理论，家务劳动并不是中性的，而是定义与表现了特殊的性别期望。① 新中国成立初期，妇女背负着包揽家务的性别期望，妇女在家庭实践中，会不自觉地承担几乎所有家务，以实际行动践行自己作为女性的角色扮演，从而获得丈夫和他人的认同。随着性别观念的改变，尤其受大众传媒影响，家务活不是妇女专利

---

① 参见於嘉《性别观念、现代化与女性的家务劳动时间》，《社会》2014年第2期。

的观念逐步打破了传统性别期望。丈夫做家务被宣传为顾家、爱老婆的模范表现；不做或少做家务的妇女，不再与懒惰、不称职相联系，反而成为"有福气"的被羡慕对象。性别期望的改变，首先改变了部分年轻夫妇的家务劳动分工实践。几位模范丈夫的出现，打破了邢村家务劳动妇女包揽的固化局面；还有一些年轻丈夫虽然还算不上模范，但也会参与一些家务劳动，特别是教育子女和招待来客方面的家务参与更多。村民对做家务的男性报以玩笑式夸奖，有丈夫帮忙做家务的妇女则得到其他妇女的羡慕和赞赏。邢村家庭中，夫妻平等分担家务的现象呈缓慢上升趋势。年轻的、接受过更多教育或接受过更多现代文明影响的夫妇，在接受和实践这种新的家务分工模式中扮演着引领者的角色。

第四节　家庭关系地位：性别不平等趋于改善

在不断走向社会化的过程中，农村家庭正经历着全方位的社会变迁，如家庭规模不断缩小，家庭结构日趋核心化和简单化，传统家庭伦理受到冲击，等等。与此同时，农村家庭成员之间的人际关系也在发生微妙的变化，家庭成员之间相处模式以及角色规范随之悄然改变，黎族农村家庭关系模式处于从传统走向现代的过渡阶段，呈现出许多过渡性特征。

一　横向家庭关系中妇女弱势地位得到改善

横向家庭关系中各方属于同一代（辈）人身份，相处时不必考虑长幼有序的辈分尊卑。与纵向家庭关系相比，横向家庭关系成员之间的相处更受到性别、角色等因素的影响，横向家庭关系的变迁，也更能反映妇女在家庭关系中的地位变迁。

（一）夫妻关系

1. 夫妻权力

改革开放前，黎族夫妻权力关系以丈夫主导型为主要特征，但在不同分工领域也呈现出诸多"分享平权型"特征。家庭重大事务决策中，丈夫是一家之主；但在日常生活事务及妇女专属工作领域，妇女则享有较为独立的支配权。如本章第三节阐述的那样,黎族传统性别分工出现松动,无论是户外经济活动还是家务劳动的性别分工界限,都开始变得模糊。夫妻双方逐渐可以跨界限参与更多的经济活动和家务劳动,在家庭事务决策权和支配权的分配方面,也随之出现更大灵活性。家庭经济条件不断改善后,家庭经济活动范围不断扩大,家庭事务种类更复杂多样。面对越来越多的家庭事务,夫妻双方可以共同商议,一起决策,尤其在家庭投资、子女教育等领域。

夫妻权力模式与家庭收入管理和消费决策权模式有直接关系,邢村多数家庭是妇女管钱,妇女持家,在这些家庭中,妇女的家庭事务权也相应更高。尤其是妇女独揽家庭财政大权的家庭中,夫妻权力模式明显向妇女倾斜。在夫妻共同管理家庭收入的家庭中,夫妻平权模式更容易实现。

在进一步分析夫妻权力地位差异及其原因方面,不同学者提出了不同的解释框架。通过对夫妻双方的决策权力及其资源占有状况的对比分析,布拉德和沃尔夫认为,丈夫和妻子的相对资源决定了他们的相对权力,配偶中具有教育、职业和金钱收入等主要资源优势的一方,拥有更多的决策权。[1] 罗德曼在跨文化比较研究中,提出了一种"规范—资源"的解释框架。在这种解释框架下,夫妻之间的权力分配不再取决于布拉德和沃尔夫意义上的单一资源,而是取决于以下两个因素的相互作用:(1)丈夫与妻子的比较资源;(2)特定的文化与亚文化中普遍盛行的夫妻权力规范。[2] 科姆特(Komter)通过对访谈资料的深度分析,考察了夫妻关系中由性别意识形态所形成的"隐藏的权力"(hidden power)。在她看来,这种隐藏的权力在夫妻关系中的影响至关重要,它被性别意识形态所正当化,并融入妻子们的思想观念中,使得客观上不平等的夫妻权力结构在当事人眼中,变得可以接受,甚至理所应当。[3] 科姆特认为,潜在权力在夫妻权力关系中起着重要的作用,潜在

---

[1] 参见张丽梅《西方夫妻权力研究理论述评》,《妇女研究论丛》2008年第3期。
[2] 同上。
[3] 同上。

权力受社会性别的影响，即使夫妻之间不存在公开或潜在的冲突，这种权力也会在婚姻家庭中发挥作用。①

黎族夫妻权力结构中，在很多家庭事务的支配权方面，丈夫与妻子权力地位的高低并没有表现出明显的分界点，也并非势均力敌的较量态势，而是在长期的黎族家庭性别文化的影响下，形成了重要家庭事务需要夫妻共同协商，一起决策，有些事务则主要由丈夫或妻子单独做出决定，另一方通常自动退到幕后、不加干预的多元局面。大多数家庭在家庭事务决策上，呈现出较为和谐与相安无事的特点，夫妻之间为争夺家庭权力而发生矛盾和纠纷较少，妇女在夫妻权力结构中，享有鲜明而独特的地位。

2. 夫妻感情

改革开放前的家庭，通常将夫妻感情作为个人情感关系而置于从属地位，夫妻感情得不到应有的重视，常常以较为客气而平淡的姿态出现在公众视野中。随着社会的发展进步和人们文化素质的不断提高，爱情关系已在夫妻生活中由从属地位上升到主要地位，并成为婚姻的基础。吴若增在他的小说《离异》中写道："现代社会应该是一个高情感的社会。所谓高情感，就是应该允许人们把自己多样化与多层次的情感表现出来，发泄出来。"②现代社会越来越更重视家庭成员个人的发展和家庭成员之间的感情培养，夫妻感情成为衡量家庭关系和睦与亲密程度最重要的尺度之一。

在邢村调查期间，笔者曾慕名拜访了本村享有盛誉的黎族民间歌手——五队的HYX。她擅长自编自唱黎语歌曲，2009年村里推荐她去陵水参加民歌比赛，获得二等奖。访谈过程中，她当场演唱了几首自己平日编写的黎语歌曲，经陪同协助笔者调查的大学生阿晶翻译整理后，笔者做了完整的记录。HYX编写的歌曲大多源自她或者当地妇女的日常生活感言，其中一首《坏男人》抒发了黎族妇女在家庭生活中得不

---

① 参见祝平燕、夏玉珍《性别社会学》，华中师范大学出版社2007年版，第75页。
② 丁文：《家庭学》，山东人民出版社1997年版，第232页。

到丈夫关爱、无力改变现实的抱怨心情。

坏男人[①]

一不小心踏进这个家门，

已经不能改变了，

嫁给你这个坏男人！

虽然你坏，但是我已经嫁给你，就已经成为一家人了。

家丑不可外扬，我只有一个人默默忍受这些痛苦。

你坏到我吃饭还没吃完，就抢走我手中的筷子折为两段。

你坏到我还没吃饱，就抢走我的饭碗去喂猪。

你这个坏男人！

邢村妇女大多为家庭终日奔波，忙里忙外，既要参加农业生产等生产劳动，更包揽了大部分家务劳动，妇女们为丈夫、为子女、为家庭付出大量精力和时间。从夫妻感情的角度考虑，她们从内心期望丈夫能给予她们理解和支持，更希望能得到丈夫的关心和温存。黎族家庭传统的丈夫缺少关心呵护妻子的角色期待，相反，赋予妻子更多为家庭付出、全身心照顾丈夫、照顾家人的角色期待。随着性别观念及角色意识的改变，在影视作品等传媒潜移默化的影响下，妇女正在悄然改变着自己的角色扮演，同时也对丈夫的角色赋予了新的期待。很多妇女希望自己劳累时得到丈夫的帮助和关心，希望丈夫能学会分担部分家务，希望丈夫善于表达对自己和家人的关爱。而男人们尤其是上了一定岁数的中老年男性的角色意识和角色实践，似乎没有发生相应的"与时俱进"的改变。总体上看，在夫妻沟通交流方式及夫妻感情表达程度上，妇女仍处于相对弱势地位，她们全身心照顾丈夫和家人，几乎包揽大小家务事，而丈夫给予妻子的照顾和关心则普遍显得不够甚至非常缺乏。很多丈夫

---

① 歌名是笔者根据歌词内容和作者讲述拟定。歌词作者是邢村五队 HYX，邢村三队在读大学生邢阿晶翻译。

缺乏与妻子的沟通，闲暇时间，丈夫常常邀约男性朋友或亲戚喝酒聚会，较少与妻子一起参加休闲娱乐活动。

> XYG（女，1970年出生）：男人都不懂关心老婆。怀孕生孩子都照样干工，他不会叫你少干一点，多休息一下。例假来了也是一样，有时候你例假来了肚子痛，跟他说就跟没说一样，你自己休息一下接着干。生病了他也不会关心你。我有一次发烧躺在床上，干不了活。他一看我不能做饭，就自己出去了。他自己在外面随便都能弄到吃的，不管我也不管孩子。我睡了一上午，下午自己起来弄吃的，自己去买药吃。倒是孩子放学回来还会问一下妈妈吃了没，是不是生病了。不知道男人是怎么想的。他不担心老婆病了干不了工，我病了几天，家里的衣服什么都堆在那里，病好了，这些事都还是自己做，老公是从来不煮饭、不洗衣服的。大部分男人都这样，不会关心女人，女人们有时候一起聊天抱怨抱怨，也就算了。以前都是这样，男人太关心老婆怕别人笑，可是老婆病了都不关心，那还谈什么夫妻感情呢？（2013年8月访谈记录）

谈到夫妻感情，年仅20岁、结婚一年的妇女LXQ表现得非常失落，也许她还处在初为人妻、初为人母的适应期，有许多年在外打工经历，让她对夫妻相互关心、相互恩爱抱有更高期望，她对婚后丈夫的态度非常失望。

> LXQ（女，1993年出生）：结婚以前他热烈追求我，我在外面打工，他天天给我打电话发短信，还经常去网吧跟我视频聊天，我是被他的热情感动了，觉得他好在乎我、关心我。谁知道结婚以后他看都不看我，不把我当回事，落差太大。我每天在家带孩子，他照样天天出去玩，经常玩到半夜回家，也不知道他在哪里玩，在玩什么。结婚以前我已经怀孕了，住在娘家，他还经常买好吃的去看看我，结了婚住过来他就不怎么管我了，他觉得我是自己人了，要

吃要喝自己会弄。可我刚嫁过来,怎么好意思自己要吃要喝呢?我说他变了,他说结婚了就是过日子,叫我在家把孩子带好就行。我总希望他回家多问一问孩子今天乖不乖,我累不累,安慰安慰我,他什么都不说。(2013年8月访谈记录)

LAF(女,1987年出生):我老公一直话不多,恋爱时也是一样,给我送过一次花。现在和恋爱时一样,话不多。我们谈心比较少,他干工很多,每天忙到晚上才回来,回来了就想睡。他本来话就不多,干累了回家就睡,很少谈心。第二天一大早又出去干工。他从来没有说过什么亲密的话,不会关心人。你关心他还差不多,他哪里会关心你?男人都是这样吧?(2013年8月访谈记录)

受大众传媒和外出流动经历的影响,一些年轻夫妻的感情沟通方式和相处模式也在发生着变化。调查过程中,也有几位会疼老婆的新好男人受到妇女们的称赞和推荐,她们带着羡慕又失落的语气谈论别人的男人,数落自己的男人。就着她们的推荐,笔者拜访了邢村妇女眼中的少数几个新好男人的妻子。

LQ(女,1977年出生):我结婚前在外面打工很多年,农活做得少。结婚后也出去打工,老公在家务农。怀了孩子以后,我就辞职回家生孩子,再没出去过。我老公和村里很多男人是不太一样,他对我特别好,很会关心、照顾我。他做饭比我多,家务和我分着干。外面农活总不让我干,怕我累着。有一次他去插秧,我要求一定要去帮他,他拗不过就带着我开着拖拉机出门了。到路边经过一个小卖部时,他叫我下车去给他买瓶水,结果我下车后,他自己开车跑了,叫我回家休息。原来,他只是把我骗下车让我不跟着,我家田地远,我只好回家了。他也不像别的老公那样喜欢喝酒,丢下家里不管,别人笑他他也不管。姐妹们都羡慕我找了个会疼人的老公。(2016年2月访谈记录)

XXC(女,1980年出生):我和老公是在外面打工时开始谈恋爱的，结婚后都回村务农，他闲时在附近打临工。家里农活多，孩子多还有老人，我忙里忙外总脱不开身，幸好老公还比较顾家，他不打工的时候会留在家里帮我做些家务，带孩子。他也很会关心人，我怀几个孩子的时候去做检查，他只要有空都陪着我，生孩子也去医院照顾我。老公照顾肯定比阿婆照顾好，我哪里不舒服、要什么都可以直接跟他讲。他跟着照顾也看到我的痛苦，会更体贴老婆。比起有些男人，他真算个好老公。(2016年2月访谈记录)

在主干家庭中，两代人之间的夫妻关系重要性也日益超过纵向的亲子关系，夫妻感情在提高家庭生活质量和幸福感中发挥的作用越来越大。日益普及的新通信技术，在一定程度上也有助于夫妻沟通互动形式的多样化。2016年笔者第四次到邢村调查时，发现一个明显变化，村民接触手机网络等新工具、新技术的比例迅速提高。许多中青年村民都开通了手机微信，夫妻之间、妯娌之间、邻里之间互为微信好友。通过手机微信平台进行沟通，迅速改变着夫妻之间及村民之间的沟通方式，一定会对调剂和增进夫妻感情产生影响。

(二) 与丈夫兄弟、姐妹关系变化不大

长期以来，"大哥与弟妹"关系禁忌作为邢村家庭关系伦理中的毋庸置疑的规范，得到村民普遍接受并严格执行。随着对外开放程度的提高，外来文化的影响日益深刻，黎族家庭关系伦理正在发生诸多变化，但"大哥与弟妹"关系禁忌模式没有受到明显冲击，妇女与丈夫哥哥相处时，双方仍需遵守传统规范，不能与其他家庭成员一样自由平等交往。但也有部分村民对这种相处禁忌玩笑式地提出质疑，并表示，实际生活中有些家庭中可能执行边界在变得模糊。

XH（男，1968年出生）：有些做法确实存在不方便，其实也可以放宽一点吧？比如，要是大哥从外面干工回来，又累又饿，想到弟弟家吃顿饭，却不能动弟妹的锅盖，那就得饿肚子。再说突然下大雨，大哥在外面干工，晒在外面的衣服弟妹不能帮忙收，只能

眼看和被雨淋湿。这就有点不讲人情了。(2016年2月访谈记录)

LAF（女，1987年出生）：我们黎族讲大哥要尊重弟妹，但是汉族不讲。我小叔子的老婆是临高汉族人，她开始不懂这些，我们教给她，她就知道了，但是她还是不那么懂，有时候有点不对，我们也都不计较她，慢慢教她。(2016年2月访谈记录)

（三）妯娌关系：功能增强

传统时期兄弟姐妹多，家族规模更大，家族内妯娌关系也很复杂。随着家庭规模缩小及外出人口增多，邢村血缘家族的规模有所缩小，家族内妯娌规模也开始缩小，妯娌之间年龄差距更小。在邢村村民通婚圈渐渐扩大以后，家族内妯娌之间的异质性也悄悄增强，妯娌之间的文化程度、就业经历、思想观念都开始出现细微分化。妯娌之间交流的话题更广泛，互相学习和影响的观念更开放，依然亲密的交往带来更强大的交往功能。

家族内家庭有重要事件如婚丧等发生时，所有家庭都会无条件帮忙，妇女们会相约到主事家中，分工合作，帮助操持各种事务，如煮糯米饭、做糯米饼、烧菜做饭、清扫整埋等，都有妇女们忙碌的身影。边忙碌边聊天交流，妯娌之间共同劳动，一起参与，彼此熟悉，关系亲近。不仅同村大事妯娌们会一起帮忙，妯娌之间哪位妇女娘家发生婚丧大事时，众妯娌也会随着主事妇女一起奔赴她娘家参加活动。对于主事家庭来说，出嫁女儿带来的妯娌是重要来客，会热情招待。

不仅在家族内重要人情往来活动中，妯娌共同出席、集体参加的频率很高，互动频繁。在平时的日常生活中，妯娌间来往也很频繁，有些妇女在长期的交往中建立了亲密无间的朋友关系。农闲时，妇女的休闲娱乐活动大多是与妯娌一起度过的。她们相约一起喝酒聊天，诉说各自的家长里短、村里村外的是是非非，有烦心事、棘手事，妇女常常找要好的姐妹求助，有开心事、轻松事，也常常和姐妹分享（图一五）。

图一五　妇女聚在一起喝酒、玩微信

妯娌之间地位平等，境况相似，关系亲密，妇女们跟妯娌相处比较轻松随便，没有性别阻碍，也不存在辈分差别，言行举止不必受太多约束，不必讲究太多繁文缛节，妯娌之间可以口无遮拦地互开玩笑，随意取闹，可以真诚坦荡地交流谈心。在妯娌的亲密交往互动过程中，妇女的情感可以得到很好的宣泄，生活压力可以得到释放。妯娌之间成为妇女生活中的重要参照群体，继而深刻影响到妇女的价值观念和主观判断。

妯娌之间的交流也常常涉及与丈夫的关系、对丈夫和对婚姻的评价，以及对自己生活和家庭地位的评价，在深入交流中，在参照彼此、互相比较的环境下，妇女的性别意识、婚姻观念包括对自己家庭地位的评价，得以更清晰地呈现。相同的家庭文化和相似的生活经历，进一步强化了妇女对自己家庭地位的认知和评价，差异较大的家庭生活及夫妻关系，则会引起妇女对自己家庭地位及夫妻关系的反思和醒悟。

二　纵向家庭关系出现代际倾斜

已婚已育中年妇女在纵向家庭关系中处于双重地位，上有公婆、下有子女，中年妇女处于三代人中的第二代，对公婆，作为媳妇是晚辈；对子女，作为母亲是长辈。传统家庭讲究长幼有序，家庭中年长的家庭成员有更高的权威和地位，第二代中年成员地位次之，作为孙子辈的晚辈则处于纵向家庭关系的底层。现代化过程中，纵向家庭关系的变化以

第四章　社会转型时期哈黎妇女家庭地位

婆媳关系变化最为明显也最引人关注。传统长幼有序的关系天平出现倾斜，媳妇地位明显上升，婆婆地位则急剧下降。

(一) 婆媳关系发生重大改变——媳妇地位明显上升

社会转型的加速使农村家庭关系结构受到强烈冲击，家庭代际关系倾斜现象成为新时期很多农村地区的普遍现象。家庭中的长辈渐渐失去一家之主的权威地位，无论是家庭财产的占有权还是家庭重大事件的发言权和决策权，都不再是长辈的专属权力，晚辈不再对长辈言听计从，一些地区频频发生忽视老人权益甚至虐待老人的现象。

图一六　婆媳合影

黎族家庭的婆媳关系也出现了显著变化，媳妇必须绝对服从婆婆的时代也一去不复返了（图一六）。婆婆们正在失去往日的权威，媳妇们开始拥有更独立的地位。媳妇地位的提高与邢村家庭经济结构转型有直接关系，非农收入越来越重要，年轻的媳妇通过做生意和打工等方式参加非农经济活动，取得独立的经济地位，对耕地和农业生产的依赖减少，长辈在家庭经济地位中的优势渐渐消失。无论是在与公婆共居一室的主干家庭还是分家后另组小家庭的居住模式中，婆婆和媳妇之间的紧

· 201 ·

密联系正在变得松散，尤其是财产分配和使用方面，形成了两代人互不干涉、独立掌管的局面。在主干家庭中，即使日常饮食起居等方面不可能绝对分开，但重要收入和财产支配通常会分开。这种财产管理模式减少了婆媳之间的财产纠纷，更使拥有独立财产支配权的媳妇渐渐获得独立的家庭地位，婆媳关系朝着更独立、更平等的方向改变。

> LKX（女，1921年出生）：从分田到户开始，媳妇就不怕婆婆了，因为媳妇有自己的田地了，有自己的财产了。以前婆婆出去喝酒，媳妇就在家做家务，媳妇不能随便出去喝酒。家里大事小事都是公婆做主，媳妇没有地位，要花钱都要找婆婆要。现在媳妇分家了，各管各的，现在媳妇地位比以前更高。（2016年2月访谈记录）

> XYG（女，1970年出生）：以前的婆婆自己也过得苦，心情不好只能骂媳妇，反正媳妇也不敢反抗。现在的婆婆都读书多，经济条件又好了，有吃有喝，不会像以前的婆婆那样骂媳妇了。现在婆婆、媳妇吵架的也很少，谁也不骂谁。还有的婆婆主动提出来帮忙带孙子，叫媳妇出去打工挣钱。媳妇是晚辈，还是应该尊重婆婆，但是现在媳妇都不怕婆婆了，媳妇比婆婆还会赚钱，婆婆还要指望媳妇给自己养老呢，哪里敢骂？（2016年2月访谈记录）

（二）亲子关系中妇女拥有特殊重要地位

新时期的家庭代际关系中，子女的重要性被逐步放大，一些家庭中将年幼的孩子当作"小皇帝"，百般宠爱，家庭消费重心也渐渐转移到孩子身上。这种较为极端的代际倾斜现象在邢村没有典型反映，但传统长幼有序、论资排辈决定家庭地位的现象，确实完全被打破，年幼孩子越来越受到重视，村民的子女教育意识越来越强。传统时期，生孩子、带孩子天然是母亲的职责，母亲在子女成长过程中发挥着不可替代的作用，但母亲的付出和努力往往容易被看作是理所应当而未得到应有的关注。在越来越重视子女教育的新时期，妇女在亲子关系中的重要地位逐渐得到彰显。

1. 妇女在子女成长过程中发挥重要作用

受优生优育生育观念的影响，妇女的生育健康意识明显提高，从怀孕到分娩到产后保健，孕产妇都能得到更细致的照顾和更科学的医疗保健。孩子出生后，年轻的父母比改革开放前的父母更重视孩子身体健康的同时，尤为重视孩子的成才教育，年轻父母对孩子的教育期望不断提高。老一辈养孩子主要交给母亲，具体事务父亲参与较少。相比之下，年轻一辈的父亲会更多参与子女教育，尤其是对子女的文化教育，如教孩子识字、背诗、数数等。而年轻母亲对子女的教育，更是事无巨细，全面承担。

> XHJ（女，1948年出生）：生孩子、养孩子都是女人管，男人一般不带孩子、不管孩子。有些大事男人也会出面，比如孩子生病住院、上学、打工这些，爸爸也会管。爸爸主要负责出去挣钱给孩子治病，供孩子上学。（2016年2月访谈记录）
>
> LAF（女，1987年出生）：我怀孕的时候，老公就买回来几本故事书还有几张儿歌的光碟。孩子出生以后，我经常放儿歌给他听，让他也学一点儿歌古诗，开发一下大脑嘛，哈哈。现在孩子少，条件也好了，希望孩子将来多读点书，比我们有出息。现在老大刚上幼儿园，我有时候也教他写写字，做一点简单的数学计算，我们都是初中毕业，教小孩子还是会的。老公比较忙，孩子管得少，不过他回来有空的时候，也会考一考孩子认识几个字，叫我多教一点。（2016年2月访谈记录）

从怀孕生了到抚养子女成长，到子女成家立业，黎族妇女是子女成长的重要依赖对象，她们与子女更容易建立更亲密的亲子关系。亲密的亲子关系反过来可以进一步维护妇女在家庭中的平等地位，尤其是在遭遇性别不平等的家庭中，来自子女的依赖和支持，在某种程度上可以给妇女带来情感上的宽慰和满足感，从而减轻妇女因生活压力大或夫妻冲突等消极因素引发的负面情绪。

XYG（女，1970年出生）：养孩子、带孩子都是我一人管的，老公从来不管孩子的事。孩子生病了、发烧了，也是我一个人带他去看医生。他也不过问孩子的事，孩子在学校填表，都填的是我的电话号码，有什么事都是我去。孩子跟他没有话说，说了他也不懂。孩子有什么话都跟我说。他有时也打孩子，孩子都怕他。我大儿子（在当兵）脾气坏，爱发脾气，也怕他爸。他每个星期都会打电话给我，问家里人、阿婆等好不好，很少给他爸打电话。大儿子回家也跟我话多，懂得关心我，会问一下妈妈好不好、累不累。跟他爸就话少，父子俩交流不多。（2016年2月访谈记录）

XHY（女，1968年出生）：我的三个孩子都和我亲，他们上学开家长会都是我参加，他爸都甩手不管。在学校有什么事，考试考得怎么样，孩子们都会跟我讲，他爸问起来他们就说一说，不问就不跟他说。有一阵老公爱喝酒，喝醉了就动手打我，我儿子就特别对他爸有意见，还叫我跟他离婚。我知道孩子是心疼我，他们关心我。我就算跟老公有点矛盾受点委屈，也算了。孩子们跟我亲，护着我，我就满足了。（2016年2月访谈记录）

2. 妇女在子女婚姻缔结程序中的仪式意义突出

随着青年婚恋方式的改变，父母在子女婚恋过程中地位和作用呈减弱趋势，父母包办婚姻已非常少见。青年不仅依然享有恋爱自由，婚姻自主权也明显提高，父母对子女婚姻选择的干预和影响逐渐弱化。黎族传统婚姻习俗也经历着各种演变，但长期延续的婚姻程序和一些重要习俗依然得以传承，尽管形式有了诸多变化。很多传统风俗依然有顽强的生命力，完整婚姻程序依然被认为是结婚的必要过程。作为母亲的黎族妇女，在子女婚恋过程中享有的实际参与权和决定权明显弱化，但她们在子女婚姻程序和仪式中发挥的重要作用依然不可替代。前文第一节提到邢村最后一个娃娃亲的个案，在这个个案中，从最初给儿子定娃娃亲到后来亲自邀请娃娃亲对象到自家保持联系，正是婆婆一人多次出面，极力推动，才促成儿子的婚姻大事得到圆满解决，在儿子的婚姻缔结过程中，作为母亲的XXZ功不可没，也集中体现了妇女在子女婚姻缔结程序中的突出地位。

> XQY（女，1963年出生）：我儿子去年结的婚。他和儿媳妇是自由恋爱，我们没管。但结婚我们必须出面张罗。他有一天跟我说他媳妇怀孕了，我就赶紧开始计划他们结婚的事。我第一次和姐妹带了一些酒去媳妇娘家提亲，媳妇妈妈去世得早，她是跟着爸爸长大的。我们黎族谈孩子的婚事都是女人出面，我们到她家以后，是她家的几个婶婶出面跟我们谈，她爸爸也在场，但他没说几句话，只说女儿同意他就没意见。后面我和姐妹又去了两次，送彩礼、定日子，都是女人去谈，她娘家没有妈妈就让婶婶跟我们谈，女人会谈这些事，男人不知道怎么讲。（2013年8月访谈记录）

> XQS（男，1961年出生）：黎族女人比男人会说话，会办事。给孩子定亲、提亲这些事，向来都是妈妈出面，爸爸不参加。有时候爸爸也会出面，但是不做主，做主都是女人。如果妈妈不在了，就让婶婶出面，婶婶可以代表爸爸的意见去谈，但爸爸不会自己出面谈。（2016年2月访谈记录）

三 家庭暴力暴露妇女弱势地位本质

2016年年初笔者第四次到邢村开展田野调查。基于前几次调查和访谈对象建立的信任关系，第四次调查期间，笔者继续就妇女的家庭地位进行了一些深入的访谈，包括较为敏感的家庭暴力问题。令笔者感到震惊也深感心痛的是，一些妇女向笔者回忆曾遭遇的家庭暴力时，通常是愤怒又显麻木的表情和无助的诉说，而男性谈到家庭暴力时则表现得轻描淡写，甚至用玩笑掩盖。在一次访谈中，笔者刚抛出这样一个话题"我这次来主要想了解女人在家里的地位"时，访谈对象XCS[①]迅速反

---

① 男，1974年出生，曾因歌唱特长在三亚某歌舞团任歌唱演员多年。

问笔者"家庭暴力吗?"笔者问:"为什么我一提女人家庭地位你就想到家庭暴力呢?"他用大笑代替了回答。

基于性别的家庭暴力,是两性权力结构和男女不平等在家庭中的极端表现,直观反映了家庭领域中的性别压迫。[①] 尽管邢村妇女在很多家庭领域拥有独立而较为平等的自主权,尽管其家庭地位在很多方面有了更朝向性别平等的改变,但家庭暴力的存在,却用残酷的事实暴露了妇女在家庭关系中处于弱势地位的实质。

(一)转型期家庭暴力现状

家庭暴力是一个世界范围内备受关注的议题,大量研究发现,妇女更容易成为家庭暴力的受害方。在欧洲,1/4 的妇女经历过或者仍然经历着身体上的暴力,在世界范围内,暴力是导致女性死亡的最为首要的原因之一。[②] 2010 年第三期中国妇女社会地位调查数据显示,在整个婚姻生活中,曾遭受过配偶侮辱谩骂、殴打、限制人身自由、经济控制、强迫性生活等不同形式家庭暴力的女性占 24.7%,其中明确表示遭受过配偶殴打的已婚女性为 5.5%,农村和城镇分别为 7.8% 和 3.1%[③]。全国妇联的有关调查显示,在 2.7 亿个中国家庭中,有近 30% 的家庭存在家庭暴力,其中,施暴者九成是男性,每年有近 10 万个家庭因家庭暴力而解体。[④] 已有研究证实,农村比城镇中的夫妻冲突相对更多,遭受过配偶殴打的已婚女性中,农村是城镇的 2.5 倍。[⑤]

孙邵先和欧阳洁对海南五指山地区水满乡的黎族妇女的调查显示,有大量的黎族妇女偶尔或经常被丈夫和公婆打骂。作者指出,当地黎族

---

① 和建花:《2005—2010 年家庭领域性别平等与妇女发展评估报告》,载谭琳《2008—2012 年:中国性别平等与妇女发展报告》,社会科学文献出版社 2013 年版,第 481 页。

② 克里斯塔·兰齐奥-普拉特:《妇女与发展:妇女在欧盟的进步——2007 年 6 月 9 日在上海复旦大学的演讲》,载张乐天、邱晓露、沈奕斐主编《复旦大学第三届社会性别与发展论坛论文集》,上海社会科学院出版社 2008 年版,第 20 页。

③ 第三期中国妇女社会地位调查课题组:《第三期中国妇女社会地位调查主要数据报告》,《妇女研究论丛》2011 年第 6 期。

④ 李丽平:《女性以暴制暴犯罪源于立法缺位》,《政府法制》2010 年第 1 期。

⑤ 第三期中国妇女社会地位调查课题组:《第三期中国妇女社会地位调查主要数据报告》,《妇女研究论丛》2011 年第 6 期。

农村，妻子遭受身体暴力现象较为普遍。① 徐梅桂撰文指出："家庭暴力的现象在海南相当常见。"文章引用相关统计数据揭示了海南家庭暴力普遍存在的现状。据海南省妇联近三年信访统计，妇女因婚姻家庭纠纷问题的申诉占信访量的50%以上。其中，被丈夫施暴受伤的占反映婚姻家庭问题的30%以上，呈明显上升趋势。② 邢村家庭暴力现象也并不少见，也并非一时现象。家庭暴力严重危害受害方的身体和精神健康，破坏家庭关系和睦，甚至危机家庭完整。家庭暴力不仅反映了受害方家庭地位的不平等，也会因经常遭受家庭暴力而进一步削弱受害家庭成员的家庭地位。

（二）妇女是家庭暴力的主要受害方

家庭暴力的受害方往往是家庭关系中地位较低的一方，受制于身体力量较弱、地位较低等原因而不敢反抗或无力抵抗，在暴力中无法避免遭受伤害。在性别关系中，妇女是家庭暴力的主要受害方，施暴者多是丈夫。

针对各地妇女遭受家庭暴力事件频发及其带来的恶劣影响，2002年修改后的《婚姻法》，第一次将家庭暴力作为犯罪行为予以禁止。2005年8月修订的《妇女权益保障法》，进一步重申禁止对妇女实施家庭暴力，并且对政府有关部门的责任、对受害妇女的救济渠道和施暴者的惩戒措施做了明确的规定。③ 乐东县2005年5月制定颁布的《村规民约》第三十一条，也围绕针对妇女的家庭暴力做出了规定："夫妻在家庭中的地位平等，反对男尊女卑，不准打骂妻子，夫妻双方共同承担家务劳动，共同管理家庭财产。"这些法律及规定出台的背后都无法掩盖这样的事实，针对妇女的家庭暴力客观存在，妇女是家庭暴力的主要受害方。

---

① 孙邵先、欧阳洁：《黎族女性文化专题研究》，南方出版社、海南出版社2008年版，第175页。

② 徐梅桂：《海南家庭暴力的现状、原因及对策探讨》，《黑龙江省政法管理干部学院学报》2014年第1期。

③ 谭琳主编：《1995—2005年：中国性别平等与妇女发展报告》，社会科学文献出版社2006年版，第13页。

改革开放前，丈夫打老婆的现象在邢村并不少见，挨打的妇女轻则默默忍受，重则提出离婚，导致家庭破裂。新时期，邢村打老婆现象较过去有明显减少，但并未消失。调查中，多名妇女提到了家庭暴力事件绝非特例，除了年幼的孩子可能遭受父母主要是父亲的体罚性暴力外，妻子是家庭暴力的主要受害方。

> 访谈对象：邢村五队 XZF，男，1967 年出生
> 访谈时间：2016 年 2 月
> 访谈记录：
> 问：现在有没有打骂老婆的情况呢？
> 答：十个男人一个不打吧。
> 问：您是说大部分男人都打过老婆吗？
> 答：一百个里面只有几个不打吧？
> 问：打老婆不伤感情吗？
> 答：那个时候哪里想到感情？
> 问：有打得很严重的吗？
> 答：有啊，还有的把老婆打残废的，当然那样的很少。
> 问：这么说您也打过老婆？
> 答：结婚到现在也打过一两次。她做得不对我骂她，我做得不对她也骂我，都是正常的。
> 问：有没有老婆打老公的情况呢？
> 答：听说有的地方有，这里没有听说过，没有见过。

（三）妇女遭受家庭暴力原因

日常家庭生活涉及方方面面、大大小小的事件，施暴方施暴的原因通常带有一些个别性，如双方当事人的性格差异、沟通方式、感情深厚程度等因素，有时看似可以解释丈夫施暴的原因。但不同时期的家庭暴力具有不同的表现形式和特征，邢村家庭暴力的发生原因带有普遍性。

1. 经济原因

改革开放前，大多数家庭经济困难，生活困窘。村民为了生计奔波劳累，忙里忙外，仍常常入不敷出。家庭争吵的普遍原因是生活太困难，日子难以为继，争吵太激烈可能引发丈夫打妻子的暴力事件。改革开放以后，邢村村民家庭收入明显改善，大多数家庭温饱得到解决，基本生活得到保障，生活质量不断提高。因经济困难、日子难过发生的家庭矛盾和争吵明显减少，但收入提高的同时，消费水平也不断攀升。另外，村民家庭财富及消费水平差距迅速拉大，改善住房条件、购置享受性消费品、供子女求学等重大家庭消费，也使得一些经济相对困难的家庭感到压力，由此引发家庭争吵甚至升级到家庭暴力的事件也有发生。

部分家庭暴力源于夫妻双方收入与消费管理矛盾。这类暴力事件主要发生在妇女独揽经济大权的家庭中，丈夫有酗酒、赌博等高消费行为习惯，向妻子要钱遭拒，或双方为消费金额和消费项目发生争执而导致家庭暴力。

2. 饮酒原因

黎族居民普遍爱好饮酒，尤其是自己酿的糯米酒，更是黎族居民日常生活及重大事件中必不可少的饮品。糯米酒是黎族招呼客人的上等佳品，每当家里来了客人，主人一定会端出最好的糯米酒招待，菜肴不必丰盛，酒备足就好。在经济困难时期，粮食短缺，在温饱尚难以充分保证的条件下，家庭酿制的糯米酒数量有限，更显弥足珍贵，那时村民平日较少饮酒，只在宴请等重要时刻才和客人一起分享美酒。饮酒较少的时期，家庭矛盾更多发生在经济条件生计维持方面，饮酒很少引起家庭冲突。

> XHJ（女，1948年出生）：以前有打老婆的现象，有的是因为家里太穷，日子不好过吵架。有的是因为孩子多，为带孩子吵架。那时候没有多少酒，只有过年才有酒喝。平时生产队发的粮食吃都不够，哪有米酿酒。那时候家里又没钱，男人也不怎么喝酒，为喝酒争吵很少。现在也有打老婆的现象。现在打老婆主要是因为花钱的问题，男人要钱去外面玩，去消费，去买彩票，女人不给，男人

急了可能就打老婆。女人爱说男人乱花钱，也常为这事争吵。大集体时大家都没有钱花，也没有这种为管钱、花钱吵架。现在还有的男人是爱喝酒，喝醉了就乱骂乱打人。（2016年2月访谈记录）

如今邢村每家每户平日都酿有糯米酒，计划办大事如结婚盖房等的家庭，更会提前酿制分量较多的糯米酒备用，此外，三平市场还有数家糯米酒加工作坊，全年有糯米酒出售。邢村村民糯米酒消耗量很大，很多家庭全年消耗的糯米酒多达百斤甚至更多，除了参加各种宴请时常常需要送酒作为礼品外，其余消耗主要是自家招待客人饮用。除了重要节假日及参加重大宴席等场合一定会喝酒外，农闲时节，男人们也常常三五成群，相约到附近小餐馆或县城酒店聚餐饮酒。随着物质生活的改善以及人情攀比消费现象抬头，一些男性饮酒量比往日增加，不仅增加了消费，饮酒过量在所难免，还增加了出行风险。妇女们对丈夫频繁饮酒和过量饮酒常常通过唠叨、不给买酒钱等方法进行劝导和阻止，为此却增加了受丈夫打骂的风险。有些男人要不到酒钱又碍于面子，不肯拒绝同伴邀请或必须回请，会迁怒于妻子。有些男人则在过量饮酒后容易情绪失控，打骂为此唠叨的妻子。一些有过挨骂经历的妇女，纷纷把丈夫动手打人的原因归咎于男人喝酒太多。

XHY（女，1968年出生）：他（丈夫）昨天一天没回家，晚上也不知睡在哪里。我们已经习惯了，他经常出去喝酒两三天才回，回来也不说去哪儿，还不许你多问多说。他喝多了酒像精神不正常，我说就是神经病，乱打乱骂人。有一次他出去喝酒没回家，我打他电话他不接，我就打他朋友电话找他，他朋友就笑他老婆管得紧，笑他怕老婆什么的，他很生气，觉得我让他丢面子，回来就打我。我总叫他少喝点酒，喝了酒就乱发脾气，还伤身体，说什么都没有用。他也当着孩子面打过我，孩子过来扯，他也会顺手打孩子，喝多了他就完全不清醒，我宁愿他打我，也不要他打到孩子。他以前不是现在这样，当村干部以前一两个月才喝醉一次，他不喝醉的时候很正常，不会乱打人。当了村干部就经常喝醉,还总叫我理解他,说他是为工作才喝酒应酬。我说村干部也不止他一个,有的干部不会像他那样喝那么多,有时候我看就是他自己想喝。有时候他醉酒醒了以后发现家里有东西坏了碎了,就问怎么坏的,我告诉他是他喝醉了打坏的,他也会后悔不该打东西,不该动手打我,但是从来不道歉,只是会沉默几天不乱来。但下一次喝醉了照样不讲道理。(2016年2月访谈记录)

XYG(女,1970年出生):我老公年轻的时候不像现在这样,年轻时喝酒少,没有打过我。现在老了,年龄大了,脾气变坏了。现在他总爱喝酒,没有客人来,自己在家也要喝酒。他动过手术,应该不能喝酒,可是说了他不听,自己爱喝,总说好渴。他喝醉的时候,我什么都不敢说,喝醉了和平时完全不一样,打人很大力,他自己也不知道。我们女人有时候也会聚在一起喝酒,女人喝醉了就喜欢唱歌说笑,然后睡觉。男人喝得多,喝醉了却不睡觉,爱骂人打人,摔东西。有时候喝醉了还要跑出去玩,很担心,但是不敢管。等他睡了一觉酒醒了才敢说他,酒醒了就骂他。他酒醒的时候不会打人。我不知道别的家是不是这样,反正我们黎族都这样,家家都一样,男人都这样。(2016年2月访谈记录)

XHY和XYG都是40多岁的中年妇女,结婚时间超过20年,与丈夫的互动和关系相对稳定,彼此非常了解。在她们眼中,醉酒是丈夫动手家暴的罪魁祸首,她们反复强调丈夫不喝酒的时候不会动手打人,喝醉酒则会变成另外一个人。在预防和阻止家庭暴力的方法上,她们将希望寄托在丈夫少喝酒,认为不喝酒就不会有暴力。而施暴的男性久而久之也给自己打老婆找到了一个"合理"的解脱理由:喝醉了自己什么也不知道,什么也不记得,打人并非主观意愿,而是不可控行为。醉酒也许是根导火线,但导火线背后是"以强欺弱"的性别不平等逻辑在起作用。

妇女在家庭冲突中更容易成为暴力伤害对象,绝不仅仅因为女性身体力量处于下风,妇女未得到丈夫足够的尊重和爱才是根源。

访谈对象：XSC，男，1966年出生，1989年结婚

访谈时间：2016年2月

访谈记录：

问：结婚这么多年，有没有动手打过老婆？

答：呵呵，说从来没动过手也是假的。

问：都是因为什么事动手呢？

答：也没有谁故意要打老婆吧。

问：总会因为什么事动手吧？

答：我们男人肯定会经常一起喝酒，女人就爱唠叨爱骂，有时候就很烦。

问：女人唠叨，男人就可以打她吗？

答：也不是，男人喝醉了自己也不清醒，动没动手自己都控制不了。

问：喝醉了就真的完全控制不住自己的行为吗？

答：反正人是糊涂的，打了也不知道轻重。

问：打了老婆以后会不会道歉。

答：不可能像电视里那样跟老婆说对不起，我们说不出口。

问：会怎么表示自己做错了呢？

答：可以通过别人说一下，让老婆知道就没事了。

问：别人？

答：比如我哪天动手打了老婆，过两天我就找个机会跟哥嫂说一下，说那天我喝多了打了她，打得怎么样，提一下这个事。哥哥会说我几句。嫂子就会传话给我老婆，告诉她哥哥批评我了。我老婆就懂了，这事就过去了。

问：通过嫂子转达歉意？

答：也不会说什么歉意不歉意，我喝多了自己也不清醒嘛！反正跟嫂子提一下这件事，老婆就会懂。

青年夫妻接受过更高教育和新思想，而且结婚时间较短，双方都在

不断加深了解和磨合的过程中，尽管生活会遇到摩擦，但家庭暴力发生频率相对较低。青年男性饮酒、醉酒比中老年男性程度较轻，因醉酒而打老婆较为少见。

> LAF（女，1987年出生）：女人肯定都讨厌男人喝酒，喝酒对身体不好，在外面喝，骑车回来也很不安全，骑得快。肯定经常劝少喝一点，但是我们这个地方喝酒是风俗，男人不喝酒，别人会说你不像个男人，不喝酒在村里是混不下去的，也没办法。我老公喝醉了就不想睡觉，说睡觉就想吐，喝醉了就很大声讲话，话多。他不打人，不摔东西，认识他到现在没有动过手。醉了他就自己走来走去，自言自语说话。他喝醉了我就待得远远的，不惹他，他醉了跟不喝酒不一样。让他自己走来走去说话，走累了再睡，有时候走走就醒了。（2016年2月访谈记录）

3. 性别角色不平等

孙邵先和欧阳洁认为，汉化对于黎族的妇女生活来说意味着退化。受汉族封建文化影响渐深的黎族社会，并没有让他们的妇女在现代化的进程中完全挣脱不平等关系的锁链，回归他们民族原生的生活样式，或是走向更新的女性解放运动所追求的妇女生活图景。[①] 黎族妇女为子女为家庭大量付出，挑起家庭重担，在很多家庭事务中享有独立的决定权同时也是独立甚至唯一的实践者，辛勤的付出并没有换来与丈夫平等的家庭地位，久之反而形成了女人就应该为家庭操持一切，勤俭持家照顾家人本来就是女人的义务，女人应该无怨无悔照顾家庭打理家事，如果女人付出不够，对家人照顾不周或对丈夫有太多抱怨唠叨，就可能引起丈夫不满。相反，忙完农活后，男人就理所当然可以也应该出门玩耍，喝酒聊天，家里琐事都是女人的分内事，男人享有更多休闲自由时间和

---

① 孙邵先、欧阳洁：《黎族女性文化专题研究》，南方出版社、海南出版社2008年版，第175页。

更多休闲方式。在夫妻角色扮演方式上，长期家庭文化营造了这种对妇女极不平等的角色期待和角色规范，当妇女的角色实践难以满足丈夫对她的角色期待或试图改变角色不平等时，就可能遭受丈夫的家庭暴力。

  LXQ（女，1993年出生）：结婚以前他对我很好，处处让着我。结婚以后就变了，我们才结婚两三年，也总爱吵，主要是为带孩子吵。我天天在家带孩子很累，有时候也想去乐东逛逛街买点东西，他出去喝酒、唱歌，我也想让他带我去一次，他却总说他白天要干工，回家了就很累，没精力带孩子。还说我没做事就应该带孩子，叫我别想着到处去。孩子是我们两个的，为什么他还是那么潇洒，想玩就玩，我就只能天天带孩子？吵吵闹闹总是有，没有动过手。但是我也怕，他那么大个儿①，一拳打过来，我怎么受得了？（2016年2月访谈记录）

  现代化过程中，社会对妇女家庭角色的期待发生变化，男女平等呼声渗入城乡每个角落，妇女对丈夫的角色期待也渐渐提高，盼望丈夫能更多分担自己家庭责任，减轻自己家庭重担。年轻村民更容易接受新时代新角色期望，也更愿意认同男女平等的性别观念。而一些中老年村民尤其是中老年男性，相对固守陈规，对妻子的角色期待还停留在传统时期，宁愿守着自己一家之主的地位，不肯做出让步。当夫妻双方发生矛盾纠纷时，他们更可能延续传统男性的做法，采取过激手段，对妻子施加暴力。社会对男人打老婆现象的冷漠或视而不见，使得施暴者难以得到相应惩罚和舆论压力，结果，禁止打老婆的口号仅仅停留在口号里，家庭暴力这一顽疾没有得到有效的遏制。

（四）妇女的隐忍与反抗

  家庭暴力尤其是身体暴力不仅容易给妇女身体健康造成直接伤害，严重的暴力还可能危及妇女的人身安全，而且会给妇女带来心理上的恐惧、无助等消极情绪，也会破坏和睦的家庭关系，影响家庭生活质量。

---

① 指丈夫身体高大强壮。

受害妇女遭受家庭暴力时的反应，一方面是其家庭地位的侧面反映，另一方面也能部分解释某些家庭里家庭暴力频发的原因。

1. 妇女的无奈与忍耐

俗话说"家丑不可外扬"，家庭纠纷和家庭暴力这种"丑事"常被认为是家庭内部矛盾，外人不宜干预，家庭成员也通常不会第一时间想到寻求外部支持。遭受家庭暴力时，大多数妇女在遭受一些程度较弱、危害看似不大的暴力行为时，在反抗无力的情况下，常常选择默默忍受和忍气吞声，苦水往肚子里咽。有些妇女多次遭受暴力行为后，渐渐产生无助感，如果反抗会招来更严重的暴力。出于安全和现实考虑，她们会放弃无力的反抗，一次次忍耐，期待丈夫平静或清醒后生活尽快恢复常态，经受的伤害自己默默承受，慢慢修复。

> XHY（女，1968年出生）：他每次打我、骂我都是喝醉酒以后，所以我也学聪明了。只要看他喝多了，我就尽量躲着他，不说他、不骂他，他故意打骂，我也不还手、不还口，不然他会打得更厉害。等他酒醒了，我再说他撒撒气。见我挨打，孩子们都护着我，我男孩（儿子）问我："妈，你这个年龄还可以离婚不？（说到这里，她不自觉地苦笑着），你怎么受得了？你一生还有那么长。"我说，受不了也要受，他不喜欢我说他，我就少说，算了，不管他了。日子总是一样往前过。（2016年2月访谈记录）

她敞开心扉跟笔者诉说自己挨打的遭遇，就像和熟悉的姐妹或者邻居一样抱怨着，诉说着，表情很自然宁静，看不出痛苦和难过，这一定不是她第一次诉说，估计姐妹们在一起常常会聊这些话题。她们已经习惯了这种无法改变的生活，也习惯了不经意间的诉说，也许说出来能稍微缓解心里的痛苦和无奈吧。

> XYG（女，1970年出生）：他（丈夫）喝醉的时候很不清醒，打人力气很大，而且他打我、骂我，酒醒以后自己都不记得。他一

喝醉回家，我就不敢跟他说话，尽量让着他、由着他，等他酒醒了再骂他。（2016年2月访谈记录）

LAF（女，1987年出生）：男人要是打老婆，女人也不敢反抗，你要反抗，他会再打回来。一般家里小打小闹，女人都会忍着，如果真的打得严重，也会找人来说说，或者回娘家住几天。你找公婆没有用，公婆的话男人也不会听。（2016年2月访谈记录）

2. 妇女可以寻求的社会支持

偶尔发生的以及程度较弱的身体暴力，常常以妻子当面抵抗或默默忍受结束，尚不会对家庭生活带来严重困扰和破坏。少数丈夫因妻子逆来顺受的软弱表现或以本性难改为借口对妻子变本加厉，甚至习惯动手解决纠纷，给妻子身心带来难以承受的伤痛。传统时期，出嫁的女儿与娘家家族联系密切，男女双方的结合其实涉及两大家族的联姻，遭受家庭暴力的妇女常常会寻求娘家的支持。娘家家族里的男性出面，与丈夫及家族男性协商，替受伤害的妇女讨公道，娘家一度是妇女最大的支持和依靠。落夫家等婚姻习俗随后发生改变，妇女对娘家的依赖也逐步减弱，特别是受通婚圈扩大的影响，妇女与娘家的联系不再像往日那般紧密。不是特别严重的生活困境和伤害事件，妇女不太轻易去寻求娘家支持。

有些时候，妇女会寻求丈夫家族里德高望重的长辈或村干部出面，替自己讨公道。但长辈权威悄然下降，村干部涉及私人生活领域权威有限，邢村尚未形成保护妇女权益的专门组织。村妇联干部主管计划生育和妇女医疗保健，对家庭纠纷调停尚未形成被认可的权威和机制，所以，这种支持途径目前很难为受害妇女提供实质性的支撑和保护。

访谈对象：XYG，1970年出生，1990年结婚，妇女队长
访谈时间：2016年2月
访谈记录：
问：有没有妇女被老公打，找妇女主任或其他村干部投诉的？
答：没有人找干部投诉。

问：如果有妇女挨打来向你们妇女队长投诉，有什么办法可以帮她吗？

答：没有什么办法，男人改不了。被老公打，女人只能自己忍受。

邢村妇女的社会关系网络中，交往密切、关系亲近的"姐妹团"常能给受家暴妇女提供更实际的情感支撑。姐妹团包括家族中的妯娌及同村关系好的其他妇女。每个妇女身边都有规模不等的姐妹团，她们一起参加村里村外的大小宴事，假日相约一起赶集消费，平日里空闲时间，几个姐妹也会聚在一起聊天解闷。遭受家庭暴力或丈夫不公对待的妇女，愿意在姐妹团聊天时向姐妹倾诉；姐妹中彼此都有类似遭遇的人则会一起声讨，互相献计献策。虽然姐们团很难为受伤害妇女提供能快速阻止或惩罚丈夫家暴行为的帮助，但在彼此的倾诉安慰甚至一起对丈夫怒骂打趣中，妇女在家忍受的压抑和无力反抗的无奈得以宣泄。一方面，在有共同遭遇的姐妹的声讨和怒骂中认清自己的处境，有可能进一步强化妇女默认女人挨打很常见、挨打只能忍着的顺受心态，渐渐接受现状，继续忍受；另一方面，姐妹们与丈夫不同的相处方式带来的不同夫妻关系，也可以给妇女提供改变现状、保全自己的生活策略。

XYG（女，1970年出生）：我们姐妹们有空就约着一起喝酒，一起聊天，也会聊到自家老公，喝酒打老婆可以互相说一说。很多姐妹都挨过打，但是程度不同。我跟姐妹们说，我们不要喝太多酒，干工也不要太累，不然自己生病了也没人照顾。女人只有自己照顾自己。（2016年2月访谈记录）

3. 妇女的家庭逃离

家庭是幸福的港湾，每个人都渴望拥有温馨幸福的家。家庭暴力破坏了家庭的和谐与温馨，偶尔发生的家庭暴力也许忍忍就会过去，但一再发生的、伤害严重的暴力，容易使受害人对家庭产生恐惧心理，离家出走成了他们躲避暴力、寻求安全的无奈选择。改革开放前，遭受家庭暴力的妇女为了躲避暴力或惩罚丈夫的恶劣言行，常常选择跑回娘家小住一阵，等事件平息后，丈夫出面认错或登门迎接再回家。在离婚和再婚相对自由的年代，也有一些妇女忍受不了丈夫的暴力，跑回娘家后另嫁他人，彻底逃离前夫和原来家庭。

> XYG（女，1970年出生）：有的老公打了老婆，老婆就跑出去，过几天再回来，可是老公过两三天还是老样子。男人都是那样，江山易改本性难移，男人改不了的。也有老婆实在过不下去，就跑掉不回来，离婚。但是你要再嫁一个老公还是爱动手，你不能又离婚呀？女人有什么办法？（2016年2月访谈记录）

受民工潮影响，邢村村民外出务工、经商渠道逐渐增多，村民通过媒介及外出经历，接触外界信息机会增多，价值观随之发生改变。少数无法忍受或不甘忍受家庭暴力的妇女选择外出打工来逃避。已婚男人为了兼顾家庭，大多在邢村周边地区打散工；已婚妇女空闲期间打工，更会选择就近打零工以照顾家庭。但逃避家庭暴力的妇女通常选择到外县甚至海南岛以外更远的地区打工。为了孩子的成长和家庭完整的维系，不打算离婚的外逃妇女常常给孩子打电话，寄生活费，用这种方式关心家庭。个别不想继续生活在原家庭的妇女则外出后音讯全无，彻底与丈夫和孩子断绝关系。在村民眼中，这种女人跑了长期不回来，就表示已经离婚了，尽管他们没有履行法律意义上的离婚手续，但女人长期离家杳无音信，就意味着不要这个家了。

4. 暴力伤害在减少

王金玲认为，从权力的角度看，配偶暴力是权力形态的一种表现、权力关系的一种反映、权力机制的一种运作；配偶暴力是以权力为基础的，是权力的一种功能性运作，是强权的一种实践和实现。[①] 针对妇女的家庭暴力长期存在，虽然有多种不同的具体原因和导火索，归根结底

---

① 王金玲：《家庭暴力：一种权力机制的运作》，《宁波市委党校学报》2002年第5期。

第四章 社会转型时期哈黎妇女家庭地位

还是因为妇女在家庭中处于弱势地位，地区舆论以及社会文化默认并使人们接受了女人不能反抗男人，男人打骂女人无可指责或理所当然的性别不平等观念，在无法寻求到有力的社会支持和难以做有效反抗的无奈处境中，大多数妇女只能默默忍受，或者通过逃离的消极方式躲避家庭暴力。

少数妇女以跑掉的方式外出打工，甚至改嫁他人，使邢村几个原本完整的家庭陷入空前的困境。加之当地未婚大龄男青年增多，男青年择偶难的问题日益凸显，离婚男性再婚更是难上加难。婚姻市场中的男性挤压问题，从另一方面提高了女性在婚姻市场中的地位，继而有利于维护和提高妇女家庭地位。调查发现，迄今还存在的家庭暴力较多发生在中老年夫妇家庭中，这种家庭大多已迈入子女成年或成家的家庭生命周期，夫妻共同生活多年，家庭比较稳定，偶尔发生的家庭暴力因受害人长期隐忍而较少引发家庭动荡。而年龄较轻、婚龄较短的青年夫妇家庭，发生丈夫打骂妻子的暴力事件比例明显降低。一方面是由于青年一代大多受过更多文化教育，妇女性别平等意识更强，自我保护意识更强；另一方面与妇女有更多择业、择偶（再嫁）机会有关，男人们渐渐认识到，要维护来之不易的完整家庭，必须善待女人。

> XGX（男，1966 年出生）：现在女人地位提高了，丈夫都不敢大声吼老婆，怕老婆一气之下跑掉不回来了。村里有的夫妻吵架后，老婆就跑了，到外面打工。有的过一段时间会回家，也有的不回家了，看中城市里的生活，嫌弃农村穷，在城里生活久了，不想回农村了。（2016 年 2 月访谈记录）
>
> XLF（女，1951 年出生）：以前男人打女人比较多，为了一些小事吵吵闹闹。女人不敢反抗，因为男人地位高。女人要反抗就是跑回娘家，过一阵子丈夫去接，女人娘家兄弟就和她丈夫一起坐下来调和，叫他以后再不要打老婆。现在男人打老婆比以前少。因为现在女人地位高了，男人怕女人提出离婚。这里有的女人跑到三亚

那边的崖城打工不回来，崖城那边需要女人种田，女人去了都好找工作。崖城是打工女人的老窝（大笑）。有的女人跑去不回来，丈夫去找到她，她也不回来，也没有办法。这种事情不多，村里有几个。有的女人在那边再嫁给别人。女人跑了，男人很难再娶到别的女人，这里缺女人，很多女人都嫁到外地。连帅帅的小伙子也不好找媳妇，离了婚的男人更难找。（2016年2月访谈记录）

第五节　本章小结

改革开放以来，中国社会发生了真正意义上的社会转型，社会发展和经济生活迈入新阶段。在社会转型过程中，邢村也经历着全方位的社会变革，邢村妇女家庭地位也经历了深刻的变迁，与改革开放前尤其与新中国成立初期相比，邢村妇女的家庭地位发生了重要改变，呈现出转型时期新的特点。

第一，邢村妇女初婚决策权显著提高，获得了较为独立的择偶权。在婚姻变更过程中，妇女依然同男子一样，享有平等的离婚和再婚自由。同时，离婚和再婚程序进一步规范，离婚和再婚妇女的婚姻权益有了更多保障。

第二，妇女的生育自主权明显提升，在生育行为中，妇女的决策越来越重要，妇女的生育健康也能得到更好保障。但受传统生育观念和避孕知识比较落后等因素影响，妇女的生育自主权仍难以充分行使。

第三，市场经济时期，邢村妇女积极投身各项经济活动中，既是家庭农业生产的重要劳动力，也广泛参与养殖、酿酒、经商等经济活动。同时，大多数妇女拥有很高的家庭收入管理权和消费支配权。妇女依然承担着大部分家务劳动，既主外又主内，但家务劳动性别分工已经出现松动，妇女的劳动重担可以得到分担。

第四，现代化带来家庭结构和家庭关系的明显变化，家庭结构核心化和小型化趋势越来越明显。从变迁中的家庭关系，可以感受到妇女家庭地位的变化。家庭纵向关系尤其是婆媳关系发生重大变化，年轻妇女的家庭地位呈上升趋势，媳妇与婆婆地位趋于平等。对子女的抚养教育关系中，妇女比丈夫发挥更重要的特殊作用，能获得更好的亲子关系。从横向关系来看，大多数黎族夫妻关系较为和谐，妇女拥有比较独立的夫妻权力，夫妻感情的重要性在不断提高。但妇女仍处于相对弱势地位，与丈夫实现平等意义的相互关心、互相尊重还存在阻碍因素。尽管转型时期针对妇女的家庭暴力在减少，但这一有损妇女尊严和健康的顽疾并未得到根治，新时期家庭暴力的引发原因也与改革开放前存在差别，家庭收入与消费管理及男性嗜酒是家庭暴力频发的导火线，而不平等的性别角色规范及其导致的不平等的家庭地位，是家庭暴力的根源。

第五章

推动哈黎妇女家庭地位变迁的因素分析

按照马克思主义哲学理论，事物的变化都是通过内因和外因共同起作用的，内部原因与外部原因是辩证统一的。哈黎妇女家庭地位变迁，得益于外部原因与内部原因的共同作用。其中内部原因是妇女家庭地位变迁的根据，而外部原因是妇女家庭地位变迁的外部条件，外部原因要通过内部原因才能发挥作用。

先古时期黎族社会变迁相对缓慢，受中原汉族文化渗透和影响后，一度变迁加快。进入父系社会后，黎族社会的家庭文化及性别文化再次发生转变，曾经"贱男贵女"的性别传统渐渐受到"男尊女卑"思想影响，妇女在社会及家庭中的地位出现下降。到新中国成立时，受汉文化影响较大的黎族地区，"丈夫是一家之主、妇女从之"的家庭性别角色较为明显。本书重点关注新中国成立60多年来尤其是改革开放前后黎族农村妇女家庭地位的变迁。这60多年正是中国发生翻天覆地变化的60多年，在现代化浪潮席卷全球的大背景下，中国也开始了现代化的坚定步伐。20世纪70年代末80年代初改革开放以来，中国现代化进程明显加快。在现代化过程中，中国社会尤其是农村社会变迁加速，呈现出从传统到现代过渡的诸多特征。尹旦萍在研究土家族女性婚姻变迁时指出："研究任何一个社会、族群或区域，都离不开现代化的宏观背景，因为现代化是迄今为止力量最强劲、传扬最广远的浪潮。现代化是社会变迁的最大动力源。土家族也不例外。在现代化的惠泽和冲击

第五章　推动哈黎妇女家庭地位变迁的因素分析

下,土家族的生活方式发生了巨大的变迁。要考察土家族女性婚姻的变迁,有必要把握其融入现代化浪潮的进程及特性。"① 海南黎族村寨同样正在经历中国现代化浪潮的洗礼,黎族妇女家庭地位变迁同样发生在中国现代化进程这个宏观背景中。黎族农村地区现代化进程与全国多数农村地区的现代化具有诸多共同性,但比较而言,又具有地区和民族特点。学术界普遍认为,现代化包括两种类型:先发内生型和后发外生型。有学者针对我国少数民族地区的发展实际,提出了第三种现代化:多民族国家中少数民族的现代化,认为中国民族地区的现代化有不容忽视的特殊性。② 民族地区的现代化发展,既存在着如何加快促进民族地区融入国家现代化的发展进程的问题,又存在如何形成具有本民族特色的区域现代化问题。③ 海南地处祖国最南端,远离祖国内陆地区,海南黎族地区的现代化比内陆地区现代化起步更晚,发展更缓慢,也面临更多困难。分析海南黎族妇女家庭地位变迁的影响因素,既要站在国家现代化这个宏观背景中,也要结合当地少数民族地区区域现代化的实际,才能对当地妇女家庭地位变迁做出深刻而全面的理解。

转型期黎族社会生活各个层面无不发生深刻变革,黎族社会内部的婚姻文化观念及社会性别观念也逐渐从传统的、封闭的文化模式中走出来,投身于多元化的社会变革中。在婚姻自主权、家庭收入的管理与支配权、家务分工等方面,正发生有利于改进妇女家庭地位的变化。推动妇女家庭地位变迁的因素是多方面的。王金玲以浙江为例研究农村妇女家庭地位变迁,并指出,农村妇女家庭地位的变化是经济、政治、文化三者合力作用的结果。④ 纵观哈黎妇女家庭地位变迁的历程,政治、经济、文化价值观念这三种力量的推动是极其重要的。深刻理解黎族妇女

---

① 尹旦萍:《当代土家族女性婚姻变迁——以埃山村为例》,社会科学文献出版社2009年版,第13页。
② 高丙中:《现代化与民族生活方式的变迁》,天津人民出版社1997年版,第41页。
③ 尹旦萍:《当代土家族女性婚姻变迁——以埃山村为例》,社会科学文献出版社2009年版,第20页。
④ 王金玲:《非农化与农村妇女家庭地位变迁的性别考察——以浙江省为例》,《浙江社会科学》1997年第2期。

家庭地位变迁的原因和特点,必须紧扣现代化宏观背景,多角度展开综合分析。

第一节 政治因素:妇女家庭地位变迁的制度保障

从整体上看,邢村妇女家庭地位60多年的变迁中,国家与社会的影响是巨大的。国家与社会的影响,可以从新中国成立以来公布及积极贯彻执行的一系列推动性别平等的政策中找到依据。这些政策的大力执行,不仅借用国家权力的强制性直接推动性别平等局面,更通过政策的宣传执行,在全社会营造了性别平等目标的重要性和动力,为农村妇女家庭地位变迁提供了制度保障。

一 法律保障

新中国成立以后颁布了一系列维护公民权利的法律,其中围绕两性地位、促进性别平等的法律条款为改变妇女地位提供了法律依据。新中国第一部《宪法》规定:"中华人民共和国妇女在政治的、经济的、文化的、社会的和家庭的生活各方面享有同男子平等的权利。"《中华人民共和国婚姻法》(以下简称《婚姻法》)第二条明确规定:"实行婚姻自由、一夫一妻、男女平等的婚姻制度。"第三条规定:"禁止包办、买卖婚姻和其他干涉婚姻自由的行为,禁止借婚姻索取财物,禁止重婚,禁止有配偶者与他人同居,禁止家庭暴力,禁止家庭成员间的虐待和遗弃。"《婚姻法》的颁布,以法律的权威动摇了父母和媒妁在婚姻中的决定权。① 新《婚姻法》总则部分禁止家庭暴力,在"离婚"一章将家庭暴力作为准予离婚的一种情形。第四十五条规定了对家庭暴力的刑事责任,第四十六条规定了对家庭暴力的受害方可要求损害赔偿。

---

① 尹旦萍:《当代土家族女性婚姻变迁——以埃山村为例》,社会科学文献出版社2009年版,第263页。

第五章　推动哈黎妇女家庭地位变迁的因素分析

1985年10月1日起施行的《中华人民共和国继承法》第二章第九条规定:"继承权男女平等。"2001年12月新出台的《人口与计划生育法》明确规定:"开展人口与计划生育工作,应当与增加妇女受教育和就业机会、增进妇女健康、提高妇女地位相结合。"

2005年海南省人民代表大会通过了《海南省预防和制止家庭暴力规定》,比较全面地对家庭暴力的定性、救助、取证等过程进行了规范。2006年,海南省建立了"家庭暴力预警系统",使家庭暴力案件可以得到及时接警、及时处理、及时救助,为家庭暴力受害者及时报警求助打开了通道。

新中国成立以来,中国已形成了以《中华人民共和国宪法》为基础,以《中华人民共和国妇女权益保障法》为主体,包括国家各种基本法律、单行法律法规、地方性法规和政府部门行政法规在内的一整套保护妇女权益和促进男女平等的法律体系。① 各项保护妇女权益的法律条款的出台,为保护妇女权益提供了法律保障,尽管存在一些不足,但对推动两性平等功不可没。

二　政策引导

众所周知,在宏观结构层面,在社会政策制定过程中的价值选择及其具体落实情况,深刻影响并决定着社会性别权力系统的变化和性别平等的最终实现②。

针对中国妇女长期社会地位较低的历史,新中国成立后出台了一系列保护妇女权益的法律法规,此外,在不同阶段还陆续制定了系列推动两性平等的各项政策。1995年9月4日,中国国家领导人江泽民在联合国第四次世界妇女大会开幕式上指出:"我们十分重视妇女的发展和进步,把男女平等作为促进我国社会发展的一项基本国策。"这是男女

---

① 蒋筱:《非农化背景下农村女性家庭地位变迁研究——对浙江省农村地区的女性家庭地位的调查与分析》,硕士学位论文,浙江师范大学,2011年,第43页。
② 陈丽琴:《民族旅游对黎族女性社会地位变迁的影响和思考》,《社会科学家》2016年第4期。

平等基本国策的首次提出，也是我国政府对国际社会的郑重承诺。[①] 从我国正式提出并实施男女平等基本国策，到2005年修订的《妇女权益保障法》规定"国家实行男女平等的基本国策"，赋予其法律地位，再到2012年党的十八大报告提出"坚持男女平等基本国策，保障妇女儿童合法权益"，其已进入执政党的施政纲领，男女平等基本国策的实施走向法律化、制度化、主流化。[②] 一系列相关政策的出台和贯彻实施，在法律保障之外，为促进两性平等提供了另一张保护网，进一步推动了中国妇女社会及家庭地位的改善。

由于各地执法部门执法力度存在差别，许多群众法制观念淡薄等原因，相关法律及政策在实际执行时，成效不尽如人意，很多违反法律规定侵犯妇女权益的行为，未能及时得到法律制裁，很多妇女在家庭地位受到威胁、个人权益遭到侵犯时，也未能及时拿起法律武器保护自己，以致损害妇女权益及地位的事件时有发生，两性平等的目标短时间内还难以实现。尽管相关法律及政策的落实执行还存在不足，侵害妇女权益、有损两性平等的事件仍客观存在，但不可否认的是：转型时期中国妇女的社会地位及家庭地位较历史时期发生了令人瞩目的变化，各族妇女正以更平等、更自信的姿态投入到社会活动和家庭生活中。

邢村妇女家庭地位的变迁，正是在国家法律及相关政策陆续颁布和实施的有力保障下发生的。改革开放前，邢村村民尽管享有较高的恋爱自由，但婚姻当事人没有婚姻自主权，女性更要服从父母的安排，接受包办婚姻。在这个过程中，女性比男性更被动，更需低姿态接受考验。《宪法》及《婚姻法》明确提出禁止包办婚姻，为妇女获得婚姻自主权提供了法律保障。计划生育政策颁布实施后，各地又围绕妇女的生育行为和生育健康出台了一系列政策和措施，如免费婚检孕检、免费节育、

[①] 余杰：《关于海南省普通大众的两性平等意识调查与思考》，载《研究·实践——2014年海南省妇女儿童工作论文集》，海南出版公司2015年版，第37页。
[②] 王海磬：《实施男女平等基本国策 谱写中国妇女发展新篇章》，《光明日报》2015年9月24日第8版。

提倡住院分娩等，大幅度提高了邢村妇女的生育健康意识和健康状况，妇女在生育行为中的自主权也随之明显提高。

第二节 经济因素：妇女家庭地位变迁的有力推动

恩格斯早在19世纪就从经济角度探讨了妇女地位的变化。他认为，女性的从属地位是由生产力的发展导致的。当生产力发展到畜牧业、制造业以及耕种农业阶段时，产品有了剩余，新的性别劳动分工导致男人在生产中控制了相对较多的资源，而同时出现的私有制，又导致男人将财产传给与自己有血缘关系的子孙。从而导致女人资源缺乏，只能依附于男人，居于从属地位。[①] 经济发展程度影响妇女的家庭地位，社会经济发展的加速，必然推动妇女家庭地位的变迁。从宏观上讲，生产力的发展及经济的增长是妇女婚姻家庭地位变迁的原动力。从微观层面来看，个体经济的增长是妇女婚姻家庭地位变迁的动力，也就是说，女性经济地位的高低对其婚姻家庭地位变迁发挥着决定性作用。[②] 改革开放以来，邢村经济发展水平一次次登上历史新台阶，社会生产力水平极大提高，家庭经济结构呈现新的特点，黎村经济发展水平的快速提高，直接推动了邢村妇女家庭地位的变迁。

一 非农化进程推动妇女家庭地位发生改变

非农化是指一个国家或地区从传统农业社会转变为现代工业社会的一种发展过程。我国农村非农化始于20世纪70年代末80年代初期的改革，它推动了中国农村阶级社会结构的现代性变迁，是现代化的关

[①] 转引自曾淑萍《社会性别视角下的妇女婚姻家庭地位研究——以湖南省为例》，硕士学位论文，中南大学，2012年，第34页。

[②] 同上。

键。① 邢村非农化起步较晚，初期发展较为缓慢，到20世纪90年代初期依然是较为典型的传统农业社会，家庭主要收入来源是农业，尤其是种植业。传统农业经济为主导的时期，黎族妇女与男子一样，参与农业生产，养家糊口，回家还要承担家务劳动。在生产力不够发达的农业经济时期，邢村家庭经济收入整体水平较低，大多数家庭生活水平处于解决温饱阶段，富余有限。家庭可支配收入除去满足全家人基本生活需求外，剩余较少，妇女少有独立可见的经济来源，妇女对家庭收入的贡献容易被掩盖，妇女对家庭收入和消费的支配权也非常有限。90年代中后期之后，邢村非农化进程加快步伐，家庭收入来源增多，家庭收入明显提高。80年代，邢村附近的农场大面积种植橡胶，少数村民到农场务工学到橡胶种植技术，带回橡胶树苗，在邢村小面积种植。90年代邢村橡胶种植面积渐渐扩大，进入21世纪，橡胶收入取代传统种植业，成为部分邢村家庭主要收入来源。同时，香蕉、龙眼、槟榔、反季节蔬菜等经济作物种植面积增加，带动家庭收入增加。一方面，农业产业结构调整带来收入增加；另一方面，外出务工队伍不断扩大，就近和外出务工成为新的收入增长点。在新的经济活动中，邢村妇女格外活跃而耀眼，妇女积极参与反季节蔬菜种植销售、经商贸易、务工等经济活动，为家庭增收做出直接贡献。在一些家庭中，收入增长主要靠妇女。有研究指出，伴随着妇女越来越多地参与经济生产之中，特别是她们在劳动力市场中占据上风后，妇女在家庭中的地位开始逐渐上升。② 邢村非农化过程中，妇女获得了更独立而明显的家庭经济地位，在家庭收入管理权和支配权方面，妇女比丈夫拥有更多实权。

XLS（男，1972年出生，邢村人，任小学教师）：现在女人地位提高了，以前女人不懂外面，没很多见识。现在女人也出去打

---

① 蒋筱：《非农化背景下农村女性家庭地位变迁研究——对浙江省农村地区的女性家庭地位的调查与分析》，硕士学位论文，浙江师范大学，2011年，第10页。
② 龚继红、范成杰：《农村妇女的家庭地位是如何逆转的——实践视角下的妇女家庭纵向地位变迁》，《华中科技大学学报》（社会科学版）2016年第3期。

第五章 推动哈黎妇女家庭地位变迁的因素分析

工,也懂外面,和男人一样。以前都是男人做主,男人地位高,现在女人和男人一样会赚钱,地位一样。(2016年2月访谈记录)

村寨经济水平整体提高及家庭收入普遍提高,也是邢村妇女生育地位提高的重要因素。传统时期黎族社会一直重视生育、重视子女,但在生产力条件落后的时期,医疗卫生条件也同样落后,孕产妇及婴儿都无法得到足够的医护和营养补给,孕产妇的生育健康缺乏必需的物质保障,导致孕产妇及婴儿致病及死亡率较高。生产力水平整体提高后,当地医疗卫生条件也大为改善,重视生育的邢村村民有条件为孕产妇提供更好的物质条件和医护选择,妇女个人的生育需求能得到优先的满足,生育自主权也有了相应提高。

非农经济的迅速发展,带动了妇女在家庭关系中的地位发生变化,尤其在婆媳关系变迁中,反映十分突出。传统农业经济时期,作为父辈的公婆掌握家庭经济大权和家庭经济事务决策权,媳妇缺乏独立的经济地位。非农经济得到大力发展后,年轻的媳妇凭借年纪更轻、受教育水平更高等优势,在非农经济领域大显身手,获得独立而可观的经济收入,迅速摆脱了对公婆经济上的依赖,促使婆媳关系出现有利于媳妇的代际倾斜。经济发展给农村家庭代际关系带来的变化对两代妇女产生了不同的影响:媳妇地位提高了,婆婆地位下降了。在尊老养老观念较强的家庭,媳妇经济地位提高,有利于提高对老人的赡养水平,两代妇女地位相对平等,相处较为和谐。而在少数家庭中,媳妇经济地位的提高却带来对老人的漠视甚至离弃,这种家庭中,婆婆因地位下降而失去晚辈应有的尊重和养老保障,从长远来看,不利于妇女获得平等受尊重的家庭地位。

XHJ(女,1948年出生):我年轻的时候是婆婆地位高。我婆婆有六个媳妇,六个媳妇都要听她的。婆婆讲什么媳妇听什么,叫种地就种地,叫养她就养她,不骂她。媳妇都分了家,都自己有钱,但是还是要听婆婆的,要尊重婆婆。现在反过来,媳妇地位高了,媳妇会打工,能赚钱,什么都有,她们有钱有车,比婆婆地位高。婆婆老了,有些人看不起老人。现在是谁有钱谁就地位高。媳妇有钱,婆婆就要服媳妇的。老人养老金一个月只有一百多元,太少了,老人还是要儿子、媳妇养。老人生病了还是要儿子、媳妇送去治病。能干、会赚钱的媳妇就是好媳妇,老人就服她。(2016年2月访谈记录)

一方面,非农经济的大力发展使黎族妇女家庭地位得到诸多改善。另一方面,作为欠发达农村地区,邢村的非农化仍处于初期,依然属于农业经济主导的少数民族村寨,家庭经济水平差距也逐渐拉大。在社会转型过程中,经济发展不能解决所有的问题,反而会催生一些难以避免的新问题、新矛盾。收入增加,但传统生计方式及风俗未有大的改变,家庭成员因酗酒、娱乐消费、贫富差距等问题发生矛盾的机会增多,持有更多收入管理权的妇女既要勤俭持家,又要合理改善家人生活水平;既要用有限的收入提高家庭休闲娱乐消费和日益高涨的人情消费,还要控制丈夫或孩子的过度消费,因收入及消费管理而引发夫妻矛盾甚至引发家庭暴力现象,多于改革开放前,使妇女家庭地位的变迁出现了矛盾和尴尬的难题。非农化进程改变了农村家庭产业结构和收入来源结构,妇女有机会参与更多非农领域的经济活动,但繁重的家务劳动依然主要由妇女承担,使妇女面临双重压力,挤压了妇女休闲放松和追求个人更高发展的机会。可以预见,随着生产力的进一步提高,家庭收入达到更高水平后,家务劳动的社会化和性别分工进一步松动,妇女的劳动压力必然可以得到缓解。

二 民工潮塑造妇女新形象

20世纪80年代中后期开始,各地农村大量剩余劳动力纷纷背井离乡,奔赴城市务工经商,形成浩浩荡荡的民工潮。在全国民工潮的带动下,80年代末期开始,邢村村民也走上了外出务工的道路。早期只有少数村民在海南岛内部分城镇打工,到90年代以后,越来越多的青年

第五章 推动哈黎妇女家庭地位变迁的因素分析

纷纷加入打工队伍，渐渐形成了一道独特的风景：平日村寨难见青年男女的身影，每年春节期间则能看见一群群打扮时尚、出手"阔绰"的青年回乡团聚，春节过后，他们又像候鸟一样飞离邢村。民工潮中的邢村打工男女已成为与父辈有太多不同的新兴群体，他们往返于城乡之间，也带动了村寨与外界的交流，推动了邢村经济社会的发展和转型。民工潮是推动妇女家庭地位变迁的最有力的武器，它塑造了新时期黎族女性的新形象，这种新形象凸显了新时期女性在就业和择偶领域的突出优势，有利于黎族女性整体社会地位及家庭地位的改善。

（一）女性外出就业更有优势

随着女性受教育程度的提升，现代化进程的加快，女性在外出务工方面开始显现出男性所不具备的一些优势。除了吃苦耐劳，女性务工者更容易适应现代化的转变。[①] 邢村青年外出就业的行业多集中在服务业和制造业，饭店服务员、接待员、商场销售员及工厂一线工人是他们最容易就业的岗位。在外出求职就业过程中，黎族女性因吃苦耐劳、踏实肯干和善于沟通等优点，更容易找到合适的岗位；而一些男青年因喜爱喝酒和玩耍、吃苦精神不足或不够踏实等缺点，外出就业更容易遭遇困难。同时，由于服务员等岗位更倾向招用女性，行业用人的性别偏好使女性外出就业更有优势。

邢村男性爱喝酒、爱玩耍的生活习惯，使许多男青年外出务工的收入只够用来维持个人消费，所存结余常常不值一提甚至入不敷出。很多儿子在外打工多年的父母无奈地表示，儿子打工赚不到钱，偶尔还要向家里要回家路费。而女青年勤俭节约，善于理财，许多女青年每年都将大部分打工收入寄给家里。邢村一些家庭增收的重要途径之一是女儿打工收入，靠女儿打工收入盖新房的家庭不在少数。如今村民对外出打工形成了普遍看法：打工赚不赚钱，要看是儿子还是女儿，女儿打工会挣钱，儿子打工别指望。打工女性用自己的勤劳节俭、依靠自己就业优

[①] 徐仲佳：《浅论基层妇联的主体性缺失及其对策——以对海南省五指山市的调查为例》，载《研究·实践——2014年海南省妇女儿童工作论文集》，海南出版公司2015年版，第190页。

势，为家庭经济发展水平做出了贡献，"女孩更会赚钱"这种新形象使村民对女性的认可和赞赏更加明确。已婚妇女虽然囿于家庭家务缠身，很难像未婚女孩一样长期在外打工挣钱，但在周边打临工如到县城当服务员、卫生工等，也有优势，妇女肯吃苦、能挣钱的形象已然也得到树立，妇女的家庭经济地位得到巩固。

> XXL（女，1970年出生）：这两年，每年冬天都有福建来的老板租我们的田种毛豆，毛豆收割了就把田地还给我们种水稻，第二年冬天再来种毛豆。他们租我们队的地，就在我们队招人打工，主要是给毛豆施肥、打药和收割毛豆。一天一百块钱，不包饭。招人的时候很多人来应聘，他们要选人。男的爱抽烟、爱喝酒，怕他们不好好干工，老板不太想要。女人肯干也会干，好聘上。第一天他们会站在旁边看你会不会做，做不好的给了钱就叫你下次别去了。我第一天去干工，他们在旁边看我做，我还很紧张。干完了，他们说我干工认真也干得快，就叫我天天去。（2016年2月访谈记录）

（二）男性婚姻挤压推动女性地位提升

外出就业不仅凸显了女性在非农就业中的优势，也为女性择偶婚恋打开了一扇新的大门。在外出就业过程中，女性在城镇有机会接触不同地区、不同家庭背景的男性，正处于婚恋年龄的未婚女性有了更多更自主的择偶选择。受择偶梯队理论影响，女性往往倾向于选择各方面条件优于自己的男性为伴侣，男性则更倾向于与各方面条件低于自己的女性结合。黎族未婚女性在面临众多择偶选择时，往往更倾向于选择比邢村经济更发达地区的男性。外嫁成了很多黎族年轻女性的择偶选择，一批批邢村及附近黎村女孩陆续嫁到外县、外市甚至外省，而邢村男孩在外务工期间，很难牵手其他地区的女孩。留守村寨的黎族男性面临越来越严峻的婚姻挤压，当地婚姻市场上未婚女性数量急剧减少，大龄未婚男性越来越多。"找老婆难"成为新时期邢村未婚男性及养儿子父母的"心头之痛"，有些家庭更是出现了几个弟兄都是"光棍"的困境，四

第五章　推动哈黎妇女家庭地位变迁的因素分析

五十岁的大龄"光棍"希望更是渺茫，找个女人成个家，对一些男性来说成了奢望。

访谈对象：XYL，1980 年出生，未婚，在外打工多年，2010 年回家帮忙割胶。

访谈时间：2011 年 8 月

访谈记录：

问：在外面打工应该比较好找女朋友吧？

答：经常和兄弟带些女孩去吃夜宵喝酒，但如果经常不埋单就不受女孩喜欢，女孩喜欢总埋单的男人，打工都没存到钱。

问：打工的时候有没有想过找个女朋友带回来结婚？

答：还是没有缘分吧。我不太想找内陆地区的女孩，岳父岳母离得太远，来往不方便，还是想找岛内的，只要是海南的都可以。

问：回到家乡找女朋友有困难吗？

答：挺难的，这里女孩初中毕业后都出去打工，过年才回来，平时都碰不到。

问：过年时你们会不会去找女孩呢？

答：过年的时候就提前打听，看哪家打工女孩回来了，就约兄弟去找那些女孩玩。有时候兄弟带女朋友回来，也会叫我们过去喝酒介绍其他女孩认识。但她们过完年又出去了，机会不太多。

问：村里你这个年龄的没结婚的男孩多吗？

答：有很多比我年龄大的都没结婚，我还算年轻，好一点。

问：家里人催你吗？

答：经常催。

问：你现在找女孩想找什么样的？

答：最好是海南岛内的女孩，年龄比我小、比我大都可以。

问：不喜欢岛外的女孩吗？

答：岛外的肯定看不上我们这个地方，来了还是要跑。

问：对女孩长相、学历这些有什么要求吗？

答（笑）：现在找个老婆不容易，哪里有那么多要求？

问：如果有离婚女人愿意嫁，你愿意吗？

答：愿意呀。

问：带孩子的离婚女人接不接受呢？

答：带一个小孩的女人可以接受，嫁过来还可以生。

女性外嫁加剧了邢村男性婚姻挤压，而男性婚姻挤压问题则将黎族女性推到婚姻市场中的更高地位，女性择偶时有更多选择，可以提出更多条件，男性在择偶时，不得不低姿态甚至以提高聘礼等代价换来多一丝的机会，这种极不平衡的性别地位在邢村及附近黎村婚姻市场中真实存在。已婚男性也并非吃了定心丸，少数家庭因夫妻矛盾或暴力导致妻子离家出走或离婚、再嫁的事件，使邢村已婚男性不得不重新思考对待妻子的态度、并重新定位妻子的家庭地位。尽管离家出走或离婚事件是少数个例，但结合男性择偶困难的严峻现实，也确实给部分男性敲了警钟。妇女应该受到更多平等对待甚至更尊重对待，将是吸引及挽留妇女的明智做法，妇女的家庭地位"意外"得以提升。

尽管相关研究结果显示，就不同经济发展程度地区比较而言，经济的发展并不必然带来家庭领域的性别平等与妇女发展。[1] 但不可否认，经济发展尤其是非农经济发展，在推动农村妇女家庭地位变迁过程中起到了直接作用。必须看到，经济发展并不总是会"提高"或"改善"农村妇女的家庭地位，因经济快速发展造成的一些不良现象，给农村家庭两性平等带来了不和谐声音，尤其是拜金主义思潮泛滥、农村家庭畸形高消费和农村贫富差距过大等问题，在一定程度上阻碍了妇女自尊自强地追求独立平等家庭地位，使妇女家庭地位变迁面临向前还是后退的尴尬。

地区经济发展给妇女家庭地位变迁带来了多层面的深刻影响，黎族

---

[1] 和建花：《2005—2010年家庭领域性别平等与妇女发展评估报告》，载谭琳《2008—2012年：中国性别平等与妇女发展报告》，社会科学文献出版社2013年版，第495页。

妇女家庭地位的进一步改善，也有赖于当地经济的进一步发展。当黎村经济整体水平进一步提高，使"少数村民先富起来"发展为"大多数村民集体致富、一起奔小康"时，当地区经济水平稳定提高后村民家庭消费日趋理性时，经济发展给妇女家庭地位变迁造成的尴尬，有望逐步得以消解。

第三节 文化因素：妇女家庭地位变迁的内在动力

关于妇女家庭地位的研究，与经济决定论相提并论的还有制度文化决定论。在制度文化决定论者看来，中国妇女的职业及其家庭地位并无显著相关性，而妇女的家庭地位与社会地位主要取决于社会的文化背景。[1] 从性别角色到性别制度，从性别分工习俗到性别关系禁忌，性别文化无不深深影响到人们的性别观念，继而深刻影响到妇女的家庭地位。文化以一种表面上非常柔和的方式，潜移默化地影响着人们，渗透到人们的灵魂深处。[2] 邢村妇女家庭地位的改进，得益于村民社会性别观念的改变，而妇女家庭地位仍在诸多方面处于弱势地位，在很大程度上也源于传统社会性别观念的束缚。

一 女性主体意识被唤醒

法律保障与经济推动为哈黎妇女家庭地位变迁提供了外部条件和助力，主体意识被唤醒和激发，是哈黎妇女家庭地位变迁的内在动力之一。李晓玲认为妇女的现状与自己的情境选择倾向有关。"在男性占有主导地位的性别分层中，男性定义着男性眼中的妇女，而处于被动地位的妇女则按照这种定义履行着妇女的职责和义务……女性在某种程度上认同

---

[1] 刘启明：《中国妇女家庭地位研究的理论框架及指标建构》，《中国人口科学》1994年第6期。
[2] 蒋筱：《非农化背景下农村女性家庭地位变迁研究——对浙江省农村地区的女性家庭地位的调查与分析》，硕士学位论文，浙江师范大学，2011年，第54页。

男性对自己定义的社会性别角色,认为女人就应该是人们所期望的那样,并在与他人的互动中不断地调整自己的形象,使之更符合社会要求。[1]当妇女自身选择认同、接受、适应和顺从长期形成的男女不平等性别制度时,这种性别制度就会产生更牢固的作用,并长期存在。

传统父权制家庭中,妇女尤其是年轻妇女地位较低,在个人婚姻选择及重大家庭事务中缺乏平等的话语权和自主权,社会性别文化普遍认可"男人是一家之主""男高女低"的性别角色,女性也从内心认可和接受自己的弱势地位,继而使得这一地位得以延续,难以发生改变。

在个人人格的塑造、自我意识的觉醒过程中,文化的力量是不容忽视的。新中国成立前,邢村妇女绝大多数都没有接受过正规教育,妇女文盲率很高,识字率很低。新中国成立后尤其是改革开放以后,邢村女性受教育程度逐步提高。教育不仅提高了黎族女性的知识水平,更提高了黎族妇女对社会的认知,打开了黎族女性接触现代文明的窗口。纷纷走出村寨奔赴城市务工的黎族女性,则以更直接地方式接触现代文明,经受现代化浪潮的洗礼。现代化转变所带来的新的价值观(尤其是性观念、伦理观念),出外务工所带来的经济独立,使得女性得以有机会重新审视、确证自己在社会以及家庭中的地位、身份。女性地位、身份的重新确立,极大地冲击着一些相对封闭的农村中的男女成员的婚育观念。越来越多的获得相对或完全经济独立的农村妇女,不再满足于旧有的男优女劣的权力关系。[2] 现代化浪潮中受诸多因素的共同作用,女性的主体意识逐步被唤醒和激发。

女性主体意识觉醒在争取婚姻自主权方面有突出表现。婚姻是否合意,关乎妇女一生的幸福,勇于追求自主婚姻是女性争取个人自主权的重大举措。新中国成立初期,父母包办婚姻盛行,妇女无力实现初婚自

---

[1] 李晓玲:《从性别分层的角度分析妇女地位的变化》,《西安石油大学学报》(社会科学版)2008年第2期。
[2] 徐仲佳:《浅论基层妇联的主体性缺失及其对策——以对海南省五指山市的调查为例》,载《研究·实践——2014年海南省妇女儿童工作论文集》,海南出版公司2015年版,第190页。

第五章 推动哈黎妇女家庭地位变迁的因素分析

主权，不得不服从父母的安排。改革开放以后，父母包办的娃娃亲逐渐遭遇瓦解，为妇女获得婚姻自主权提供了契机。实际上娃娃亲的瓦解与年轻妇女萌发的自主性有直接联系。受过更多教育的妇女在幼时无法拒绝父母安排的娃娃亲，成年后，以自己的方式做出反抗，也因认清娃娃亲是父母包办婚姻的本质而进一步激发婚事自己做主的主体意识。

XHY（女，1970年出生）：上小学的时候，别人爱指着定亲的那个男孩说"那个是你老公"，那时候好害羞，好烦恼，怪父母做主给我定娃娃亲。我当时就想等我长大有小孩了，我一定不给我的小孩定娃娃亲，让他们长大了自己做主。（2012年2月访谈记录）

LM（女，1978年出生）：从小总有人拿娃娃亲对象开玩笑，心里很烦，想着就算他再好，长大了也不嫁给他，因为是父母包办的，不是我自己做主的。（2012年2月访谈记录）

LXQ（女，1993年出生）：以前老人都是包办婚姻，也不是说包办就不幸福，但是毕竟不是自己选的嘛。以前老人主要看家庭好不好，不管孩子喜不喜欢。我们是新社会长大的，肯定想找个自己喜欢的人结婚，不能再跟老一辈一样，让老人包办婚姻，都什么年代了呀！（2012年2月访谈记录）

女性主体意识觉醒也推动了女性生育自主权的提高。改革开放前，生产力条件落后，人们对妇女生育行为抱着一种朴素的自然观，认为妇女生孩子是天经地义的行为，在生育数量、生育时间上只能顺其自然，妇女无法做出更多选择，只能"听天由命"，默默承受。随着人们对生育行为有了更多了解以后，生育行为存在诸多选择可能性被普遍接受。作为生育主体，妇女"顺其自然"多孕多育的痛苦经历，使妇女比男子更迫切希望自己掌握生育选择权，优化生育行为。在面临生育选择决策过程中，妇女不仅会考虑家庭的生育意愿和生育结果，更加强了对自己生育健康及生育风险的关注，更学会理性接受生育结果。

骆桂花在博士学位论文《甘青宁回族女性传统社会与文化变迁研

究》中分析西北回族女性主体意识发展特点时指出：回族女性主体意识在家庭领域和社会交往中常常表现出不一致，说明了回族女性主体意识的不稳定性、多变性。在经济活动中，她们有较强的竞争意识、进取意识和发展意识，主体意识较强。在家庭生活领域，传统家庭观念仍占主导地位，传统的"贤妻良母"形象仍是她们的愿望和追求。当代回族女性主体意识表现出一种矛盾性。反映了社会转型时期回族女性在思想观念、行为方式、生活方式等方面还不能完全适应现代化的要求。[①] 反观邢村黎族妇女的主体意识，也存在类似的矛盾性和过渡性特征。一方面，在一些领域，女性的主体意识强烈，她们就会主动争取自己的自主权和平等地位，在这些领域，妇女平等地位的目标就更容易接近。另一方面，在一些领域，妇女的主体意识尚未觉醒或摇摆不定，她们在这些领域就更倾向于主动或被动地选择默默承受，这些领域妇女弱势地位就将在更长时间内延续。如一些中老年妇女对家庭暴力多选择逃避或默默承受，除了女性身体弱势客观存在的理由外，与妇女本人对家庭暴力的麻木和"默许"有关。

二 社会性别观念悄然改变

社会性别是指社会对男女特征、角色、活动和责任的期待和规范，社会性别是构成男女之间不平等权力关系的决定因素。[②] 社会性别强调社会文化对男女两性地位形成和差异的影响。我国被传统父权社会中形成的性别制度统治了几千年，男尊女卑、男强女弱的社会性别文化观念是根深蒂固的。因受男尊女卑思想影响相对较弱，且黎族传统"贱男贵女"思想仍在一些领域发挥影响，黎族社会性别观念具有不同于汉族地区的独特性。对外，黎族妇女积极活跃在户外农业生产劳动及其他经济活动中；对内，黎族妇女几乎承担了全部的家务劳动。黎族妇女在

---

① 骆桂花：《甘青宁回族女性传统社会与文化变迁研究》，博士学位论文，兰州大学，2006年，第272页。
② 周培芬：《社会性别与中国少数民族妇女发展问题探讨——以贵州少数民族地区为例》，《中国发展》2011年第1期。

家庭中扮演着不可替代的重要作用,但依然处于弱势地位,生育自主权得不到保障,家庭关系中妇女是家庭暴力的主要受害方,纵向家庭关系中媳妇必须听从公婆安排,这些性别不平等的长期存在,很大程度上源于黎族社会性别观念的深刻影响。转型时期妇女家庭地位的变迁,也与黎族社会性别观念的悄然改变密切相关。

美国社会学家威廉·费尔丁·奥格本提出了"文化堕距"理论。他认为,由相互依赖的各个部分所组成的文化在发生变迁时,各部分变迁的速度是不一致的。一般来说,物质文化先于非物质文化发生变迁,而就非物质文化的变迁而言,总是制度首先变迁或者变迁速度较快,其次是风俗、民德的变迁,最后才是价值观念的变迁。[①] 相对于经济发展水平的快速变迁,邢村社会性别观念的变迁相对滞后,传统性别观念仍在发挥深刻影响,使得妇女家庭地位不平等的改善道路更漫长,但点滴的变化却能引发不可低估的力量,社会性别观念的改变可以从思想深处产生改变妇女家庭地位的动力,在某种程度上,内在的力量比外在推动力影响更深刻、更彻底。

转型时期黎族社会性别观念的改变依然离不开当地现代化进程这个大的背景,具体原因则可以从大众传播、早期社会化和家庭变迁三个方面展开分析。

(一)大众传播的独特贡献

以广播、电视、报纸为主要载体的大众传播在农村现代化过程中,发挥着经济推动力以外的特殊作用。大众传播的普及迅速打破了少数民族村寨的封闭性,将外来文化成功带到传统村寨,如和风细雨般地渗入村民的价值观里,引发了农村居民的思想"大解放"。

学者们对大众传播给乡村社会带来的特殊作用给予了高度肯定。以德国文化圈学派和英国传播学派为代表的学者认为,外来文化的传播是文化变迁的根本原因。里弗斯(W. H. Rivers)在《美拉尼西亚社会史》

[①] 转引自骆桂花《甘青宁回族女性传统社会与文化变迁研究》,博士学位论文,兰州大学,2006年,第159页。

的序言中就宣称:"各族的联系及其文化的融合,是发动各种导致人类进步的力量的主要推动力。"① 韦尔伯·施拉姆谈道:"现代传播方法进入传统村落之后所能产生的力量,是使所有见到过的人都不会怀疑的。"② 美国社会学家罗吉斯和伯德格在《乡村社会变迁论》中提道:"大众传媒某种程度上可以补偿自然形成的乡村隔绝状态。报纸、杂志、广播和电视为农民传播了现代道德,大众传播开阔了农民的视野,传播了信息。"③ 大众传播在推动邢村村民改变社会性别观念方面起到了功不可没的作用。

邢村及周边村寨都是典型的黎族村寨,改革开放以前,邢村全体村民都是黎族,妇女也都来自本村和附近村寨,通婚圈非常小。邢村与外界接触交流很少,村民思想观念比较封闭落后。20世纪80年代以后,广播电视渐渐进入邢村村民的视野,给村民尤其是年轻村民带来了全新的知识和文化体验。国家推行的性别平等法律及政策,通过广播、电视反复播送,传播到每家每户,各类综艺节目、电视剧、电影等节目以更轻松活泼的形式传递新时期新的性别观念和家庭文化,村民在收听、收看广播电视节目的过程中,受到现代性别观念影响,不知不觉中一点点改变了传统的性别观念,进而一步步推动着妇女家庭地位的变迁。

(二)早期社会化的长期影响

社会性别理论早期就明确指出,人的性别包括生理性别和社会性别,人的生理性别是与生俱来的,社会性别则是后天形成的,深受特定社会文化中的性别规范与角色及两性的行为方式的影响。社会性别观念的形成和巩固是儿童早期社会化的重要内容。儿童在早期社会化过程中要学习各种知识和技能,另一项重要内容就是道德社会化,也就是学习文化价值观和道德规范,并用规则和道德规范指导自己行动选择。通过

---

① [苏] C. A. 托卡列夫:《外国民族史》,汤正方译,中国社会科学出版社1983年版,第167页。
② [美] 韦尔伯·施拉姆:《大众传播媒介与社会发展》,金燕宁等译,华夏出版社1990年版,第21页。
③ [美] 埃弗里特·M. 罗吉斯、拉伯尔·J. 伯德格:《乡村社会变迁》,王晓毅、王地宁译,浙江人民出版社1988年版,第333页。

道德社会化，儿童获得了包括社会性别观念在内的系列文化价值观和道德规范，这些价值观内化后将长期影响一个人的文化价值观。经过早期社会化的教化和熏陶，男女两性逐渐接受当地文化塑造的社会性别观念，并形成固定的社会性别角色。

尽管社会生产力极大提高，村民家庭生活水平明显改善，但深藏于村民尤其是年长村民内心的社会性别观念很难在短期内被撼动，"男人是一家之主""女人生孩子理所当然""家务活是女人干的活"等这些传统性别观念，仍深深影响年长村民的思想。内化这种性别观念的女性，也依然不自觉地认可接受这些角色期待并付诸实践。新中国成立以后尤其是改革开放以后，成长的年轻村民则会持更开放的性别观念。他们早期社会化过程中，虽然从家庭及社区习得的社会性别观念依然比较传统，但大众传媒、同辈群体等其他因素的影响，会让他们接触更开放的性别观念。同时在他们成长的年代，父辈的社会性别观念因受到冲击，也在悄然发生改变，尽管也许是细微改变，但多种因素综合作用下，年青一代村民在早期社会化过程中就习得了不同于父辈的社会性别观念，一代代传承和更新，社会性别观念得以改变，妇女家庭地位的变迁便有了深厚的价值观后盾。

（三）家庭变迁的推动

现代化浪潮中，人们社会性别观念的改变离不开家庭领域的深刻变迁。家庭现代化理论认为，家庭的发展和变迁与生产方式的发展和变化紧密相联。工业化的生产方式及其生产力，将对传统的家庭制度、家庭模式及其结构、功能以至观念等发生全面的影响。[①] 现代化过程中，家庭变迁的步伐超过以往任何时候。家庭变迁包括家庭结构变迁、家庭关系变迁、家庭功能变迁等诸多方面。每一领域的家庭变迁都会对家庭中两性角色和两性关系产生触动，引发社会性别观念的整体改变，继而对妇女家庭地位变迁产生影响。

---

① 王修彦：《新中国成立以来农村代际关系变迁研究》，博士学位论文，南开大学，2014年。

家庭现代化理论代表古德认为，在工业化和城市化过程中，不同类型的扩大家庭趋于向夫妇式家庭制度的转变。他指出："在世界各地，所有的社会制度都在或快或慢地走向某种形式的夫妇式家庭制度和工业化，这在人类历史上还是破天荒第一次。"[1] 卡德威尔在其关于人口转变理论中，提出家庭核心化会减少性别不平等。在核心家庭中，夫妻把对方视为伴侣，能较好地交流感情和思想，促进夫妻平等。[2] 计划生育政策实施以后，邢村家庭结构朝着规模更小、结构更简单的趋势发展。主干家庭比例进一步下降，核心家庭成为最主要的家庭类型。核心家庭中，夫妻关系得到凸显，妇女的重要性进一步得到彰显。新时期的主干家庭也不同于改革开放前长幼有序的主干家庭了，可以把主干家庭看成是一个夫妻家庭和一个核心家庭的叠加，即两对夫妻保持着各自的相对独立，没有一个男性家长作为核心。[3] 无论是核心家庭还是主干家庭中，每对夫妻中的妻子有了更独立的经济地位，对上不必依赖长辈，与丈夫也更能和谐相处。家庭结构的变迁实质是父权制的瓦解，当农业生产不再是农村家庭谋生的主要手段，家庭在很大程度上不再是组织生产的单位，家庭的功能不再是生产功能，而主要转向情感满足的功能，家庭凝聚力中的经济成分越来越少，而感情成分越来越多。[4] 家庭结构的改变带来家庭关系及家庭功能的相应变化，家庭结构的简单化，还将妇女从以往复杂的家庭关系束缚中解救出来，妇女可以将工作中心和情感重心放在自己的小家庭中，妇女对家庭的贡献和重要性更直观可见，家庭地位更加独立。

转型期，家庭功能出现了农业生产功能下降而非农经济功能增加、赡养功能弱化而教育功能增加、消费娱乐功能及情感沟通增加的变迁趋势。作为在子女教育和人情往来方面历来发挥着特殊重要作用的妇女，

---

[1] [美] W.古德：《家庭》，魏章玲译，社会科学文献出版社1986年版，第245页。
[2] 沙吉才：《当代中国妇女家庭地位研究》，天津人民出版社1995年版，第368页。
[3] 杨善华：《家庭社会学》，高等教育出版社2006年版，第103页。
[4] 蒋筱：《非农化背景下农村女性家庭地位变迁研究——对浙江省农村地区的女性家庭地位的调查与分析》，硕士学位论文，浙江师范大学，2011年。

在家庭功能变化的新形势下能发挥更大的作用。消费娱乐功能明显增加，但邢村家庭消费的主体明显向男性和子女倾斜，妇女出于勤俭节约习惯和持家管理需要，往往克制自己个人娱乐消费，试图控制管理丈夫过度娱乐消费，容易引起丈夫的不满和反抗，出现家庭纠纷。新时期邢村家庭矛盾的主要原因之一与娱乐消费管理有关，这正是家庭功能变迁给妇女家庭地位变迁带来的现实问题。

社会性别理论在承认个体生理性别差异的基础上，强调性别的社会建构性，强调社会文化对性别差异的影响，认为人的性别意识不是天生具有的，而是受到社会文化的影响后天形成的。通过个体早期社会化及多种因素影响逐步建构起来的社会性别观念，对两性角色和地位产生着深刻影响。转型时期，邢村村民通过各种渠道接触到不同地区、不同民族的性别文化，在对外来性别文化应该排斥还是吸收的较量中，人们对当地长久以来形成的性别观念进行反思和调整，当地社会性别观念随之悄然发生改变，继而推动了妇女家庭地位发生变迁。

转型期黎族妇女家庭地位的变迁是多种因素共同作用的结果，既有政治制度和经济发展等外部力量的直接推动，更离不开当地社会性别观念变迁的内部触动。少数民族村寨在现代化过程中，还存在经济发展后劲不足、非农化道路面临坎坷等现实问题；社会变迁过程中，又必然存在文化变迁滞后于经济变迁的规律，邢村现代化也有尴尬，有进步也有难题，实现少数民族家庭两性平等，还有很长的路要走。

第四节　结语与讨论

自新中国成立以来，海南逐步改变了经济封闭落后、人民生活困难、社会事业基础薄弱的局面，社会经济发展日益改善。改革开放以来，特别是1988年海南省成为中国最大的经济特区以来，海南经济社会发展取得显著成就，进入了新的快速发展阶段。2009年12月，《国务院关于推进海南国际旅游岛建设发展的若干意见》正式印发，标志着海南国际旅游岛建设上升为国家战略，海南发展面临新的历史机遇，海南城乡经济社会发展和变迁被推上新的轨道。

在加速转型的现代化过程中,黎族村寨进一步打破封闭传统,社会变迁呈现出更多新旧交融的时代特征。黎族妇女家庭地位变迁是黎族农村社会变迁的一个窗口,透过这个窗口,可以窥探黎族家庭及两性关系变迁的轨迹,继而捕捉黎村社会变迁的足迹。

一 哈黎妇女家庭地位整体提高但仍有制约因素

(一)哈黎妇女家庭地位整体提高

2015年9月22日国务院新闻办公室发表的《中国性别平等与妇女发展》白皮书指出,中国婚姻家庭中的性别平等状况明显改善,越来越多的妇女能够平等分享家庭资源,男女共同分担家务的观念得到更多认同。[1] 新中国成立以来,全国各族妇女家庭地位有了明显提高的事实有目共睹,妇女在家庭生活的诸多领域中,取得了更独立、更平等的地位和权力。60多年的发展中,哈黎妇女家庭地位得到整体提高,突出表现在以下几个方面:

1. 哈黎妇女婚姻地位明显提高。新中国成立初期,哈黎妇女享有婚前恋爱自由,但深受父母包办婚姻束缚,无法自主择婚。如今哈黎妇女依然享有高度的恋爱自由,且充分掌握了自主择偶、自主婚配的权利。另外,在择偶和婚姻缔结过程中,妇女在与男方及男方家庭相处时,可以保持更独立平等的身份。婚姻自主权的提高,是哈族妇女家庭地位提高的重要体现。新时期黎村普遍存在的男性婚姻挤压现象,使黎族女性在择偶机会和择偶权力中拥有更多优势。

2. 哈黎妇女生育地位有了极大改善。新中国成立初期,邢村经济发展水平较低,更受到传统多子多福等生育观念的影响,妇女生育自主权很低,无论是生育目的、生育数量还是生育时间,作为生育主体的妇女,都缺少发言权和决策权。多孕多生的经历在医疗技术较为落后的情

---

[1] 姜潇、李惠子:《白皮书:中国婚姻家庭中的性别平等状况明显改》,2015年9月22日,新华网(http://news.xinhuanet.com/politics/2015-09/22/c_1116637324.htm)。

第五章 推动哈黎妇女家庭地位变迁的因素分析

况下,使哈黎妇女的生育行为存在较大的健康风险。改革开放以后,随着计划生育政策地逐步施行,现代避孕技术和生育手段得以普及。同时,村民生育观念发生转变,妇女生育自主权和生育健康保障权明显提高。突出表现在妇女对生育间隔时间和生育方式的选择等方面享有更大的决定权。同时,妇女怀孕分娩期间能得到更好的医疗保健和各方关心。妇女生育自主权和生育健康的改善成效非常显著,是哈黎妇女家庭地位变迁的又一例证。

3. 哈黎妇女家庭经济地位普遍提高。新中国成立初期,邢村妇女长期活跃在家庭内外的经济活动中,与男子一起承担养家责任,并包揽全部家务劳动,承受双重劳动压力。改革开放以来,邢村家庭经济状况明显改善,生活质量显著提高。妇女在家庭经济活动中扮演着更丰富的角色,农业生产、副业养殖、外出务工以及经商,都有妇女的重要参与。妇女家庭经济自主权逐步提高,与丈夫享有同等的家庭经济管理权和消费权,夫妻双方共同管理家庭收入和开支的模式比较普遍。在家庭劳动分工合作方面,传统的劳动性别分工出现松动,男女双方有更多机会共同参与家庭经济活动,少数男性开始承担部分家务劳动,妇女家庭劳动负担得以减轻,家庭劳动分工朝着男女平等合作的方向迈出了一大步。

4. 哈黎妇女家庭关系地位改善显著。新中国成立初期,邢村家庭翁媳关系及婆媳关系中,媳妇处于明显弱势地位。妇女在横向家庭关系中的地位,主要表现在夫妻关系中妇女也处于相对弱势地位,丈夫是一家之主。改革开放以来,家庭变迁步伐加快,其中家庭关系的重要变化更引起广泛关注,尤其是纵向家庭关系,代际倾斜现象具有普遍性。新时期,作为婆婆的老年妇女地位出现下降,年轻的媳妇渐渐取得独立的家庭经济权力,婆媳之间"安排与服从"的不平等关系,迅速被比较平等的代际关系取代,甚至出现婆婆从经济和情感上高度依赖媳妇的反转关系。横向家庭关系中,夫妻关系的重要性日益得到彰显,妇女对夫妻感情和婚姻质量的期望和诉求逐渐增加,夫妻关系朝着更平等、和谐的方向发展,但这个目标的顺利实现还面临诸多困难。

· 245 ·

(二) 哈黎妇女家庭地位进一步改善仍存在制约因素

尽管纵向来看黎族妇女家庭地位与新中国成立初期比有了整体提高，但不容忽视的是，各地群众文化素养和现代意识还存在较大的群体差异，同时，由于深受传统性别观念及宗法思想的影响，妇女家庭地位的改善是复杂而且有限的，尤其是发展较落后的地区，农村妇女家庭地位变迁的过程中，还存在多种制约和不确定因素。现实生活中，黎族农村妇女的社会地位及家庭地位还有较为弱势的表现，黎族妇女家庭地位的进一步提高，还存在诸多困难。

在婚姻地位方面，尽管很多农村地区女性比当地男性有更多的择偶机会和择偶优势，看似在当地婚姻市场中处于"优势"地位，但很多女性择偶时，仍受到"男高女低"择偶思想影响，她们希望找经济条件比自己更优越的男性结婚，继而改善自己的生活条件，甚至改变自己的命运。在这种择偶标准中，女性以低地位身份自居，有"高攀"男性的嫌疑。择偶时太看重对方物质条件的婚姻中，女性从一开始就容易陷入对男性较高的依赖关系中，有碍于女性在婚姻家庭中获得独立地位。个别走出农村的女性受现代拜金主义等思想影响，在择偶过程中产生畸形择偶观，为了摆脱自己贫困落后的状况，放弃个人自尊、自强、自立精神，宁愿以"第三者""二奶"等不受法律保护和道德维护的身份依附男性，这可能导致妇女家庭地位出现倒退。经济的快速发展使农村家庭贫富差距逐步拉大，少数家庭跨入富裕家庭行列，家庭生活水平极大提高，成为他人羡慕的对象。在个别富裕家庭中也存在不和谐因素，尤其是在家庭收入主要来源于丈夫的家庭中，丈夫在暴富后掌握了家庭权威地位，出现在外找"情人"等不忠于家庭的越轨行为。为了维护家庭的稳定和子女的健康成长，妻子忍气吞声，甚至睁一只眼闭一只眼，接受不平等的家庭地位。在这种家庭中，妇女的平等尊严丧失殆尽，自主权更无从谈起。

新中国成立以来，妇女生育自主权的改善在很大程度上得益于改革开放以来农村经济发展水平的大幅提高和农村医疗卫生技术的明显提高，也受惠于国家计划生育及相关政策的有力推动。尽管哈黎妇女的生

第五章　推动哈黎妇女家庭地位变迁的因素分析

育地位有了明显提高，但与较发达地区妇女相比，哈黎妇女生育自主权的充分发挥仍存在多种束缚或限制。例如妇女避孕知识和避孕意识相对薄弱，偏好男孩等传统生育观念，依然深刻影响哈黎妇女的生育行为，纯女户母亲承受着巨大的压力等。

在家庭关系方面，虽然保护妇女权益和健康的法律和政策在不断完善，虽然针对妇女的家庭暴力现象有所减少，但远未销声匿迹。在发生家庭矛盾和冲突时，妇女仍可能成为家庭暴力的受害者，家庭暴力是妇女取得更平等、更有尊严的家庭关系的顽疾。

经济快速发展给妇女家庭地位变迁带来的不和谐因素，短期内可能不会消失，甚至有可能会增加。转型时期妇女家庭地位变迁在整体提高的过程中，也可能出现局部倒退，家庭领域的性别平等依然任重而道远。

二　改革开放以来哈黎妇女家庭地位变迁明显加速

新中国成立以来哈黎妇女家庭地位的整体提高，并非一蹴而就的，而是一个渐变的过程。在这个过程中，政策、法律、经济及文化多方面的共同作用，推动哈黎妇女家庭地位稳步提高。

在新中国成立以来60多年的快速发展中，始于20世纪70年代末80年代初的改革开放是一个重要分水岭。改革开放前，黎族农村社会变迁相对缓慢，黎族家庭结构及家庭关系变迁相对滞后，哈黎妇女家庭地位变迁程度相对较弱。至改革开放前夕，黎族传统习俗包括婚俗、生育习俗和经济习俗等，仍有较完整的保留和体现，黎族传统文化的影响依然深远，如父母替子女定"娃娃亲"的包办婚姻依然盛行，妇女多孕、多育，缺少避孕知识和方法的状况未有明显改善，妇女包揽家务劳动、负担沉重的局面也客观存在。总体来说，改革开放前，哈黎妇女家庭地位的改善相对较弱。

改革开放的不断深入推动着中国社会发生重大变迁，妇女的家庭地位随之进一步发生深刻变化。比较而言，改革开放以来哈黎妇女家庭地位变迁明显加速。尽管新中国成立初期颁布了废除包办婚姻的法律条文，但父母包办或干涉子女婚姻选择的做法，是改革开放以后渐渐消失的。计划生育政策的大力实施，从生育数量上制约了妇女及其家庭多子多福的生育观念。随之推行的一系列改善和保障孕产妇生育健康的措施，极大改善了育龄妇女的生育健康；避孕技术的推广及生育观念的逐步改变，也使饱受多孕、多育痛苦的妇女有了自主决定生育间隔及生育方式的权利。改革开放以来，哈黎妇女家庭经济地位及家庭关系地位的明显改善也更为突出。

三 哈黎妇女家庭地位变迁具有普遍性和特殊性

新中国成立以来，全国各族妇女社会地位和家庭地位都发生了深刻变迁。黎族妇女家庭地位变迁与全国其他农村地区妇女家庭地位变迁的轨迹和特点有相似之处，也有其特殊性。

改革开放前，受传统农业社会生产力水平落后等因素的共同影响，黎族妇女家庭地位与其他民族妇女有诸多相似之处，面临许多共同问题，例如妇女生育自主权低，饱受多孕、多育痛苦且生育健康风险大，承担几乎全部家务劳动，家庭关系中纵向血缘关系重于夫妻关系等。这些现实困境是新中国成立前全国各族妇女面临的共同问题，是制约各族妇女家庭地位改善和性别平等目标实现的共同问题。

旧社会当内陆地区汉族妇女深受父权、夫权思想束缚时，黎族妇女享有较高的婚恋自由和较为平等开放的两性关系；当汉族妇女只能在家"相夫教子"做贤妻良母时，同时期的黎族妇女则能够同男子一起参与各种经济活动，活跃于家庭内外。比较而言，传统时期黎族妇女的家庭地位和社会地位高于同时期中原地区的汉族妇女。新中国成立以后，内陆地区汉族妇女的家庭地位和社会地位呈现出跨越式上升的态势，集中体现在妇女摆脱了封建"三从四德"及"夫权、父权、神权"旧思想束缚，在婚姻恋爱及家庭关系等方面，逐渐摆脱了对男性的高度依赖和屈从，取得了更独立的权力。相比之下，黎族妇女家庭地位和社会地位的提高更具渐变特点。一方面，黎族妇女享有较高的恋爱自由和婚变自由的传统得以延续，黎族妇女积极参与家庭内外经济活动的传统在新时

第五章　推动哈黎妇女家庭地位变迁的因素分析

期得以进一步发扬光大。另一方面，改革开放前曾影响黎族妇女家庭地位的制约因素逐渐瓦解，妇女各项权益得到更多保障，妇女的家庭地位逐渐提高。

黎族妇女家庭地位变迁与内陆地区其他民族妇女家庭地位变迁的历程具有共同的时代背景和相同的目标，同时也具有不同步性，具有南方少数民族地区的特殊性。

哈黎妇女家庭地位变迁既是哈黎村寨社会变迁的一个窗口，也是黎族妇女、海南妇女乃至全国妇女家庭地位变迁的一个小窗口。这场影响深远的社会变迁是一个渐变的过程，也将随着中国现代化进程的不断推进继续发生变化。男女平等基本国策正式提出并实施以来，各民族妇女的社会地位有了明显提高，男女平等目标稳步向前推进。妇女社会地位的整体提高有助于妇女家庭地位的改善，同样，妇女家庭地位的改善也会推动妇女社会地位的进步。妇女家庭地位变迁与妇女社会地位变迁的方向基本是一致的，都是在传统与现代两种思潮不断碰撞、相互让步和此消彼长的过程中逐步向前的。

参考文献

一 中文文献

[1]［波］彼得·什托姆普卡（Piotr Sztompka）:《社会变迁的社会学》,聚任等译,北京大学出版社2011年版。

[2]［德］恩格斯:《家庭私有制和国家的起源》,载中共中央马恩列斯著作编译局译《马克思恩格斯选集》第4卷,人民出版社1972年版。

[3]［法］西蒙娜·德·波伏娃:《第二性》,中国书籍出版社1998年版。

[4]［加］宝森:《中国妇女与农村发展：云南禄村六十年的变迁》,胡玉坤译,江苏人民出版社2005年版。

[5]［美］埃弗里特·M.罗吉斯、拉伯尔·J.伯德格:《乡村社会变迁》,王晓毅、王地宁译,浙江人民出版社1988年版。

[6]［美］凯瑟琳·A.麦金农:《对马克思和恩格斯的女权主义评论》,载麦克拉肯主编《女权主义理论读本》,艾晓明等译,广西师范大学出版社2007年版。

[7]［日］冈田谦、尾高邦雄著:《黎族山峒调查》,金山等译,民族出版社2009年版。

[8]［苏］C.A.托卡列夫:《外国民族史》,汤正方译,中国社会科学出版社1983年版。

[9] 乐东黎族自治县概况编写组:《海南乐东黎族自治县概况》,民族出版社 2009 年版。

[10] 黎族简史编写组:《黎族简史》,民族出版社 2009 年版。

[11] 白薇、王庆仁、郑玉琴:《中国少数民族妇女问题研究》,中央民族大学出版社 1996 年版。

[12] 宝贵敏:《额吉河——17 位蒙古族妇女的口述历史》,民族出版社 2011 年版。

[13] 鲍晓兰:《美国的中国妇女研究动态分析》,载李小江等编《平等与发展》(性别与中国系列第二辑),生活·读书·新知三联书店 1997 年版。

[14] 本书编写组:《黎族田野调查》,海南省民族学会编印 2006 年版。

[15] 本书编写组:《中国性别平等与妇女发展》,人民出版社 2015 年版。

[16] 蔡光前:《万历琼州府志》,海南出版社 2003 年版。

[17] 陈方:《关于中国女性学学科建设的几点思考》,《妇女研究论丛》2006 年第 3 期。

[18] 陈飞强:《女性家庭权力及其影响因素的实证分析——夫妻相对资源的视角》,《湖南行政学院学报》2015 年第 3 期。

[19] 陈峰:《依附性支配:农村妇女家庭地位变迁的一种解释框架——基于辽东地区幸福村的实地调查》,《西北人口》2011 年第 1 期。

[20] 陈立浩、于苏光:《中国黎学大观》,海南出版社 2012 年版。

[21] 陈丽琴:《女性家庭地位视域中的黎族社会性别等级——以海南省五指山市 3 个村为个案分析》,《山东女子学院学报》2013 年第 5 期。

[22] 陈秋云:《黎族传统社会习惯法研究》,法律出版社 2011 年版。

[23] 崔榕、尹旦萍:《土家族地区现代化进程的特点》,《湖北大学学报》2007 年第 2 期。

[24] 单艺斌:《女性社会地位评价方法研究》,九洲出版社 2004 年版。

［25］第三期中国妇女社会地位调查课题组：《第三期中国妇女社会地位调查主要数据报告》，《妇女研究论丛》2011年第6期。

［26］丁文：《家庭学》，山东人民出版社1997年版。

［27］定宜庄：《满族的妇女生活与婚姻制度研究》，北京大学出版社1999年版。

［28］东人达：《南方少数民族社会女权现象分析》，《西南师范大学学报》（人文社会科学版）2006年第4期。

［29］方素梅、杜娜、杜宇：《20世纪90年代以来的中国少数民族妇女研究》，《民族研究》2004年第2期。

［30］冯雪红：《嫁给谁——新疆阿村维吾尔族妇女婚姻民族志》，社会科学文献出版社2013年版。

［31］高丙中：《现代化与民族生活方式的变迁》，天津人民出版社1997年版。

［32］高泽强、文珍：《海南黎族研究》，海南出版社、南方出版社2008年版。

［33］高泽强：《黎族族源族称探讨综述》，《琼州学院学报》2014年第2期。

［34］龚继红、范成杰：《农村妇女的家庭地位是如何逆转的——实践视角下的妇女家庭纵向地位变迁》，《华中科技大学学报》（社会科学版）2016年第3期。

［35］广东省编辑组、中国少数民族社会历史调查资料丛刊修订编辑委员会：《黎族社会历史调查》，民族出版社2009年版。

［36］和建花：《2005—2010年家庭领域性别平等与妇女发展评估报告》，载谭琳《2008—2012年：中国性别平等与妇女发展报告》，社会科学文献出版社2013年版。

［37］黄淑瑶：《从社会性别角度看古代海南"女耕男儒"现象》，《海南师范大学学报》（社会科学版）2014年第5期。

［38］黄淑瑶：《性别、权力与海南古代女性》，《社会》2012年第6期。

[39] 姜秀花:《2005—2010年健康领域性别平等与妇女发展评估报告》,载谭琳主编《2008—2012年:中国性别平等与妇女发展报告》,社会科学文献出版社2013年版。

[40] 姜秀花:《中国妇女的健康状况》,载谭琳主编《1995—2005年:中国性别平等与妇女发展报告》,社会科学文献出版社2006年版。

[41] 蒋永萍:《世纪之交的中国妇女社会地位》,当代中国出版社2003年版。

[42] 蒋永萍:《中国妇女社会地位》,北京大学出版社1995年版。

[43] 兰俏梅:《畲族妇女的家庭地位》,载福建省炎黄文化研究会编《畲族文化研究》(下册),民族出版社2007年版。

[44] 黎族简史编写组:《黎族简史》,广东人民出版社1982年版。

[45] 李秀华:《妇女婚姻家庭法律地位实证研究》,知识产权出版社2004年版。

[46] 练铭志:《关于海南黎族族源的研究》,《广东技术师范学院学报》2003年第5期。

[47] 林耀华:《民族学通论》,中央民族大学出版社1997年版。

[48] 林志岩:《海南家庭户规模及相关问题浅析》,载《海南人口问题研究(上册)——第五次人口普查论文集)》,海南省第五次人口普查办公室编2002年版。

[49] 刘爱玉、佟新:《性别观念现状及其影响因素——基于第三期全国妇女地位调查》,《中国社会科学》2014年第2期。

[50] 刘锦:《海南省妇女儿童发展规划(2011—2020年)解读》,海南出版社2013年版。

[51] 刘军:《肌肤上的文化符号:黎族和傣族传统文身研究》,民族出版社2007年版。

[52] 刘启明:《当代中国妇女家庭地位的比较研究及成因探析》,《中国人口科学》1993年第10期。

[53] 刘启明:《中国妇女家庭地位研究的理论框架及指标建构》,《中

国人口科学》1994年第6期。

[54] 刘晓：《从婚例看少数民族妇女的再解放》，载白薇、王庆仁、郑玉琴主编《中国少数民族妇女问题研究》，西南财政大学出版社1996年版。

[55] 马建钊：《华南婚姻制度与妇女地位》，广西民族出版社1994年版。

[56] 牛砚田：《浅谈黎族妇女社会地位》，《黑龙江史志》2014年第3期。

[57] 潘洪钢：《历史上南方少数民族妇女的性选择自由》，《华中师范大学学报》（人文社会科学版）2003年第6期。

[58] 邱国珍、赖施虬：《民俗文化与女性社会地位——以畲族女性为例》，《民俗研究》2005年第2期。

[59] 沙吉才：《当代中国妇女家庭地位研究》，天津人民出版社1995年版。

[60] 上海社会科学院社会学研究所：《社会学简明辞典》，甘肃人民出版社1984年版。

[61] 苏英博：《中国黎族大辞典》，中山大学出版社1994年版。

[62] 孙秋云：《从人类学观点看海南黎族来源的土著说》，《中央民族学院学报》1991年第3期。

[63] 孙邵先、欧阳洁：《黎族女性文化专题研究》，南方出版社、海南出版社2008年版。

[64] 孙绍先、欧阳洁：《在传统与现代之间——五指山市水满乡和南圣镇黎族妇女考察报告》，《琼州大学学报》2004年第4期。

[65] 孙绍先：《平等与包容——母系文化背景下黎族两性关系》，上海大学出版社2013年版。

[66] 谭琳主编：《1995—2005年：中国性别平等与妇女发展报告》，社会科学文献出版社2006年版。

[67] 唐灿：《家庭现代化理论及其发展的回顾与评述》，《社会学研究》2010年第5期。

［68］唐艳妮:《黎族婚恋：真实隆闺》,《南岛视界》2013年第8期。

［69］陶春芳、蒋永萍:《中国妇女社会地位概观》,中国妇女出版社1993年版。

［70］万江红、魏丹:《社会性别视角下闽西农村女性家庭地位分析》,《中华女子学院学报》2009年第1期。

［71］王承权:《少数民族妇女的婚姻家庭及其地位变化》,《云南民族学院学报》(哲学社会科学版)1995年第4期。

［72］王存同:《避孕"中国模式"：国家运动、个体趋同与集体服从》,《思想战线》2011年第3期。

［73］王存同:《中国计划生育下的避孕节育：1970—2010》,《学海》2011年第2期。

［74］王福临、杨候弟、杨帆:《中国少数民族妇女发展论文集》,中国广播电视出版社1995年版。

［75］王海磬:《实施男女平等基本国策 谱写中国妇女发展新篇章》,《光明日报》2015年9月24日第8版。

［76］王建成:《首届黎族文化论坛文集》,民族出版社2008年版。

［77］王金玲:《非农化与农村妇女家庭地位变迁的性别考察——以浙江省为例》,《浙江社会科学》1997年第2期。

［78］王金玲:《家庭暴力：一种权力机制的运作》,《宁波市委党校学报》2002年第5期。

［79］王秀英:《记忆中的隆闺》,《三亚日报》2013年8月11日第6版。

［80］王学萍:《黎族传统文化》,新华出版社2001年版。

［81］王学萍:《中国黎族》,民族出版社2004年版。

［82］王毅平:《社会性别理论：男女平等新视角》,《东岳论丛》2001年第4期。

［83］文明英、文京:《中国黎族》,宁夏人民出版社2012年版。

［84］吴琼:《海南妇女家庭分工的现状调查》,《学理论》2011年第20期。

［85］ 吴永章：《黎族史》，广东人民出版社1997年版。

［86］ 伍呷：《美国学术界对中国少数民族妇女研究简述》，《贵州民族研究》1997年第6期。

［87］ 邢植朝：《黎族文化溯源》，中山大学出版社1993年版。

［88］ 徐安琪：《夫妻权力和妇女家庭地位的评价指标：反思与检讨》，《社会学研究》2005年第4期。

［89］ 徐梅桂：《海南家庭暴力的现状、原因及对策探讨》，《黑龙江省政法管理干部学院学报》2014年第1期。

［90］ 许春媚：《海南邢氏：八百余年诗礼传家》，《海南日报》2011年7月18日第18版。

［91］ 杨凡：《家庭关系现代化对农村妇女男孩偏好的影响研究》，《妇女研究论丛》2016年第3期。

［92］ 杨善华：《家庭社会学》，高等教育出版社2006年版。

［93］ 姚丽娟：《浅谈海南岛黎族妇女民俗文化》，《中央民族大学学报》2003年第6期。

［94］ 叶英萍：《黎族习惯法：从自治秩序到统一法律秩序》，社会科学文献出版社2012年版。

［95］ 伊庆春、陈玉华：《华人妇女家庭地位：台湾、天津、上海、香港之比较》，社会科学文献出版社2006年版。

［96］ 尹旦萍：《当代土家族女性婚姻变迁——以埃山村为例》，社会科学文献出版社2009年版。

［97］ 尹旦萍：《社会转型期土家族女性婚姻自主权的变迁——以湖北恩施州宣恩县J村为例》，《北方民族大学学报》（哲学社会科学版）2015年第1期。

［98］ 余杰：《关于海南省普通大众的两性平等意识调查与思考》，载《研究·实践——2014年海南省妇女儿童工作论文集》，海南出版公司2015年版。

［99］ 袁翔珠：《少数民族婚姻制度的一种法史学解读——以婚姻习惯不落夫家为考察对象》，《求索》2011年第7期。

[100] 张磊：《论中国古代南方少数民族中"女劳男逸"现象及其原因》，《岭南文史》2008年第1期。

[101] 张丽梅：《西方夫妻权力研究理论述评》，《妇女研究论丛》2008年第3期。

[102] 张晓姣、孙东飞：《海南妇女家庭事务决定权的调查研究》，《知识经济》2011年第9期。

[103] 章立明：《少数民族妇女研究：人文社会科学研究中的短板交叉点》，《广西民族研究》2014年第4期。

[104] 郑璐、郑瑶：《在社会变迁视角下对少数民族女性的社会地位研究》，《华章》2012年第3期。

[105] 中南民族学院本书编写组：《海南岛黎族社会调查》，广西民族出版社1992年版。

[106] 祝平燕、夏玉珍：《性别社会学》，华中师范大学出版社2007年版。

[107] 曾淑萍：《社会性别视角下的妇女婚姻家庭地位研究——以湖南省为例》，硕士学位论文，中南大学，2012年。

[108] 冯翠芳：《社会性别视角下农村已婚女性家庭地位研究——以山东省济宁市Z村为例》，硕士学位论文，东北财经大学，2013年。

[109] 关丹丹：《黎族传统社会婚姻家庭习惯法研究》，硕士学位论文，海南大学，2010年。

[110] 蒋筱：《非农化背景下农村女性家庭地位变迁研究——对浙江省农村地区的女性家庭地位的调查与分析》，硕士学位论文，浙江师范大学，2011年。

[111] 刘彩清：《婚姻、家庭、生育与妇女地位》，博士学位论文，中央民族大学，2012年。

[112] 骆桂花：《甘青宁回族女性传统社会与文化变迁研究》，博士学位论文，兰州大学，2006年。

[113] 马京：《云南兴蒙蒙古族婚姻家庭的变迁》，博士学位论文，云

南大学，2010年。

[114] 孙娟玲：《东乡族妇女家庭地位研究》，硕士学位论文，西北师范大学，2005年。

[115] 田鸿燕：《一个土家族村落中的女性家庭地位》，硕士学位论文，湖北民族学院，2010年。

[116] 王清：《妇女家庭地位研究——基于"第三期中国妇女社会地位调查"湖北省的调查数据》，硕士学位论文，华中师范大学，2013年。

[117] 章立明：《社会性别等级制与家庭婚姻：西双版纳三个傣族村寨的人类学研究》，博士学位论文，云南大学，2002年。

[118] 周艳：《回族农村妇女的社会资本对其家庭地位的影响研究》，硕士学位论文，西北师范大学，2009年。

二 英文文献

[1] Gail Hershatter, *Women in China's Long Twentieth Century*, California: University of California Press, 2007.

[2] Jin Yihong, "Mobile Patriarchy: Changes in the Mobile Rural Family", *Social Sciences in China*, 2011 (1).

[3] Jiqun Liu, Hui Yan, "Understanding information seeking behavior of rural women: Field studies in China", *Chinese Journal of Library and Information Science*, 2014 (4).

[4] Marjorie Agosin, *Women, Gender and Human Rights: A Global Perspective*, New Brunswick: Rutgers University Press, 2002.

[5] Merran Toerien, "Using Conversation Analysis to Study Gender: An alternative to the gender-differences paradigm", *Journal of Foreign Languages*, 2013 (5).

[6] Paul Rakita Goldin, *The Culture of Sex in Ancient China*, Honolulu: University of Hawaii Press, 2002.

[7] Susan Mann, *Under Confucian Eyes: Writings on Gender in Chinese History*, Berkeley: University of California Press, 2001.

[8] Zhu Haina, "The Changing Role of Chinese Women in History—From the Dream of Red Mansions to the Moment in Peking", *Overseas English*, 2013 (7).

后 记

本书是笔者在博士学位论文的基础上修改完善而成的。在这里，首先要特别感谢我的博士生导师——中南民族大学李吉和教授，他向我提供了海南黎村追踪调查的难得机会，为我的学术研究打开了一片新天地。在本书写作过程中，李老师屡次给予中肯的建议，促使该研究成果日趋完善。

感谢中南民族大学的段超教授、雷振扬教授、田敏教授、柏贵喜教授等，他们为本研究提出了宝贵建议。

我还要向为我调研提供大力帮助的众多人士表达谢意，他们是海南省民族学会王建成、乐东县民族宗教事务管理局的陈主任和同事、乐东县抱由镇镇政府的工作人员、海南省民族博物馆罗文雄、乐东县三平派出所户籍民警、邢村全体村干部。还要感谢协助我完成问卷调查和翻译工作的黎族大学生刘亚飞、邢阿晶、邢亚会、林延武等，特别感谢邢村全体村民对我的支持和帮助。

感谢中国社会科学出版社郑彤女士为本书编辑出版所付出的大量工作。

最后我要感谢给我无尽关怀和支持的家人。看着即将完成的书稿，我的内心无法平静，对父母养育之恩的感激将永留心底。感谢公公、婆婆两位老人，在我数次外出调研期间，他们承担了照顾孩子、照看家庭的重担。感谢爱人和儿子的陪伴，生活在这个幸福温暖的大家庭中让我知足不悔，永持一颗感恩的心。

后 记

由于笔者水平和时间的限制，书中难免有疏漏和不妥之处，敬请同行专家和读者指正。

童玉英

2017 年 7 月